Cartas Persas

Montesquieu

Cartas Persas

Tradução
Antonio Geraldo da Silva

Lafonte

Título original: *Lettres persanes*

Direção Editorial *Sandro Aloísio*
Organização Editorial e Tradução *Antonio Geraldo da Silva*
Revisão *Suely Furukawa*
Diagramação *Demetrios Cardozo*
Imagem de Capa *Janusz Pienkowski / Shutterstock.com*

Dados Internacionais de Catalogação na Publicação (CIP)
(Câmara Brasileira do Livro, SP, Brasil)

Montesquieu, Charles de Secondat, Baron de, 1689-
1755.
Cartas persas / Montesquieu ; tradução Antonio
Geraldo da Silva. -- São Paulo : Lafonte, 2018.

Título original: Lettres persanes.
ISBN 978-85-8186-309-2

1. Cartas - Coletâneas 2. Cartas - História e
crítica 3. Filosofia social I. Título.

18-21563 CDD-847.09

Índices para catálogo sistemático:

1. Sátira : Literatura francesa : História e crítica
847.09

Iolanda Rodrigues Biode - Bibliotecária - CRB-8/10014

Editora Lafonte

Av. Profª Ida Kolb, 551, Casa Verde, CEP 02518-000, São Paulo-SP, Brasil
Tel.: (+55) 11 3855-2100, CEP 02518-000, São Paulo-SP, Brasil
Atendimento ao leitor (+55) 11 3855- 2216 / 11 - 3855 - 2213 – *atendimento@editoralafonte.com.br*
Venda de livros avulsos (+55) 11 3855- 2216 – *vendas@editoralafonte.com.br*
Venda de livros no atacado (+55) 11 3855-2275 – *atacado@escala.com.br*

Índice

Apresentação 9
Elucidação Sobre o Calendário das Cartas Persas 11
Algumas Reflexões Sobre as Cartas Persas 13
Introdução 15
Usbek A Seu Amigo Rustan 17
Usbek Ao Primeiro Eunuco Negro 18
Zaki A Usbek 19
Zéfis a Usbek 20
Rustan a Usbek 21
Usbek a seu amigo Nessir 22
Fátima a Usbek 23
Usbek a Seu Amigo Rustan 25
O Primeiro Eunuco a Ibbi 26
Mirza a Seu Amigo Usbek 29
Usbek a Mirza 30
Usbek ao Mesmo 33
Usbek ao Mesmo 35
Usbek ao Mesmo 37
O Primeiro Eunuco a Jaron, Eunuco Negro 38
Usbek ao Mulá Mehmet-Ali, Guarda dos Três Túmulos 39
Usbek ao Mesmo 40
Mehmet-Ali, Servo Dos Profetas, a Usbek 41
Usbek a Seu Amigo Rustan 43
Usbek a Zaki, Sua Mulher 45
Usbek ao Primeiro Eunuco Branco 47
Jaron ao Primeiro Eunuco 48
Usbek a Seu Amigo Ibben 49
Rica a Ibben 50
Usbek a Ibben 53
Usbek a Roxana 54
Usbek a Nessir 57
Rica a *** 58
Rica a Ibben 60
Rica ao Mesmo 62

Rhedi a Usbek 63
Rica a *** 64
Usbek a Rhedi 65
Usbek a Ibben 67
Usbek a Gemchid, Seu Primo, Dervixe do Brilhante Mosteiro de Tabriz 69
Usbek a Rhedi 71
Usbek a Ibben 73
Rica a Ibben 74
Hagi Ibbi ao Juiz Ben Josué, Prosélito Maometano 76
Usbek a Ibben 78
O Primeiro Eunuco Negro a Usbek 79
Faran a Usbek, Seu Soberano Senhor 80
Usbek a Faran 81
Usbek a Rhedi 82
Rica a Usbek 83
Usbek a Rhedi 85
Zaki a Usbek 87
Usbek a Rhedi 89
Rica a Usbek 94
Rica a *** 95
Nargum, Enviado da Pérsia a Moscou, a Usbek 96
Rica a Usbek 98
Zélis a Usbek 100
Rica a Usbek 101
Rica a Ibben 103
Usbek a Ibben 105
Usbek a Rhedi 106
Rica a Rhedi 108
Rica a Usbek 110
Usbek a Ibben 112
Usbek a Rhedi 114
Zélis a Usbek 116
Rica a Usbek 118
O Chefe dos Eunucos Negros a Usbek 120
Usbek a suas Mulheres 123
Rica a *** 124
Ibben a Usbek 125
Rica a Usbek 133
Usbek a Rhedi 134
Zélis a Usbek 136
Usbek a Zélis 137
Rica a Ibben 138
Rica a *** 139
Usbek a Rica 140
Usbek a Rhedi 141

Usbek a seu amigo Ibben ... 143
Ibben a Usbek ... 145
Rica a Usbek ... 146
O Grande Eunuco Negro a Usbek ... 151
Usbek a Rhedi ... 152
Nargum, enviado da Pérsia a Moscou, a Usbek ... 154
Rica a Ibben ... 155
Usbek a Rhedi ... 156
Rica a *** ... 158
Usbek a Mirza ... 159
Rica a *** ... 161
Rica a *** ... 163
Usbek a Rhedi ... 164
Usbek a Ibben ... 165
Usbek ao Mesmo ... 167
Usbek a Rustan ... 168
Usbek a Rhedi ... 169
Usbek a seu Irmão, Religioso Muçulmano no Mosteiro de Casbin ... 170
Usbek a Rhedi ... 172
Usbek ao Mesmo ... 173
O Primeiro Eunuco a Usbek ... 175
Usbek a Hassein, Dervixe da Montanha de Jaron ... 177
Usbek a Ibben ... 179
Rica a Rhedi ... 181
Rica ao Mesmo ... 182
Usbek a *** ... 184
Usbek a Ibben ... 185
Usbek ao Mesmo ... 187
Usbek ao Mesmo ... 189
Rhedi a Usbek ... 190
Usbek a Rhedi ... 192
Rica a Ibben ... 195
Usbek a *** ... 197
Rica a *** ... 198
Rica a *** ... 199
Usbek a *** ... 200
Rhedi a Usbek ... 201
Usbek a Rhedi ... 203
Usbek ao Mesmo ... 205
Usbek ao Mesmo ... 207
Usbek ao Mesmo ... 209
Usbek ao Mesmo ... 211
Usbek ao Mesmo ... 213
Usbek ao Mesmo ... 214
Usbek ao Mesmo ... 215

Usbek ao Mesmo 216
Usbek ao Mesmo 219
Usbek ao Mulá Mehmet-Ali, Guarda dos Três Túmulos em Qom 220
Usbek a Rhedi 221
Rica a *** 223
Rica a Usbek 225
Rica a Ibben 226
Rica a Usbek 228
Usbek a Rhedi 230
Rica a *** 232
Rhedi a Rica 235
Rica a *** 237
Rica a *** 239
Rica ao Mesmo 240
Rica ao Mesmo 242
Rica ao Mesmo 244
Rica ao Mesmo 246
Rica a Ibben 248
Rica ao Mesmo 250
Rica a Usbek 251
Rica ao Mesmo 252
Rica a Usbek 259
Rica a Natanael Levi, Médico Judeu em Livorno 263
Usbek a Rica 269
Usbek a*** 270
Usbek a Rhedi 273
O Grande Eunuco a Usbek 275
Usbek ao Primeiro Eunuco 276
Narsit a Usbek 277
Usbek a Narsit 277
Solim a Usbek 278
Narsit a Usbek 279
Usbek a Solim 280
Usbek a suas Mulheres 280
Usbek a Nessir 281
Roxana a Usbek 282
Zaki a Usbek 283
Zélis a Usbek 284
Solim a Usbek 285
Solim a Usbek 286
Roxana a Usbek 287

Apresentação

Alguns críticos classificaram *Cartas Persas* como uma sátira. Muito mais que isso, esta obra é uma análise das contradições entre paixão e razão. É um estudo filosófico-social das potencialidades do homem em contraposição com as instituições criadas e impostas por alguns homens. É uma representação dos valores individuais que gritam por liberdade, mas que se encontram sob a opressão do sistema. É a apresentação de instituições arcaicas que privilegiam uns poucos em detrimento de muitos. Mas é sobretudo a descrição da tradição político-religiosa arraigada de tal forma que se torna insensível ao grito dos novos tempos que clamam por mudanças e novas conjunturas para o bem-estar da sociedade em todos os seus segmentos e eventuais classes.

O esquema da obra de Montesquieu é ao mesmo tempo simples e inteligente. Traz da Pérsia alguns viajantes ilustres que se instalam em diversas cidades da Europa, ficando o líder deles em Paris. Eles passam a se corresponder com assiduidade entre si e com os familiares e amigos da Pérsia. Esses viajantes são muçulmanos que se transplantam no coração da Europa cristã. Montesquieu cria com esse estratagema o primeiro impacto para os recém-chegados: a religião. Mas não é só isso. Os usos, costumes e tradições se configuram como um segundo impacto. Um terceiro é representado pela política. Um quarto, pela economia. Um quinto, pelas ciências. Um sexto, pela moral e pela moda, e assim por diante, criando à primeira vista um choque de culturas diametralmente opostas.

Os personagens que enviam essas cartas não se cansam de observar, analisar, discutir e opinar. Disso decorre uma interessante e não menos cativante comparação entre as culturas do oriente e do ocidente. Seus aspectos mais curiosos e mais profundos são analisados e descritos, ressaltando a pluralidade das consciências, a diversidade dos pontos de vista e a marcante diferenciação das convicções. São confrontadas as paixões opostas, os dogmas e a crítica dos dogmas, o comportamento social e político, as razões religiosas que ora aparecem determinantes e fortes, ora fracas e insustentáveis. A contradição é evidente e até certo ponto insuportável. A liberdade do ocidente se contrapõe à subserviência e à servidão do oriente. Os valores do ocidente parecem estar dimensionados de forma diametralmente oposta aos do oriente. Instituições sagradas como o matrimônio, a autoridade política e religiosa, as leis emanadas da divindade ou da milenar tradição, tudo parece contrastar tão abertamente que a única solução que os missivistas encontram é apelar à razão. Mas não sem receios. Não sem temores e titubeios, sem o medo de perder privilégios. Sem o pavor de enfrentar revoluções e cataclismos sociais.

A única saída é voltar-se para uma visão universal, na qual a justiça vale para todos, para todos na igualdade de condições. Montesquieu parece não acreditar muito que essa nova visão abrangente e que contemple todo ser humano paritariamente se torne um dia possível. Por isso termina descrevendo seu personagem principal, Usbek, como um homem plenamente consciente e convicto de saber aplicar a justiça, mas incapaz de perceber sua própria injustiça. Talvez o século XXI diga outra coisa.

Convém salientar que esta tradução segue o texto da edição de 1758.

Ciro Mioranza

Elucidação Sobre o Calendário das Cartas Persas

Montesquieu datou todas as cartas desta obra de uma forma peculiar. Adotou os nomes dos meses do calendário lunar persa, mas conservou o ano do calendário gregoriano ou ocidental. Na cronologia que estabeleceu em seu livro, procurou uma equivalência exata com os meses solares do calendário ocidental. Embora isso pareça de somenos importância, parece pelo menos satisfazer a curiosidade de estabelecer uma concordância entre esses meses lunares persas com os meses de nosso calendário. A tabela resultante é a seguinte:

Calendário persa	***Calendário gregoriano***
Maharram	*Março*
Safar	*Abril*
Rebiab 1	*Maio*
Rebiab 2	*Junho*
Gemmadi 1	*Julho*
Gemmadi 2	*Agosto*
Regueb	*Setembro*
Shahban	*Outubro*
Ramazan	*Novembro*
Chalval	*Dezembro*
Zilcadé	*Janeiro*
Zilkagé	*Fevereiro*

Algumas Reflexões Sobre as Cartas Persas

Nada mais agradou nas *Cartas Persas* do que encontrar nelas, sem pensar, uma espécie de romance. Nelas se observa o começo, o desenvolvimento, o fim; as diversas personagens são colocadas num encadeamento que as une. À medida que permanecem por mais tempo na Europa, os costumes dessa parte do mundo assumem, em sua cabeça, um aspecto menos maravilhoso e menos esquisito e são mais ou menos tocadas com esse esquisito e esse maravilhoso, de acordo com a diferença de seus caracteres. Por outro lado, a desordem aumenta no serralho da Ásia, na proporção do maior tempo de ausência de Usbek, isto é, à medida que o furor aumenta e que o amor diminui.

Além disso, esses tipos de romances têm geralmente sucesso porque nos damos conta da própria situação atual, o que leva a sentir mais profundamente as paixões que todos os relatos que se pudesse fazer sobre elas. E esta é uma das causas do sucesso que algumas obras encantadoras que apareceram depois das Cartas Persas.

Finalmente, nos romances usuais, as digressões não podem ser permitidas a não ser quando formam um novo romance. Não se poderia misturar arrazoados porque, desde que nenhum dos personagens foi incluído para raciocinar, isso estragaria a trama e a natureza da obra. Mas, na forma de cartas, na qual os atores não são escolhidos e na qual os temas tratados não dependem de nenhum projeto ou de nenhum plano já traçado, o autor se conferiu a vantagem de poder acrescentar temas de filosofia, de política e de moral a um romance, além de ligar o todo por um encadeamento secreto e, de alguma maneira, desconhecido.

As Cartas Persas tiveram de início uma venda tão prodigiosa que os livreiros fizeram de tudo para ter outros volumes delas. Puxavam pelas mangas todos aqueles que encontravam e diziam: *Senhor, escreva para mim Cartas Persas.*

O que acabo de dizer, porém, é o suficiente para fazer ver que não são suscetíveis de qualquer sequência, muito menos de qualquer mistura com cartas escritas por outra mão, por mais engenhosas que possam ser.

Há alguns trechos que muita gente achou demasiado ousados. Mas peço que prestem atenção à natureza desta obra. Os persas, que deviam desempenhar um papel tão grande, se encontravam de repente transplantados na Europa, isto é, em outro universo. Havia um período em que era absolutamente necessário representá-los cheios de ignorância e de preconceitos. Só se devia prestar atenção em fazer ver a geração e o progresso de suas ideias. Seus primeiros pensamentos deviam ser singulares. Parecia que nada se tinha a fazer do que lhes conferir uma espécie de singularidade que pudesse ser compatível com o espírito. Só se devia descrever a opinião que possuíam a respeito de cada coisa que lhes tivesse parecido extraordinária. Não se pensava de modo algum interessar algum princípio de nossa religião, nem se suspeitava cometer tal imprudência. Esses trechos se encontram sempre ligados ao sentimento de surpresa e de espanto e não com a ideia de exame, muito menos com aquela de crítica. Falando de nossa religião, esses persas não deviam parecer mais instruídos a não ser quando falassem de nossos usos e costumes. E se algumas vezes acham nossos dogmas singulares, essa singularidade é sempre assinalada na perspectiva da perfeita ignorância das ligações que subsiste entre esses dogmas e nossas demais verdades.

Apresenta-se esta justificativa por amor a essas grandes verdades, independentemente do respeito pelo gênero humano, que certamente não se quis atingir no aspecto mais sensível. Pede-se, portanto, ao leitor de não deixar um momento de considerar os trechos de que falo como efeitos de surpresa que deveriam provocar nas pessoas ou como paradoxos produzidos por homens que não estavam sequer em condições de produzi-los. O leitor é convidado a prestar atenção que todo o encanto consistia no contraste eterno entre as coisas reais e a maneira singular, singela ou esquisita pela qual eram percebidas. Certamente a natureza e o plano das *Cartas Persas* são tão transparentes, que nunca enganarão senão aqueles que quiserem enganar-se a si mesmos.

Introdução

Não vou escrever uma carta dedicatória e não peço proteção para este livro; se for bom, será lido; se for ruim, não me preocupo para que seja lido.

Selecionei estas primeiras cartas para provar o gosto do público. Tenho um grande número delas em meu poder e poderia oferecê-las a esse público em seguida.

Mas, sob a condição de que não me tornasse conhecido, pois, se chegarem a desvendar meu nome, a partir desse momento me calo. Conheço uma mulher que tem um caminhar elegante, mas que passa a claudicar a partir do momento em que é observada. Há bastantes defeitos na obra, sem que deva apresentar os meus à crítica. Se soubessem quem sou, diriam: "Seu livro revela seu caráter; deveria empregar seu tempo em algo melhor; isso não é digno de um homem sério." As críticas nunca desprezam esses tipos de reflexões porque podem ser feitas sem forçar muito o espírito.

Os persas que aqui escrevem eram meus hóspedes; passávamos nossa vida juntos. Como me consideravam um homem de outro mundo, não me escondiam nada. De fato, pessoas transplantadas de tão longe não podiam mais ter segredos. Passavam-me a maioria de suas cartas; eu as copiava todas. Tive em mãos algumas que seguramente teriam evitado de confiá-las a mim, tão mortificantes eram para a vaidade e o recato persas.

Não cumpro, portanto, senão a tarefa de tradutor. Todo o meu trabalho tem sido o de adaptar a obra a nossos costumes. Aliviei o leitor da linguagem asiática quanto possível e o livrei de uma infinidade de expressões sublimes que o teriam elevado até as nuvens.

Mas não é tudo o que fiz por ele. Suprimi longos cumprimentos de que os orientais não são menos pródigos do que nós. Passei por cima de um número infinito dessas minúcias que dificilmente podem suportar a luz do dia e que devem sempre morrer entre dois amigos.

Se a maioria daqueles que nos forneceram coleções de cartas tivessem feito o mesmo, teriam visto suas obras esvair-se.

Há uma coisa que muitas vezes me deixou perplexo; é ver esses persas, algumas vezes tão instruídos como eu sobre os usos e costumes da nação, até conhecer as circunstâncias mais sutis e observar coisas que, estou certo, escaparam a muitos alemães que visitaram a França. Atribuo isso à longa permanência deles no território francês, sem contar que é mais fácil para um asiático inteirar-se dos costumes dos franceses num ano do que é para um francês inteirar-se dos costumes dos asiáticos em quatro, porque os primeiros se interessam de forma tão profunda quanto os segundos pouco se comunicam.

O costume permitiu a todo tradutor e mesmo ao mais bárbaro comentador de embelezar sua versão ou sua glosa com o panegírico do original e dele extrair a utilidade, o mérito e a excelência. Eu não fiz isso e as razões para tanto podem ser facilmente adivinhadas. Uma das melhores é que isso seria algo muito aborrecido, colocado num local já por si muito aborrecedor, quero dizer um prefácio.

Primeira Carta

Usbek a Seu Amigo Rustan

Em Isfahan

Havíamos permanecido apenas um dia em Qom[1]. Quando tínhamos terminado nossas devoções no túmulo da virgem que pôs no mundo doze profetas[2], retomamos o caminho. E ontem, vigésimo quinto dia depois de nossa partida de Isfahan, chegamos em Tabriz.

Rica e eu somos talvez os primeiros, entre os persas, que a vontade de saber tenha feito sair do próprio país e que tenham renunciado aos prazeres de uma vida tranquila para ir procurar laboriosamente a sabedoria.

Nascemos num reino florescente, mas não acreditamos que seus limites fossem aqueles de nossos conhecimentos e que a luz oriental devesse nos iluminar.

Informa-me sobre o que se diz de nossa viagem; não me iludas, não espero um grande número de pessoas que me aprove. Endereça tua carta para Erzerum[3], onde vou permanecer por um tempo. Adeus, meu caro Rustan, e fica certo que, em qualquer lugar do mundo em que eu estiver, tens um amigo fiel.

De Tabriz, 15 da lua de Safar, 1711.

(1) Qom ou Qum, cidade sagrada para os xiitas, situada a meio caminho entre Isfahan e Tabriz, no extremo noroeste do atual Irã (NT).

(2) Montesquieu parece confundir Fátima, filha de Mousa al Kacim, venerada em Qom, com Fátima, filha de Maomé e avó dos doze profetas sucessores do próprio Maomé, segundo a tradição xiita (NT).

(3) Erzerum ou Erzurum, capital da Armênia turca, corresponde a Karin, cidade dos antigos armênios; está situada na parte oriental da Turquia e foi tomada pelos turcos em 1201 (NT).

Carta 2

Usbek ao Primeiro Eunuco Negro

Em seu serralho de Isfahan

Tu és o guardião fiel das mais belas mulheres da Pérsia. Eu te confiei o que tinham de mais caro no mundo. Tens em tuas mãos as chaves dessas portas fatais que só se abrem para mim. Enquanto vigias esse depósito precioso de meu coração, ele repousa e usufrui de uma segurança total. Vigias no silêncio da noite como no tumulto do dia. Teus cuidados infatigáveis sustentam a virtude quando ela vacila. Se as mulheres que guardas quisessem descumprir seu dever, tu as farias perder a esperança disso. Tu és o flagelo do vício e a coluna da fidelidade.

Tu mandas nelas e lhes obedeces; executas cegamente todas as suas vontades e as levas a cumprir da mesma forma as leis do serralho; é a glória para ti ao lhes prestares os serviços mais humilhantes; tu te submetes, com respeito e com temor, a suas ordens legítimas; tu as serves como o escravo de seus escravos. Mas, numa reviravolta de comando, mandas como senhor como eu, quando temes pelo relaxamento das leis do pudor e da modéstia.

Lembra-te sempre do nada do qual te fiz sair, quando eras o último de meus escravos, para te colocar neste posto e te confiar as delícias de meu coração; procura manter-te numa profunda humildade perante aquelas que compartilham de meu coração, mas, ao mesmo tempo, faz com que elas sintam sua extrema dependência. Proporciona-lhe todos os prazeres que possam ser inocentes; ludibria suas inquietudes; alegra-as com música, danças, bebidas deliciosas; persuade-as a reunir-se com frequência. Se quiserem ir para os campos, podes levá-las, mas afasta todos os homens que comparecerem perante elas. Exorta-as à limpeza, que é a imagem da pureza da alma; fala-lhes por vezes de mim. Gostaria de revê-las nesse lugar encantador que elas embelezam. Adeus.

De Tabriz, 18 da lua de Safar, 1711.

Carta 3
Zaki a Usbek

Em Tabriz

Ordenamos ao chefe dos eunucos de nos levar aos campos. Ele te contará que nenhum incidente ocorreu. Quando foi preciso atravessar o riacho e deixar nossas liteiras, nos colocamos, segundo o costume, em caixas. Dois escravos nos carregaram nas costas e nos furtamos de todos os olhares.

Como poderia eu ter vivido, caro Usbek, em teu serralho de Isfahan? Nesses lugares que, lembrando-se sem cessar de meus prazeres passados, excitavam todos os dias meus desejos com nova violência? Perambulava de apartamento em apartamento, sempre te procurando e nunca te encontrando, mas encontrando em toda parte uma cruel lembrança de minha felicidade passada. Ora me via neste lugar onde, pela primeira vez em minha vida, te recebi em meus braços; ora naquele onde decidiste aquela famosa intriga entre tuas mulheres: cada uma de nós pretendia ser superior às outras em beleza. Nós nos apresentamos diante de ti, depois de haver esgotado tudo o que a imaginação pode fornecer de maquiagem e de ornamentos; viste com prazer os milagres de nossa arte; admiraste o ponto até o qual nos havia levado o ardor para te agradar. Mas logo fizeste ceder esses encantos emprestados a graças mais naturais; destruíste toda a nossa obra; foi necessário nos despojarmos desses ornamentos que se haviam tornado incômodos para ti; foi necessário aparecer diante de ti na simplicidade da natureza. Eu não me importava com o pudor, só pensava em minha glória. Feliz Usbek! Quantos encantos brilharam a teus olhos! Nós te vimos perambular por longo tempo de encanto em encanto; tua alma incerta ficou muito tempo sem se fixar; cada nova graça te requeria um tributo; em certo momento todas ficamos cobertas por teus beijos; dirigiste teus olhares curiosos para os lugares mais secretos; tu nos fizeste passar, num instante, em mil situações diferentes; sempre novas ordens e uma obediência sempre renovada. Confesso, Usbek, uma paixão muito mais viva que a ambição me encheu de desejos de te agradar. Vi imperceptivelmente que me tornara dona de teu coração; tu me agarraste, me deixaste; retornaste a mim e eu soube te reter; o triunfo foi tudo para mim e o desespero para minhas rivais; pareceu-nos que fôssemos as únicas no mundo; tudo o que nos cercava não era mais digno de nossas preocupações. Aprouve aos céus que minhas rivais tivessem tido a coragem de testemunhar todas as demonstrações de amor que de ti recebi! Se tivessem percebido meu enlevo, teriam sentido a diferença entre meu amor por ti e o delas; teriam visto que, se pudessem disputar comigo em encantos, não poderiam disputar em sensibilidade... Mas onde estou? Para onde me leva esse relato inútil? É ima infelicidade não ser amada, mas é uma afronta não sê-lo mais. Tu nos deixas, Usbek, para ir perambular por climas bárbaros. Como! Não levas em conta a vantagem de ser amado? Ai! Não sabes mesmo o que perdes. Solto suspiros que ninguém ouve; minhas lágrimas escorrem e não podes vê-las; parece que o amor respira no serralho e tua insensibilidade te afasta sempre mais! Ah! Meu caro Usbek, se soubesses ser feliz!

Do serralho de Fátima, 21 da lua de Maharram, 1711

CARTA 4

Zéfis a Usbek

Em Erzerum

Finalmente esse monstro negro resolveu me desesperar. Quer, a toda força, tirar minha escrava Zélida, Zélida que me serve com tanta afeição e cujas hábeis mãos levam em todo lugar adorno e graça. Não lhe basta que essa separação seja dolorosa, quer também que seja desonrosa. O traidor quer considerar como criminosos os motivos de minha confiança e porque se aborrece fora da porta, para onde o mando sempre, ousa supor que ouviu ou viu coisas que nem mesmo consigo imaginar. Sou realmente infeliz! Meu retiro nem minha virtude poderiam me deixar ao abrigo de suas suspeitas extravagantes; um vil escravo me ataca até o coração e é preciso que me defenda. Não, tenho demasiado respeito por mim mesma para me submeter a justificativas; não quero outra garantia de minha conduta que tu mesmo, que teu amor, que o meu; e, se é preciso dizê-lo, caro Usbek, que minhas lágrimas.

Do serralho de Fátima, 29 da lua de Maharram, 1711.

CARTA 5

Rustan a Usbek

Em Erzerum

Tu és o centro de todas as conversas em Isfahan. Só se fala de tua partida. Uns a atribuem a uma leviandade de espírito, outros a algum desgosto. Somente teus amigos te defendem, mas não convencem ninguém. Ninguém consegue compreender como possas deixar tuas mulheres, teus parentes, teus amigos, tua pátria, para ir para climas desconhecidos dos persas. A mãe de Rica está inconsolável; ela pede seu filho que, diz ela, tu criaste. Para mim, meu caro Usbek, sinto-me naturalmente levada a aprovar tudo aquilo que fazes, mas não poderia te perdoar tua ausência e, quais fossem as razões que pudesses me dar, meu coração não as aceitaria jamais. Adeus. Ama-me sempre.

De Isfahan, 28 da lua de Rebiab 1, 1711.

Carta 6

Usbek a seu amigo Nessir

Em Isfahan

A um dia de Erivan deixamos a Pérsia para entrar as terras de dominação dos turcos. Doze dias depois chegamos a Erzerum, onde permanecemos durante três ou quatro meses.

Devo te confessar, Nessir, que senti uma dor secreta quando perdi a Pérsia de vista e que me encontrei no meio dos pérfidos osmanlis. À medida que entrava no país desses profanos, parecia-me que eu mesmo me tornava profano.

Minha pátria, minha família, meus amigos se apresentaram a meu espírito; minha ternura despertou; uma certa inquietude acabou por me perturbar e me convenceu que, para minha tranquilidade, eu havia ousado demais.

Mas o que mais aflige meu coração são minhas mulheres. Não posso pensar nelas sem sentir-me devorado de amarguras.

Não é que eu as ame, Nessir. Com relação a isso, me encontro numa insensibilidade que não me deixa ter desejos. Nos numerosos serralhos em que vivi, me preveni contra o amor e o destruí em si mesmo, mas de minha própria frieza surge um ciúme secreto que me devora. Vejo um grupo de mulheres deixadas praticamente à própria sorte; somente almas covardes é que me respondem. Teria dificuldade em ter certeza que minhas escravas eram fiéis; que aconteceria se não o fossem? Que tristes notícias podem chegar até mim nos países distantes que irei percorrer! É um mal que nem meus amigos podem remediar; é um local de que eles devem ignorar os tristes segredos; e que poderiam fazer? Não haveria eu de preferir mil vezes uma obscura impunidade que uma correção estrepitosa? Deposito em teu coração todas as minhas amarguras, meu caro Nessir; é a única consolação que me resta na situação em que me encontro.

De Erzerum, 10 da lua de Rebiab 2, 1711.

CARTA 7

Fátima a Usbek

Em Erzerum

Faz dois meses que partiste, meu caro Usbek e, no abatimento em que me encontro, não consigo ainda me convencer a respeito. Percorro todo o serralho, como se tu estivesses nele; não me sinto desenganada. Que queres que se torne uma mulher que te ama; que estava acostumada a te abraçar; que só se preocupava em te dar provas de sua ternura; além do mais, livre de nascença, mas escrava pela violência de seu amor?

Quando te desposei, meus olhos não tinham visto ainda o rosto de um homem; tu és o único ainda cuja vista me tem sido permitida[4], pois não coloco entre os homens esses eunucos medonhos, cuja menor imperfeição é a de não serem homens. Quando comparo a beleza de teu rosto com a deformidade do deles não posso deixar de me considerar feliz. Minha imaginação não me fornece ideia mais arrebatadora que os encantos sublimes de tua pessoa. Juro, Usbek, se me fosse permitido sair deste lugar em que encontro encerrada pela necessidade de minha condição; se pudesse me furtar à guarda que me cerca; se me fosse permitido escolher entre todos os homens que vivem nesta capital das nações, Usbek, juro que só escolheria a ti. Não pode haver outro no mundo que mereça ser amada senão tu.

Não penses que tua ausência me tenha levado a negligenciar uma beleza que te é cara. Embora não possa ser vista por ninguém e embora os adornos com que me enfeito sejam inúteis para tua felicidade, procuro, no entanto, entreter-me no hábito de agradar: não me deito sem me perfumar com as essências mais deliciosas. Lembro-me desse tempo feliz quando caías em meus braços; um sonho gratificante que me seduz, que me mostra esse caro objeto de meu amor; minha imaginação se perde em seus anseios como se alimenta de esperanças. Penso às vezes que, desgostoso com uma viagem penosa, vais voltar para junto de nós. A noite passa em sonhos que não pertencem nem

(4) As mulheres persas são muito mais estritamente guardadas que as mulheres turcas e indianas (N. A.).

à vigília nem ao sono; eu te procuro a meu lado e parece que foges de mim; finalmente o fogo, que me devora, dissipa esses encantamentos e reconduz meus pensamentos. Encontro-me por momentos tão animada... Tu não poderias acreditar, Usbek, mas é impossível viver nesse estado; o fogo corre em minhas veias. Não consigo exprimir tão bem o que sinto! E como sinto tão bem o que não consigo exprimir! Nesses momentos, Usbek, daria o império do mundo por um só de teus beijos. Como uma mulher é infeliz ao ter esses desejos quando está privada daquele que só ele pode satisfazê-los; que, entregue a si mesma, não tendo nada que possa distraí-la, deve viver nos habituais suspiros e no furor de uma paixão excitada; que, bem longe de ser feliz, não tem sequer a vantagem de servir para a felicidade de outro; ornamento inútil de um serralho, guardada para a honra e não para a felicidade de seu esposo!

Vocês são realmente cruéis, vocês, homens! Vocês se encantam ao ver que temos paixões que não podemos satisfazer. Vocês nos tratam como se fôssemos insensíveis e vocês ficariam realmente aborrecidos se o fôssemos. Vocês creem que nossos desejos, por tanto tempo mortificados, hão de despertar à vista de vocês. É difícil fazer-se amar; é mais rápido obter do desespero de nossos sentidos o que vocês não ousam esperar por mérito seu.

Adeus, meu caro Usbek, adeus. Fica certo que só vivo para te adorar; minha alma está totalmente repleta de ti e tua ausência, longe de me levar a te esquecer, animaria meu amor se este pudesse tornar-se mais violento.

Do serralho de Isfahan, 12 da lua de Rebiab 1, 1711.

CARTA 8

Usbek a Seu Amigo Rustan

Em Isfahan

Tua carta me foi entregue em Erzerum, onde me encontro. Desconfiava realmente que minha partida ia causar rumores, mas não me arrependi por causa disso. Que queres que eu siga? A prudência de meus inimigos ou a minha?

Estive na corte desde minha mais tenra infância. Posso dizê-lo, nela meu coração não se corrompeu; tinha até mesmo um grande plano, pretendia ser virtuoso. A partir do momento em que conheci o vício, me afastava dele, mas em seguida me aproximava para desmascará-lo. Levava a verdade até os pés do trono e falava uma linguagem até então desconhecida: desconcertava os bajuladores e, ao mesmo tempo, deixava surpresos os adoradores e o ídolo.

Mas, quando vi que minha sinceridade me havia dado inimigos; que tinha atraído sobre mim a inveja dos ministros, sem ter o favor do príncipe; que, numa corte corrupta, não me sustentaria mais por uma tênue virtude, decidi abandoná-la. Fingi um grande apego às ciências e, à força de fingir, acabei me interessando realmente por elas. Não me empenhava mais em negócio algum e me retirei para uma casa de campo. Mas até essa opção tinha seus inconvenientes: ficava sempre exposto à malícia de meus inimigos e praticamente havia suprimido meus próprios meios de sobrevivência. Alguns avisos secretos me levaram a pensar em mim seriamente; resolvi exilar-me de minha pátria e minha retirada da corte me deu um pretexto plausível. Fui falar com o rei; fiz-lhe notar a vontade que eu tinha de conhecer as ciências do ocidente; insinuei-lhe que ele poderia tirar vantagem de minhas viagens; nele encontrei apoio. Parti e furtava uma vítima a meus inimigos.

Aí está, Rustan, o verdadeiro motivo de minha viagem. Deixa Isfahan falar. Não me defendas senão perante aqueles que me amam. Deixa a meus inimigos suas interpretações malignas. Fico feliz ao ver que é o único mal que podem me causar.

Falam de mim agora; talvez não fosse muito esquecido e que meus amigos... Não, Rustan, não quero me entregar a esse triste pensamento. Eu serei sempre caro a eles; conto com a fidelidade deles bem como com a tua.

De Erzerum, 20 da lua de Gemmadi 2, 1711.

CARTA 9

O PRIMEIRO EUNUCO A IBBI

Em Erzerum

Segues teu antigo senhor em suas viagens. Percorres as províncias e os reinos. As amarguras não poderiam te impressionar. Cada instante te mostra coisas novas. Tudo o que vês te diverte e te faz passar o tempo sem senti-lo.

Isso não acontece comigo, pois, encerrado em minha espantosa prisão, estou sempre cercado pelos mesmos objetos e devorado pelos mesmos desgostos. Gemo, acabrunhado sob o peso das preocupações e das inquietudes de cinquenta anos; e, no decurso de uma longa vida, não posso dizer que tenha tido um dia sereno e um momento tranquilo.

Quando meu primeiro senhor planejou o cruel projeto de me confiar suas mulheres e me obrigou, por seduções sustentadas por mil ameaças, de me separa para sempre de mim mesmo, cansado de prestar serviços nos empregos mais penosos, decidi sacrificar minhas paixões à minha tranquilidade e à minha fortuna. Como fui infeliz! Meu espírito preocupado me fazia ver a compensação mas não a perda; esperava ficar livre dos ataques do amor pelo impotência de satisfazê-lo. Ai de mim! Extinguiam em mim o efeito das paixões sem extinguir a causa; e, longe de ficar aliviado, via-me cercado de objetos que as excitavam incessantemente. Entrava no serralho, onde tudo me inspirava o pesar daquilo que eu havia perdido; sentia-me animado a todo instante; mil graças naturais pareciam desvendar-se a meus olhos só para me desolar; para cúmulo da desgraça, tinha sempre diante dos olhos um homem feliz. Nesse período de perturbação, nunca conduzi uma mulher para a cama de meu senhor, nunca a despi que depois não tenha voltado a meus aposentos cheio de ódio no coração e um terrível desespero na alma.

Aí está como passei minha miserável juventude. Como confidente só tinha a mim mesmo. Cheio de aborrecimentos e de amarguras, devia devorá-los; e essas mesmas mulheres que era tentado a olhar com olhos tão ternos, só as fitava com olhares severos; estaria perdido se elas me envolvessem; que vantagens não teriam tirado disso?

Lembro-me que um dia, enquanto colocava uma mulher no banho, me senti tão excitado que perdi totalmente a razão e ousei levar minha mão num local temível. Meu primeiro pensamento foi que esse seria o último de meus dias, mas fui bastante feliz para escapar de mil mortes; a beleza, porém, que eu tinha tornado confidente de minha fraqueza me vendeu muito caro seu silêncio; perdi inteiramente minha autoridade sobre ela, além de ter-me obrigado depois a condescendências que me expuseram mil vezes a perder a vida.

Finalmente, o fogo da juventude passou. Já sou velho e me encontro, a esse respeito, numa situação tranquila. Olho as mulheres com indiferença e lhes retribuo todos os desprezos e todos os tormentos que me fizeram suportar. Lembro-me sempre de que eu havia nascido para comandá-las; parece-me que torno a ser homem nas ocasiões que posso mandar nelas. Eu as odeio desde que as encaro com frieza e que minha razão me deixa ver todas as suas fraquezas. Embora eu cuide delas para outro, o prazer de me fazer obedecer me dá uma alegria secreta; quando as privo de tudo, parece-me que é para mim e isso sempre me traz uma satisfação indireta. Encontro-me no serralho como num pequeno império e minha ambição, a única paixão que me resta, se satisfaz um pouco. Vejo com prazer que tudo gira em torno de mim e que a todo instante sou necessário: de boa vontade assumo o ódio de todas essas mulheres que me fortalece no posto que ocupo. Por isso elas não tratam com um ingrato: encontram-me sempre diante delas em todos os seus mais inocentes prazeres; sempre me apresento a elas como uma barreira intransponível; fazem projetos e eu as detenho de repente; eu me armo de recusas, me encho de escrúpulos, nunca tenho na boca senão as palavras dever, virtude, pudor, modéstia. Chego a desesperá-las ao lhes falar incessantemente da fraqueza de seu sexo e da autoridade do senhor; a seguir lamento ser obrigado a tanta severidade e me esforço em fazê-las entender que não tenho outro motivo senão seu próprio interesse e que a isso me leva um grande apego por elas.

Não é que por minha vez não tenha um número infinito de desgostos e que todos os dias essas mulheres vingativas não procurem exagerar naqueles que lhes causo. Elas dão o troco de modo terrível. Há entre nós como um fluxo e refluxo de domínio e de submissão; sempre fazem cair sobre mim as tarefas mais humilhantes; demonstram um desprezo que não tem similar e, sem consideração por minha idade avançada, obrigam-me a levantar dez vezes por noite pela menor bagatela. Fico acabrunhado incessantemente de ordens, de comandos, de tarefas, de caprichos; parece que elas se revezam para me exercitar e que suas fantasias se sucedem; muitas vezes se divertem em fazer com que eu redobre de cuidados; obrigam-me a escutar falsas confidências: ora vêm me dizer que apareceu um jovem perto das muralhas; ora que ouviram um barulho ou que devem entregar uma carta. Tudo isso me perturba e elas se riem, se divertem ao ver que isso me atormenta sobremaneira. Outra vez me prendem atrás de sua porta e fico à mercê delas dia e noite. Sabem muito bem fingir doenças, desfalecimentos, pavores; não lhes faltam pretextos para me levar para onde quiserem. Nessas ocasiões é preciso munir-se de uma obediência cega e de uma complacência sem limites: uma recusa na boca de um homem como eu seria algo inaudito e, se vacilar em lhes obedecer, estariam no direito de me castigar. Preferiria perder a vida, meu caro Ibbi, que descer até semelhante humilhação.

Não é tudo. Nunca estou seguro um instante sequer de merecer as graças de meu senhor. Tenho tantas inimigas no coração dele que só pensam em me prejudicar. Elas têm quartos de hora em que não sou ouvido, quartos de hora em que nada é recusado, quartos de hora em que sempre estou errado. Levo para a cama de meu senhor mulheres irritadas; acreditas que trabalham para mim e que minha opinião seja a mais forte? Tenho tudo a temer de suas lágrimas, de seus suspiros, de seus abraços e até de seus prazeres; elas estão no lugar de seus triunfos; suas lágrimas se tornam terríveis; os serviços do momento apagam, num instante, todos os meus serviços do passado e nada pode me deixar tranquilo com um senhor que não é mais o mesmo.

Quantos vezes me aconteceu de me deitar nas graças e de me levantar na desgraça? No dia em que fui açoitado tão indignamente junto do serralho, que tinha feito? Deixo uma mulher nos braços de meu senhor: logo que ela o viu excitado, derramou uma torrente de lágrimas; queixou-se e conduziu tão bem suas queixas que aumentavam na medida do amor que ela incendiava. Como poderia me conter num momento tão crítico? Eu me perdi quando menos esperava; fui vítima de uma negociação amorosa e de um tratado feito pelos suspiros. Aí está, caro Ibbi, a cruel condição em que sempre vivi.

Feliz de ti! Tuas preocupações se limitam à pessoa de Usbek. Para ti é fácil agradá-lo e manter-te em suas graças até o último de teus dias.

Do serralho de Isfahan, último dia da lua de Safar, 1711.

CARTA 10

Mirza a Seu Amigo Usbek

Em Erzerum

Tu eras o único que poderia compensar a ausência de Rica e não havia senão Rica que pudesse me consolar da tua. Tu nos fazes falta, Usbek, eras a alma de nossa sociedade. Realmente é preciso violência para romper os compromissos que o coração e o espírito estabeleceram!

Aqui discutimos muito. Nossas discussões giram normalmente em torno da moral. Ontem foi questionado se os homens eram felizes pelos prazeres e pelas satisfações dos sentidos ou pela prática da virtude. Muitas vezes te ouvi dizer que os homens tinham nascido para serem virtuosos e que a justiça é uma qualidade que lhes é tão própria como a existência. Explica-me, por favor, o que queres dizer com isso.

Falei com mulás(5) que me desesperam com suas passagens do Alcorão, pois não lhes falo como verdadeiro crente, mas como homem, como cidadão, como pai de família. Adeus.

De Isfahan, último dia da lua de Safar, 1711.

(5) Mulá ou mulah (do árabe mawlah, senhor), doutor da lei corânica.

CARTA 11

Usbek a Mirza

Em Isfahan

Renuncias à tua razão para pôr à prova a minha; desces ao ponto de me consultar; tu achas que sou capaz de te instruir. Meu caro Mirza, há uma coisa que me lisonjeia ainda mais que o bom conceito que tens de mim; é tua amizade.

Para responder ao que me perguntas, não acreditei que devesse empregar raciocínios muito abstratos. Há certas verdades que é suficiente convencer, mas que é preciso fazer sentir; desse tipo são as verdades de moral. Talvez este trecho de história te tocará mais que uma filosofia sutil.

Havia na Arábia um pequeno povo chamado troglodita que descendia dos antigos trogloditas que, se acreditarmos nos historiadores, se assemelhavam mais a animais que a humanos. Não eram tão peculiares, não eram peludos como ursos, não assobiavam, tinham dois olhos, mas eram tão malvados e ferozes que não havia entre eles nenhum princípio de equidade nem de justiça.

Tinham um rei de origem estrangeira que, querendo corrigir a maldade de sua natureza, os tratava severamente, mas conjuraram contra ele, mataram-no e exterminaram toda a família real.

Tendo perpetrado o golpe, se reuniram para escolher um governo e, depois de muitas dissensões, criaram magistrados. Mas, logo depois de os terem eleito, tornaram-se insuportáveis para eles e os massacraram também.

Esse povo, livre desse novo jugo, passou a consultar unicamente sua natureza selvagem. Todos os indivíduos concordaram que não obedeceriam mais a ninguém; que cada um cuidaria unicamente de seus interesses, sem consultar aqueles dos outros.

Essa resolução unânime convinha extremamente a todos os indivíduos em particular. Diziam: "Para que teria de me matar trabalhando por pessoas de quem não devo me preocupar? Pensarei unicamente em mim. Viverei feliz. Que me importa que os outros o sejam? Proverei a todas as minhas necessidades e, desde que as tenha satisfeito, não me importa que todos os outros trogloditas sejam miseráveis."

Chegou o mês no qual todos semeiam as terras. Cada um deles disse: "Só vou trabalhar meus campos para que me forneçam o trigo suficiente para meu sustento; uma quantidade maior seria inútil; não vou me criar problemas por nada."

As terras desse pequeno reino não eram todas da mesma natureza. Havia áridas e montanhosas e outras que, num plano mais baixo, eram regadas por diversos riachos. Nesse ano a seca foi muito grande de maneira que as terras que se situavam em locais elevados não produziram absolutamente nada, enquanto que aquelas que puderam ser irrigadas foram muito férteis. Desse modo, os habitantes das montanhas pereceram quase todos de fome por causa da intransigência dos outros que se recusaram em compartilhar a colheita.

No ano seguinte houve abundância de chuvas. Os locais elevados mostraram uma fertilidade extraordinária e as terras baixas ficaram submersas. A metade do povo sentiu pela segunda vez a fome, mas esses miseráveis encontraram pessoas tão intransigentes como elas próprias haviam sido anteriormente.

Um dos principais habitantes tinha uma mulher muito linda; seu vizinho se apaixonou por ela e a raptou. Houve uma grande briga e, depois de muitas injúrias e golpes, concordaram em aceitar a decisão de um troglodita que, enquanto a república subsistira, tinha gozado de algum crédito. Dirigiram-se a ele e quiseram submeter-lhe suas razões, mas ele lhes respondeu: "Que me importa se essa mulher é tua ou tua? Tenho minhas terras para cultivar e não vou empregar meu tempo para resolver vossas intrigas e trabalhar em vossos negócios, ao mesmo tempo que negligenciaria os meus. Peço que me deixeis em paz e não me importunar mais com vossas intrigas." Dizendo isso, deixou-os e foi trabalhar suas terras. O raptor, que era mais forte, jurou que morreria antes de restituir essa mulher; o outro, desolado com a injustiça de seu vizinho e com a dureza do juiz, voltava desesperado quando encontrou pelo caminho uma mulher linda e jovem que retornava da fonte; não tinha mais mulher e gostou dessa; gostou ainda mais dela quando soube quer a mulher daquele que havia escolhido como juiz e que tinha sido pouco sensível com sua desgraça. Ele a agarrou e a levou para sua casa.

Havia um homem que possuía um campo bastante fértil e que cultivava com o maior cuidado. Dois de seus vizinhos se uniram, expulsaram-no de sua casa e ocuparam suas terras; selaram entre si um pacto para se defender contra todos aqueles que pretendessem apoderar-se dessas terras e efetivamente conseguiram defender-se durante vários meses. Mas um dos dois, aborrecido por ter de compartilhar o que poderia possuir sozinho, matou o outro e se tornou o único dono das terras. Seu domínio não durou muito. Dois outros trogloditas o atacaram; era muito fraco para defender-se sozinho e foi massacrado.

Um troglodita praticamente nu viu lã à venda. Perguntou pelo preço. O mercador disse consigo mesmo: "Naturalmente não deveria esperar de minha lã senão o dinheiro suficiente para comprar duas medidas de trigo, mas vou vendê-la quatro vezes mais cara para conseguir oito medidas do cereal." Sabendo o preço, o comprador pagou o que lhe foi pedido. O mercador disse: "Estou realmente contente, pois agora vou conseguir trigo." – "Que estás dizendo? – retrucou o comprador. Precisas de trigo? Tenho para vender. Talvez somente o preço poderá te espantar, pois sabes que o trigo é extremamente caro, por causa da fome que grassa quase em toda parte. Mas devolve meu dinheiro e te darei uma medida de trigo, pois não quero me desfazer de outra maneira, a menos que quisesse morrer de fome."

Entrementes uma epidemia cruel assolava a região. Um médico hábil chegou da região vizinha e receitou remédios tão eficazes que curou todos aqueles que passaram por suas meses. Quando a epidemia cessou, passou casa por casa de todos aqueles que havia tratado para pedir seu pagamento, mas só encontrou recusas; voltou para sua terra e chegou alquebrado pelas fadigas de tão longa viagem. Mas, pouco tempo depois, soube que a mesma epidemia voltara a atingir a mesma região e afligia mais que nunca essa terra ingrata. Foram ter com ele, mas não conseguiram convencê-lo a ir novamente. Disse-lhes: "Vão, homens injustos, vocês têm em suas almas um veneno mais mortal que aquele do qual querem se curar; não merecem ocupar um lugar na terra porque vocês não têm humanidade e as regras da equidade lhes são desconhecidas; acho que ofenderia os deuses que os punem se me opusesse à justiça da cólera deles."

De Erzerum, 3 da lua de Gemmadi 2, 1711.

CARTA 12

Usbek ao Mesmo

Em Isfahan

Viste, meu caro Mirza, como os trogloditas pereceram por sua própria maldade e foram vítimas de suas próprias injustiças. De tantas famílias, só sobraram duas, que escaparam das desgraças da nação. Havia, nesse país, dois homens bem singulares. Eles tinham humanidade, conheciam a justiça, amavam a virtude; unidos tanto pela retidão de seu coração como pela corrupção daquele dos outros, viam a desolação geral e só a deploravam por compaixão: era o motivo de uma união nova. Trabalhavam com uma solicitude comum para o interesse comum; não tinham discussões a não ser aquelas que uma doce e terna amizade deixam afluir e, no local mais afastado do país, separados de seus compatriotas indignos de sua presença, levavam uma vida feliz e tranquila. A terra parecia produzir por si, ao ser cultivada por essas mãos virtuosas.

Amavam suas mulheres e eram ternamente correspondidos. Toda a sua atenção se voltava para a educação de seus filhos na virtude. Mostravam-lhes sem cessar as desgraças de seus compatriotas e colocavam diante de seus olhos esse exemplo tão triste; faziam-lhes sobretudo perceber que o interesse dos indivíduos reside sempre no interesse comum; que pretender separar-se dele era querer perecer; que a virtude não é uma coisa que deve nos custar; que não se deve considerá-la como um exercício penoso e que a justiça para com os outros é uma caridade para conosco mesmos.

Logo tiverem o consolo dos pais virtuosos que é o de ter filhos que se assemelham a eles. O jovem povo que cresceu sob seus olhos aumentou por meio de felizes casamentos: o número aumentou, a união foi sempre a mesma e a virtude, longe de se enfraquecer na multidão, se fortaleceu, pelo contrário, por um maior número de exemplos.

Quem poderia representar aqui a felicidade desses trogloditas? Um povo tão justo devia ser amado pelos deuses. Desde que abriu os olhos para conhecê-los, aprendeu a temê-los e a religião chegou para suavizar nos costumes o que a natureza havia deixado de demasiado rude.

Instituíram festas em honra dos deuses. As jovens, ornadas de flores, e os jovens as celebravam com suas danças, ao som dos acordes de uma música campestre; organizavam em seguida festins em que a alegria não reinava menos que a frugalidade. Era nessas assembleias que a natureza singela se expressava; nelas aprendiam a entregar o coração e a recebê-lo; nelas o pudor virginal fazia, corando, uma confissão de surpresa, mas logo confirmada pelo consentimento dos pais; nelas as ternas mães se compraziam em prever à distância uma união doce e fiel.

Dirigiam-se ao templo para pedir os favores dos deuses. Não pediam riquezas e onerosa abundância; semelhantes anseios eram indignos dos felizes trogloditas; não sabiam desejá-los senão para seus compatriotas. Só se aproximavam dos pés dos altares para pedir a saúde de seus pais, a união de seus irmãos, a ternura de suas mulheres, o amor e a obediência de seus filhos. As jovens chegavam até eles para oferecer o terno sacrifício de seu coração e não imploravam por outra graça que aquela de poder tornar um troglodita feliz.

Ao entardecer, quando os rebanhos deixavam as pradarias e os bois fatigados já haviam trazido de volta a charrua, ele se reuniam e, numa refeição frugal, contavam as injustiças dos primeiros trogloditas, suas desgraças, e cantavam a virtude renascente com um novo povo e sua felicidade; celebravam as grandezas dos deuses, seus favores sempre presentes aos homens que os imploram e sua cólera inevitável para aqueles que não os temem; descreviam a seguir as delícias da vida campestre e a felicidade de uma condição sempre ornada pela inocência. Logo depois se entregavam a um sono que as preocupações e as amarguras jamais interrompiam.

A natureza não satisfazia menos seus desejos que suas necessidades. Nesse país feliz, a cobiça era coisa estranha; intercambiavam presentes e aquele que os dava acreditava sempre levar vantagem. O povo troglodita se considerava como uma só família; os rebanhos eram quase sempre confundidos; o único trabalho que se poupavam geralmente era o de separá-los.

De Erzerum, 6 da lua de Gemmadi 2, 1711.

CARTA 13

Usbek ao Mesmo

Não poderia te falar o suficiente sobre a virtude dos trogloditas. Um deles dizia um dia: "Meu pai deve lavrar suas terras amanhã; vou levantar duas horas antes dele e, quando ele for aos campos, já os encontrará lavrados."

Outro dizia para consigo mesmo: "Parece que minha irmão se enamorou por um jovem troglodita de nossa parentela; é preciso que fale a meu pai e o convença a realizar esse casamento."

Foram dizer a outro que ladrões haviam levado seu rebanho e ele disse: "Estou realmente aborrecido, pois havia uma novilha inteiramente branca que eu queria oferecer aos deuses."

Outro foi ouvido dizendo: "É preciso que vá ao templo agradecer aos deuses, pois meu irmão, que meu pai tanto ama e que eu o adoro, recobrou sua saúde."

Ou ainda: "Há um terreno contíguo àquele de meu pai e aqueles que o cultivam estão expostos todos os dias aos ardores do sol; é preciso que eu vá e plante duas árvores, a fim de que essa pobre gente possa às vezes se proteger sob sua sombra."

Um dia, vários trogloditas estavam reunidos; um ancião falou de um jovem que suspeitava que tivesse cometido uma má ação e o repreendeu. Os jovens trogloditas disseram: "Não cremos que tenha cometido esse crime, mas se o cometeu, que seja o último de sua família a morrer!"

Foram dizer a um troglodita que estranhos haviam pilhado sua casa e que haviam levado tudo. Respondeu: "Se não eram injustos, desejaria que os deuses lhes concedessem um uso mais prolongado que a mim."

Tanta prosperidade não foi observada sem inveja; os povos vizinhos se reuniram e, sob um vão pretexto, resolveram roubar seus rebanhos. Logo que essa decisão se tornou conhecida, os trogloditas enviaram a eles embaixadores que assim falaram:

"Que lhes fizeram os trogloditas? Raptaram suas mulheres, roubaram seus rebanhos, devastaram suas terras? Não, nós somos justos e tememos os deuses. Que pedem, portanto, de nós? Querem lã para confeccionar roupas? Querem leite para seus rebanhos? Ou frutos de nossas terras? Baixem as armas, venham a nós e lhes daremos tudo isso. Juramos, porém, por tudo o que há de mais sagrado, que, se entrarem em nossas terras como inimigos, os consideraremos como um povo injusto e os trataremos como animais selvagens."

Essas palavras foram rejeitadas com desprezo. Esses povos selvagens entraram armados nas terras dos trogloditas, pensando que fossem defendidas apenas por sua inocência.

Mas eles estavam realmente dispostos a defendê-las. Haviam colocado suas mulheres e seus filhos no meio deles. Ficaram espantados com a injustiça de seus inimigos e não com seu número. Um novo ardor se havia apoderado de seu coração: um queria morrer por seu pai, outro por sua mulher e seus filhos, este por seus irmãos, aquele por seus amigos, todos pelo povo troglodita; o lugar daquele que expirava era logo tomado por outro que, além da causa comum, tinha ainda uma morte particular a vingar.

Esse foi o combate da injustiça contra a virtude. Esses povos covardes, que só procuravam os espólios, não tiveram vergonha de fugir e cederam ante a virtude dos trogloditas, mesmo sem serem tocados.

De Erzerum, 9 da lua de Gemmadi 2, 1711.

CARTA 14

Usbek ao Mesmo

Como o povo aumentasse continuamente, os trogloditas julgaram que era conveniente escolher um rei. Concordaram que deveriam deferir a coroa àquele que fosse o mais justo e todos dirigiram seus olhares para um ancião, venerável por sua idade e por grande virtude. Ele não quis participar dessa assembleia e se havia retirado em sua casa, com o coração atribulado de tristeza.

Quando lhe enviaram deputados para informá-lo da escolha que havia recaído sobre ele, disse: "Deus não queira que eu cometa esse desatino contra os trogloditas, que se acredite que não há ninguém entre eles mais justo que eu. Vocês me conferem a coroa e, se o quiserem realmente, sou deveras obrigado a aceitá-la. Mas saibam que vou morrer de dor por ter visto, ao nascer, os trogloditas livres e vê-los hoje submetidos a alguém." A essas palavras, se pôs a chorar copiosamente. "Infeliz dia! – dizia. Por que vivi tanto?" Depois exclamou com voz severa: "Vejo muito bem o que isso significa, trogloditas; sua virtude começa a pesar. Não condição em que estão, sem um chefe, devem ser virtuosos apesar de tudo; sem isso, não poderiam subsistir e cairiam na desgraça de seus antepassados. Mas esse jugo lhes parece muito duro; preferem submeter-se a um príncipe e obedecer a suas leis menos rígidos que seus costumes. Sabem que, nessa nova situação, poderão satisfazer sua ambição, adquirir riquezas e enlanguescer numa covarde voluptuosidade; e que, contanto que evitem cometer grandes crimes, não terão necessidade da virtude." Parou por um instante e suas lágrimas escorreram mais copiosas ainda. "E que pretendem que eu faça? Como é possível que eu tenha de mandar num troglodita? Querem que ele faça uma ação virtuosa porque eu mandei, ele que a faria de qualquer modo sem mim e pela simples inclinação da natureza? Ó trogloditas, estou chegando ao fim de meus dias, meu sangue está congelando em minhas veias, logo mais vou ver seus sagrados ancestrais. Por que querem que eu os aflija? E que seja obrigado a lhes dizer que os deixei sob outro jugo que não era o da virtude."

De Erzerum, 10 da lua de Gemmadi 2, 1711.

CARTA 15

O Primeiro Eunuco a Jaron, Eunuco Negro

Em Erzerum

Rogo aos céus que te reconduza a estes lugares e te livre de todos os perigos.

Embora eu não tenha praticamente conhecido esse compromisso que se chama amizade e que me tenha fechado inteiramente em mim mesmo, tu me fizeste sentir, contudo, que eu ainda tinha um coração; e, enquanto eu era de bronze para todos esses escravos que viviam sob minhas leis, via com prazer tua infância crescer.

Chegou o momento em que meu senhor lançou seus olhos sobre ti. Era realmente necessário que a natureza tivesse falado, quando o ferro te separou da natureza. Não vou te dizer se te lamentei ou se senti prazer ao ver-te elevado até mim. Eu amenizava teu choro e teus gritos. Acreditei ver-te nascer uma segunda vez e sair de uma servidão em que devias sempre obedecer para entrar numa servidão em que devias mandar. Tomei tua educação a meus cuidados. A severidade, sempre inseparável das instruções, te levou a ignorar por muito tempo que me eras caro. Apesar de tudo, tu o eras para mim e te direi que te amava como um pai ama seu filho, se esses termos pai e filho pudessem convir a nosso destino.

Vais percorrer os países habitados pelos cristãos que nunca creram. É impossível que não contraias muitas impurezas. Como poderia te olhar o profeta no meio de tantos milhões de seus inimigos? Gostaria que meu mestre fizesse, quando de seu retorno, a peregrinação a Meca: ambos vos purificaríeis inteiramente na terra dos anjos.

Do serralho de Isfahan, 10 da lua de Gemmadi, 1711.

CARTA 16

Usbek ao Mulá Mehmet-Ali, Guarda dos Três Túmulos[6]

Em Qom

Por que vives nos túmulos, divino mulá? Tu és feito muito mais para estar nas estrelas. Tu te escondes, sem dúvida, com receio de obscurecer o sol; não tens manchas como esse astro, mas, como ele, te cobres de nuvens.

Tua ciência é um abismo mais profundo que o oceano; teu espírito é mais penetrante que Zufagar, essa espada de Ali[7], que tinha duas pontas; tu sabes o que se passa nos nove coros das potências celestes; lês o Alcorão no peito de nosso divino profeta e, quanto encontras alguma passagem obscura, um anjo, por sua ordem, desprega suas asas rápidas e desce do trono para te revelar o segredo dela.

Eu poderia, por teu intermédio, ter com os serafins uma íntima correspondência, pois, enfim, como décimo terceiro imã[8], não és o centro onde o céu e a terra se tocam e o ponto de comunicação entre o abismo e o empíreo?

Encontro-me no meio de um povo profano. Permite que me purifique contigo; aceita que eu dirija meus olhares para os lugares sagrados que habitas; distingue-me dos maus como se diferencia, ao despontar da aurora, o filete branco do filete negro; ajuda-me com teus conselhos; toma cuidado de minha alma; inebria-a com o espírito dos profetas; nutre-a com a ciência do paraíso e permite que ponha suas chagas a teus pés. Endereça tuas cartas sagradas para Erzerum, onde deverei permanecer por alguns meses.

De Erzerum, 11 da lua de Gemmadi 2, 1711.

(6) Os três túmulos são os de Fátima e aqueles dos reis Séfi I e Abbas II.

(7) Genro do profeta Maomé.

(8) Imã ou imame (do árabe imam, chefe). Os imãs, em número de doze, descendem em linha direta de Ali, genro de Maomé, e são os sucessores do profeta. O título de décimo terceiro imã é simples atribuição hiperbólica a autoridade religiosa.

CARTA 17

Usbek ao Mesmo

Não posso, divino mulá, acalmar minha impaciência. Não poderia esperar tua sublime resposta. Tenho dúvidas, preciso expô-las. Sinto que minha razão se extravia, recondu-la no caminho certo, vem me esclarecer, fonte de luz; fulmina, com tua caneta divina, as dificuldades que vou te propor; faz que eu tenha piedade de mim mesmo e faz com que core diante das perguntas que vou te fazer.

Por que nosso legislador nos priva da carne de porco e de todas as carnes que ele chama de imundas? Por que nos proíbe tocar um corpo morto? Por que, para purificar nossa alma, nos ordena de lavar incessantemente nosso corpo? Parece-me que as coisas não são em si nem puras nem impuras; não posso conceber nenhuma qualidade inerente ao sujeito que possa torná-las assim. O lodo só nos parece sujo porque fere nossa vista ou algum outro de nossos sentidos, mas em si mesmo não o é mais que o ouro e os diamantes. A ideia de imundície, contraída pelo contato com um cadáver, só nos veio de certa repugnância natural que temos dele. Se os corpos daqueles que se não se lavam não ferem o olfato nem a vista, como se poderia imaginar que fossem impuros?

Os sentidos, divino mulá, devem ser portanto os únicos juízes da pureza ou da impureza das coisas? Mas como os objetos não afetam os homens da mesma maneira, que aquilo que dá uma sensação agradável a alguns produz uma desgostosa em outros, segue-se que o testemunho dos sentidos não pode servir nesse caso de regra, a menos que se diga que cada um pode, de acordo com sua fantasia, decidir sobre o caso e distinguir, no que lhe diz respeito, as coisas puras daquelas que não o são.

Mas até isso, sagrado mulá, não derrubaria as distinções estabelecidas por nosso divino profeta e os pontos fundamentais da lei que foi escrita pela mão dos anjos?

De Erzerum, 20 da lua de Gemmadi 2, 1711.

CARTA 18

Mehmet-Ali, Servo Dos Profetas, a Usbek

Em Erzerum

Tu nos fazes sempre perguntas que nos foram feitas mil vezes a nosso santo profeta. Por que não lês as tradições dos doutores? Por que não te diriges a essa fonte pura de toda inteligência? Tu encontrarias todas as tuas dúvidas resolvidas.

Infelizes, que, sempre embaraçados com as coisas da terra, nunca olhastes com olhar fixo aquelas do céu e que reverenciais a condição dos mulás, sem ousar abraçá-la ou segui-la!

Profanos, que nunca entrais nos segredos do eterno, vossas luzes se assemelham às trevas do abismo e os arrazoados de vosso espírito são como a poeira que vossos pés levantam quando o sol está em seu ápice, ao meio-dia, no mês ardente de shahban!

Por isso o zênite de vosso espírito não chega ao nadir do menor dos imãs(9); vossa vã filosofia é esse raio que anuncia a tempestade e a escuridão; estais no meio da tempestade e vagais ao sabor dos ventos.

É muito fácil responder a tua dificuldade. Para tanto, não é necessário senão contar o que aconteceu um dia a nosso santo profeta, quando, tentado pelos cristãos, posto à prova pelos judeus, confundiu igualmente uns e outros.

O judeu Abdias Ibsalon(10) lhe perguntou por que Deus tinha proibido comer carne de porco. "Não é sem razão, respondeu Maomé; é um animal imundo e vou te convencer a respeito." Com suas mãos modelou um boneco de barro, colocou-o no chão e lhe ordenou: "Levanta-te!" Imediatamente se levantou e disse: "Sou Jafé, filho de Noé." – "Tinhas os cabelos tão brancos quando morreste?" – lhe perguntou o profeta. – "Não, respondeu, mas quando me despertaste achei que o dia do julgamento havia chegado e tive tanto medo que meus cabelos embranqueceram de repente."

"Ora essa! Conta-me – lhe disse o enviado de Deus – toda a histó-

(9) Esta palavra é mais usual entre os turcos do que entre os persas (Nota do autor).

(10) Tradição maometana (Nota do autor).

ria da arca de Noé." Jafé obedeceu e narrou com detalhes exatamente tudo o que havia ocorrido durante os primeiros meses; depois, falou desse modo:

"Colocamos os excrementos de todos os animais num lado da arca, o que faz pender tão acentuadamente que tivemos um medo mortal. Sobretudo nossas mulheres que se queixavam de todas as maneiras. Nosso pai Noé, tendo pedido conselho a Deus, este lhe ordenou a tomar o elefante e voltá-lo com a cabeça para o lado que a arca pendia. Esse grande animal produziu tamanha quantidade de excrementos, que deles nasceu um porco. Acredita, Usbek, que é desde aquele tempo que nos abstivemos da carne de porco e que passamos a considerá-lo como um animal imundo?

Mas como o porco removia todos os dias esses excrementos, um tal fedor tomou conta da arca que o próprio porco não conseguia evitar de espirrar. De seu nariz saiu um rato que passou a roer tudo o que lhe aparecia pela frente, o que acabou se tornando tão insuportável para Noé, que julgou conveniente consultar a Deus novamente. Ele lhe ordenou de aplicar um grande golpe na cabeça do leão, que espirrou também e de suas narinas saiu um gato." Acreditas que esses animais não são mais impuros? Que te parece?

Quando, pois, não percebes a razão da impureza de certas coisas é que ignoras a de muitas outras e que não tens conhecimento do que se passou entre Deus, os anjos e os homens. Não sabes a história da eternidade; não leste os livros que foram escritos no céu; o que te foi revelado não passa de uma pequena parte da biblioteca divina; e aqueles que, como nós, conseguem se aproximar dela bem mais, apesar disso, enquanto estiverem nesta vida, continuam na escuridão e nas trevas. Adeus. Que Maomé esteja em teu coração.

De Qom, último dia da lua de Shahban, 1711.

CARTA 19

Usbek a Seu Amigo Rustan

Em Isfahan

Só permanecemos oito dias em Tocat. Depois de trinta e cinco dias de caminhada, chegamos a Esmirna.

De Tocat a Esmirna não há nenhuma cidade que mereça ser citada. Fiquei surpreso ao ver a debilidade do império dos osmanlis. Esse corpo doente não se sustém por um regime ameno e temperado, mas por remédios violentos que o esgotam e o minam sem cessar.

Os paxás, que só conseguem seus postos por meio de somas de dinheiro, entram arruinados nas províncias e as devastam como se fossem países conquistados. Uma milícia insolente só se submete a seus caprichos. As praças estão desmanteladas, as cidades desertas, os campos desolados, o cultivo das terras e o comércio inteiramente abandonados.

A impunidade reina nesse governo despótico; os cristãos que cultivam as terras, os judeus que cobram tributos estão expostos a mil violências.

A propriedade das terras é incerta e, por conseguinte, o ardor em preservá-las esmorece; não há título nem posse que valha contra o capricho daqueles que governam.

Esses bárbaros abandonaram de tal modo as artes que negligenciaram até a arte militar. Enquanto as nações da Europa se aperfeiçoam todos os dias, eles permanecem em sua antiga ignorância e não se definem por adotar suas novas invenções a não ser depois que foram utilizadas contra eles milhares de vezes.

Não tem experiência alguma no mar, nenhuma habilidade nas manobras. Dizem que um punhado de cristãos, entrincheirado num rochedo[11], faz suar os otomanos e desgasta seu império.

Incapazes de praticar o comércio, toleram praticamente com pesar que os europeus, sempre laboriosos e empreendedores, venham tomar conta dele; julgam ser simpáticos a esses estrangeiros, permitindo que eles se enriqueçam.

Em toda essa vasta extensão do país que atravessei, só encontrei

(11) Trata-se aparentemente dos cavaleiros de Malta (Nota do autor).

Esmirna que possa ser considerada como uma cidade rica e poderosa, mas são os europeus que a elevam a esse patamar; se fosse pelos turcos, se assemelharia a todas as outras.

Aí está, caro Rustan, uma ideia adequada desse império que, antes que decorram dois séculos, será o teatro dos triunfos de algum conquistador.

De Esmirna, 2 da lua de Ramazan, 1711.

CARTA 20

Usbek a Zaki, Sua Mulher

No serralho de Isfahan

Tu me ofendeste, Zaki, e sinto em meu coração reações que deverias temer, se meu afastamento não der o tempo para mudar de conduta e amenizar o violento ciúme que me atormenta.

Fiquei sabendo que te encontraram a sós com Nadir, eunuco branco, que deverá pagar com sua cabeça sua infidelidade e sua perfídia. Como é que te esqueceste até o ponto de não perceber que não te é permitido receber em teu quarto um eunuco branco, sabendo que tens eunucos negros destinados a teu serviço? É inútil dizer-me que eunucos não são homens e que tua virtude te coloca acima dos pensamentos que poderiam fazer surgir em ti uma semelhança imperfeita; isso não basta nem para ti nem para mim; para ti, porque fazes uma coisa que as leis do serralho te proíbem; para mim, porque me tiras a honra ao te expor a olhares – que digo? a olhares? – talvez às tentativas de um pérfido que te haveria conspurcado por seus crimes e, mais ainda, por seus lamentos e pelo desespero de sua impotência.

Talvez me digas que sempre me foste fiel. Ora, poderias não sê-lo? Como terias enganado a vigilância dos eunucos negros que estão tão surpresos com a vida que levas? Como poderias ter quebrado essas trancas e essas portas que te mantêm encerrada? Tu te vanglorias de uma virtude que não é livre e, quem sabe, teus desejos impuros tiraram de ti mil vezes o mérito e o prêmio dessa fidelidade de que tanto de orgulhas.

Espero que não tenhas feito tudo aquilo de que tenho razões para suspeitar; que esse pérfido não tenho levado suas mãos sacrílegas sobre ti; que tenhas recusado oferecer à sua vista as delícias de seu senhor; que, coberta com tuas roupas, tenhas deixado cair essa tênue barreira entre ti e ele; que, imbuído de um santo respeito, ele próprio tenha baixado os olhos; que, reprimindo sua ousadia, tenha tremido pensando nos castigos a que estaria sujeito. Se tudo isso for verdade, não há dúvida alguma de que tens feito uma coisa que é contra teu dever. E, se o violaste gratuitamente, sem levar a termo tuas inclinações desregradas, que terias feito para satisfazê-las? Que farias ainda, se pudesses sair desse local sagrado, que é para ti uma dura prisão, como é para tuas companheiras um asilo favorável contra os atentados do vício, um templo sagrado no qual teu sexo perde sua fraqueza e se acha invencível, apesar de todas as desvantagens da natureza? Que farias se, deixada à vontade, não tivesses, para te defender, senão teu amor por mim, que é tão gravemente ofendido, e teu dever, que tão indignamente traíste? Que os costumes do país em que vives, que são santos, te protejam contra os atentados dos mais vis escravos! Deves me agradecer pelo incômodo em que te deixei viver, pois não é senão para isso que ainda mereces viver.

Não podes tolerar o chefe dos eunucos porque tem sempre seus olhos voltados para tua conduta e porque te dá seus sábios conselhos. Sua feiura, dizes, é tão grande que não podes fitá-lo sem desgosto. Como se, em semelhantes postos, a gente colocasse os mais belos. O que te aflige é não ter em seu lugar o eunuco branco que te desonra.

Mas o que te fez a primeira escrava? Ele te disse que as familiaridades que tinhas com a jovem Zélida eram contra a conveniência; essa é a razão de teu ódio.

Eu deveria ser, Zaki, um juiz severo, mas sou apenas um esposo que procura te julgar inocente. O amor que tenho por Roxana, minha nova esposa, me deixou toda a ternura que devia ter por ti, que não és menos linda. Divido meu amor entre vós duas e Roxana não tem outra vantagem senão a virtude que pode secundar a beleza.

De Esmirna, 12 da lua de Zilcadé, 1711.

CARTA 21

Usbek ao Primeiro Eunuco Branco

Deves tremer ao abrir esta carta; melhor, deverias, se aturas a perfídia de Nadir. Tu que, numa velhice fria e enlanguescedora, não podes sem crime erguer os olhos aos temíveis objetos de meu amor; tu a quem jamais é permitido pôr um pé sacrílego na porta do local terrível que os furta a todos os olhares; toleras que aqueles cuja conduta te foi confiada tenham feito aquilo que tu não terias tido a temeridade de fazer; e não percebes o raio prestes a cair sobre a cabeça deles e sobre a tua?

E quem és tu, vil instrumento que posso quebrar a meu bel-prazer; que não existes senão à medida que sabes obedecer; que estás no mundo unicamente para viver sob minhas leis ou para morrer desde que eu o ordene; que não respiras senão porque minha felicidade, meu amor, meus próprios ciúmes tem necessidade de tua baixeza; e, finalmente, que não podes ter outra partilha senão a submissão, outra alma senão minhas vontades, outra esperança senão minha felicidade?

Sei que algumas de minhas mulheres suportam com impaciência as leis austeras do dever; que a presença contínua de um eunuco negro as aborrece; que estão cansadas desses objetos temíveis que lhes são dados para conduzi-las a seu esposo; sei disso. Mas tu que te prestas a essa desordem serás punido de uma forma que fará tremer todos aqueles que abusam de minha confiança.

Juro por todos os profetas do céu e por Ali, o maior de todos, que, se te afastares de teu dever, considerarei tua vida como aquela dos insetos que caem sob os meus pés.

De Esmirna, 12 da lua de Zilcadé, 1711.

CARTA 22

JARON AO PRIMEIRO EUNUCO

À medida que Usbek se afasta do serralho, volta sua cabeça para suas mulheres sagradas. Suspira, derrama lágrimas. Sua dor aumenta, suas suspeitas se fortalecem. Quer aumentar o número de seus guardas. Vai me mandar de volta com todos os negros que o acompanham. Não tem mais receio por si, teme por aquilo que lhe é mil vezes mais caro que ele próprio.

Vou, portanto, viver sob tuas leis e compartilhar de tuas preocupações. Grande Deus! Quantas coisas são necessárias para tornar um único homem feliz.

Parecia que a natureza havia posto as mulheres na dependência e dela as havia depois retirado. A desordem entre os dois sexos surgia porque seus direitos eram recíprocos. Entramos no âmbito de uma nova harmonia; colocamos entre nós e as mulheres o ódio; e entre os homens e as mulheres, o amor.

Minha fisionomia se tornará severa. Meus olhares serão sombrios. A alegria fugirá de meus lábios. A aparência exterior será tranquila, mas o espírito, inquieto. Não vou esperar as rugas da velhice para demonstrar desgosto.

Teria tido prazer em seguir meu senhor no ocidente, mas minha vontade é seu bem. Ele quer que eu vigie suas mulheres; vou vigiá-las com fidelidade. Sei como devo me comportar com esse sexo que, quando não se lhe permite ser vazio, começa a se tornar soberbo; e que é menos apropriado humilhar que aniquilar. Coloco-me sob teus olhares.

De Esmirna, 12 da lua de Zilcadé, 1711.

CARTA 23

Usbek a Seu Amigo Ibben

Em Esmirna

Depois de quarenta dias de viagem por mar, chegamos a Livorno. É uma cidade nova; é um testemunho do gênio dos duques da Toscana que fizeram, de uma aldeia pantanosa, a cidade mais florescente da Itália.

Nela as mulheres gozam de grande liberdade. Podem ver os homens através de certas janelas que chamam de gelosias. Podem sair todos os dias com algumas mulheres idosas que as acompanham. Elas usam só um véu[12]. Seus cunhados, seus tios, seus sobrinhos podem vê-las, sem que o marido dê qualquer importância a isso.

É um grande espetáculo para um maometano ver pela primeira vez uma cidade cristã. Não falo das coisas que por primeiro surpreendem os olhos, como a diferença dos edifícios, das roupas, dos principais trajes. Até nas mais insignificantes coisas há algo de singular que sinto mas não sei explicar.

Vamos partir amanhã para Marselha. Nossa permanência nessa cidade não será longa. O plano de Rica e o meu é de seguirmos logo para Paris, que é a sede do império da Europa. Os viajantes procuram sempre as grandes cidades que são uma espécie de pátria comum a todos os estrangeiros. Adeus. Fica certo que te amarei sempre.

De Livorno, 12 da lua de Safar, 1712.

(12) As persas usam quatro (Nota do autor).

CARTA 24

Rica a Ibben

Em Esmirna

Estamos em Paris há um mês e estivemos sempre nos movendo de um lado para outro. Tivemos muito trabalho para encontrar um alojamento adequado, para encontrar as pessoas a quem fomos endereçados e para nos provermos de todas as coisas necessárias que pareciam estar em falta todas ao mesmo tempo.

Paris é tão grande como Isfahan. As casas são tão altas que juraria que são habitadas apenas por astrólogos. Podes muito bem julgar que uma cidade construída no ar, que tem seis ou sete casas umas sobre as outras, é densamente povoada; e que, quando todos descem à rua, a confusão é grande.

Talvez não o acreditarias; depois de um mês que estou aqui, não vi ainda ninguém andar a pé. Não há ninguém no mundo que tire melhor partido das máquinas que os franceses; eles correm, voam; as carruagens lentas da Ásia, o passo cadenciado de nossos camelos os levariam a ter um ataque. Para mim, que não estou acostumado a isso e que muitas vezes vou a pé sem alterar meu andar, fico às vezes furioso como um cristão, pois de vez em quando acontece que suas carruagens me atiram lama dos pés à cabeça. Mas o que não posso perdoar são as cotoveladas que me dão regular e periodicamente: um homem, que caminha atrás de mim e que me ultrapassa, com uma cotovelada me faz dar meia volta e outro, que cruza comigo do outro lado, com outra cotovelada me faz voltar na posição em que o primeiro me atingiu. Não consigo dar cem passos que já estou mais quebrado que se tivesse caminhado dez léguas.

Não creias que possa agora te falar a fundo dos usos e costumes europeus. Eu mesmo tenho uma ideia superficial a respeito e mal tive tempo de me surpreender com eles.

O rei da França é o príncipe mais poderoso da Europa. Não tem minas de ouro como o rei da Espanha, seu vizinho, mas possui mais riquezas que este, porque as tira da vaidade de seus súditos, mais inesgotável que todas as minas. Foi visto empreender ou sustentar grandes guerras, não tendo outros fundos senão títulos de honra para vender; e, por um prodígio do orgulho humano, suas tropas tinham sempre seu soldo em dia, suas praças bem municiadas e suas frotas bem equipadas.

Por outro lado, esse rei é um grande mágico. Exerce seu poder sobre o próprio espírito de seus súditos e os leva a pensar como ele quer. Se há somente um milhão de escudos em seu tesouro real e se tiver necessidade de dois milhões, só tem que persuadi-los que um escudo vale dois; e eles acreditam. Se tem uma guerra difícil a sustentar e se não tiver dinheiro, só tem que pôr na cabeça deles que um pedaço de papel é dinheiro; e eles logo se convencem disso. Chega até mesmo a convencê-los de que ele cura todo tipo de doenças, bastando para tanto tocá-los, tão grande é a força e o poder que tem sobre suas mentes[13].

O que digo a respeito deste príncipe não deve te surpreender. Há um outro mago mais forte que ele, que não é menos senhor de seu espírito do que o é daquele dos outros. Esse mago se chama papa. Ora obriga a crer que três são um único, ora que o pão que se come não é pão ou que o vinho que se bebe não é vinho, e mil outras coisas dessa espécie.

E para manter o povo sempre alerta e não deixá-lo perder o hábito de acreditar, de tempos em tempos lhe dá, para exercitá-lo, certos artigos de fé. Há dois anos divulgou um grande texto chamado *constituição* [14](2) e quis obrigar, sob pena de grandes castigos, esse príncipe e todos os seus súditos a acreditar em tudo o que nele estava contido. Teve sucesso com o príncipe que logo se sujeitou e deu o exemplo a seus súditos, mas alguns dentre eles se revoltaram e disseram que não queriam crer em nada de tudo aquilo que constava nesse escrito. Foram as mulheres que desencadearam toda essa revolta que dividiu toda a corte, todo o reino e todas as famílias. Essa constituição lhes proíbe de ler um livro que todos os cristãos afirmam que foi trazido do céu; é propriamente o Alcorão deles. As mulheres, indignadas pelo ultraje perpetrado contra seu sexo, sublevam tudo contra a constituição: conclamaram para seu lado os homens que, nesse assunto, não querem ter privilégio algum.

---

(13) Estes dois últimos parágrafos se referem a Luís XIV (1638-1715), rei da França. Durante as guerras contra a Liga de Augsburgo (1681-1697) e pela Sucessão da Espanha (1701-1714), ambas provocadas pelas desmesuradas ambições de Luís XIV, este rei não encontrou recursos somente na venda de cargos mais ou menos inúteis, mas também na de títulos de nobreza. Nos últimos 25 anos de seu reinado, Luís XIV fez variar continuamente o valor da moeda, obrigando inclusive seus credores a aceitar papéis resgatáveis a longo prazo como pagamento. Com relação às curas pelo simples toque do rei, é uma referência à cura das escrófulas ou fístulas provocadas pela tuberculose.

(14) Trata-se da bula papal Unigenitus que, como se verá logo a seguir no texto, entre outras coisas proibia às mulheres a leitura da Bíblia.

Deve-se, portanto, confessar que esse mufti[15] não raciocina mal e, pelo grande Ali, deve Ter sido instruído nos princípios de nossa santa lei, pois, uma vez que as mulheres são de uma criação inferior à nossa e que nossos profetas nos dizem que elas não entrarão no paraíso, porque deveriam elas se interessar em ler um livro que só é feito para ensinar o caminho do paraíso?

Ouvi contar do rei coisas que têm algo de prodigioso e não duvido que vacilarias em acreditar nelas.

Dizem que, durante a guerra que movia contra seus vizinhos, todos coligados contra ele, tinha no reino um número incomensurável de inimigos invisíveis que o cercavam; acrescentam que ele os procurou por mais de trinta anos e que, apesar dos infatigáveis cuidados de certos dervixes, que são de sua confiança, não conseguiu encontrar nem um sequer. Eles vivem com ele, estão em sua corte, em sua capital, em suas tropas, em seus tribunais e, no entanto, dizem que terá o desgosto de morrer sem tê-los encontrado. Dir-se-ia que existem em geral e que em particular somem: é uma corporação, mas sem membros. Sem dúvida o céu quer punir esse príncipe por não ter sido mais moderado no tratamento dos inimigos que venceu, porquanto lhes envia invisíveis, cujo gênio e destino estão acima do dele[16].

Vou continuar te escrevendo e te informando sobre coisas bem diferentes do caráter e do gênio persa. É realmente a mesma terra que nos leva a ambos, mas os homens do país em que vivo e aqueles do país em que estás são homens bem diferentes.

De Paris, 4 da lua de Rebiab 2, 1712.

(15) Mufti (do árabe mufti, intérprete) é o jurisconsulto muçulmano que interpreta e julga as pendências e dá as sentenças com base na religião.

(16) Os inimigos invisíveis são os jansenistas (corrente cristã que primava pelo extremo rigor na prática religiosa e que estava difundida em todos os meandros do poder e da sociedade); os dervixes são os padres jesuítas que eram de absoluta confiança do rei.

CARTA 25

Usbek a Ibben

Em Esmirna

Recebi uma carta de teu sobrinho Rhedi, na qual me informa que está deixando Esmirna, planejando ver a Itália; que o único objetivo de sua viagem é de aprender e se tornar com isso mais digno de ti. Felicito-te por teres um sobrinho que algum dia haverá de ser o consolo de tua velhice.

Rica te escreveu uma longa carta e me disse que te falou muito sobre este país. A vivacidade de seu espírito faz com que capte tudo com presteza. Eu, que penso mais lentamente, não estou em condições de te dizer qualquer coisa.

Tu és o assunto de nossas conversas mais agradáveis. Não nos cansamos de falar da boa acolhida que nos deste em Esmirna e dos serviços que tua amizade nos presta todos os dias. Que tu possas, generoso Ibben, encontrar em toda parte amigos tão reconhecidos e tão fiéis como nós!

Que eu possa te rever em breve e reviver contigo esses dias felizes que correm tão suavemente entre dois amigos! Adeus.

De Paris, 4 da lua de Rebiab 2, 1712.

CARTA 26

Usbek a Roxana

No serralho de Isfahan

Como és feliz, Roxana, por estar no doce país da Pérsia e não nesses climas envenenados, onde não se conhece nem o pudor nem a virtude! Feliz de ti! Vives no meu serralho como na morada da inocência, inacessível aos atentados de todos os humanos. Estás com alegria numa feliz impossibilidade de errar; jamais homem algum te conspurcou com seus olhares lascivos; teu próprio sogro, na liberdade dos festins, jamais viu tua bela boca; nunca deixaste de usar um véu sagrado para cobri-la. Feliz Roxana! Sempre que estiveste pelos campos tiveste a guarda dos eunucos que caminhavam à tua frente para matar a todos os temerários que não desviaram seus olhos de ti. Eu mesmo, a quem o céu te destinou para fazer minha felicidade, que dificuldade tive para me tornar senhor desse tesouro que defendias com tanta constância! Que desgosto para mim, nos primeiros dias de nosso casamento, por não poder ver-te! E que impaciência, quando finalmente te vi! Não a satisfazias, contudo; pelo contrário, a irritavas pelas recusas obstinadas de um pudor alarmado; tu me confundias com todos esses homens a quem te ocultavas incessantemente. Lembras-te daquele dia em que te perdi no meio de teus escravos que me traíram e que me enganaram em minhas buscas? Lembras-te daquele outro em que, vendo tuas lágrimas impotentes, acudiste à autoridade de tua mãe para deter os furores de meu amor? Lembras-te, quando todos os teus recursos falharam, daqueles que encontraste em tua coragem? Tomaste um punhal e ameaçaste imolar um esposo que te amava, se continuasse a exigir de ti que amasses mais que teu próprio esposo? Dois meses se passaram nesse combate do amor e da virtude. Tu levaste muito longe teus castos escrúpulos; tu não te entregaste, mesmo após ter sido vencida; defendeste até as últimas consequências uma virgindade moribunda; tu me consideraste como um inimigo que te tivesse ultrajado e não como um esposo que te havia amado; ficaste mais de três meses sem ousar me olhar para não corar de vergonha; teu ar confuso parecia recriminar a vantagem que eu havia conseguido. Não tinha mesmo uma posse tranquila, pois me privavas de tudo o que podias desses encantos e dessa graça; e eu estava inebriado com os maiores favores, sem ter obtido os menores.

Se tivesses sido criada neste país, não terias sido tão perturbada. Aqui as mulheres perderam toda reserva. Elas se apresentam diante dos homens com o rosto descoberto, como se quisessem pedir sua desculpa. Elas os procuram com seus olhares, os veem nas mesquitas, nos passeios, em suas próprias casas. O costume de se servir de eunucos é totalmente desconhecido. Em lugar dessa nobre simplicidade e desse amável pudor que reina entre vós, o que se vê é uma descaradez brutal, impossível de se acostumar a ela.

Sim, Roxana, se estivesses aqui, te sentirias ultrajada pela espantosa ignomínia em que teu sexo foi relegado. Fugirias desses lugares abomináveis e suspirarias por esse doce retiro no qual encontras a inocência, no qual te sentes segura, no qual nenhum perigo te faz tremer, no qual enfim podes me amar sem temor de jamais perder o amor que me deves.

Quando realças o brilho de tua pele por meio das mais belas cores; quando perfumas todo o teu corpo com as essências mais preciosas; quando te preparas com teus mais belos vestidos; quando procuras te distinguir de tuas companheiras pela graça de tua dança e pela doçura de teu canto; que combates graciosamente com elas em graça, doçura e jovialidade; não posso imaginar que tenhas outro objetivo do que me agradar. E quando te vejo corar modestamente, que teu olhar procura o meu, quando te insinuas em meu coração com palavras doces e lisonjeiras, não poderia, Roxana, duvidar de teu amor.

Mas que posso pensar das mulheres da Europa? A arte de tingir sua pele, os ornamentos com que se aprumam, os cuidados que têm com seu corpo, o desejo contínuo de agradar que as preocupa, são tantas outras manchas contra sua virtude e outros tantos ultrajes a seus esposos.

Não é, Roxana, que eu pense que elas forcem tanto semelhante conduta como possa parecer e que levem o deboche até esse horrível excesso que faz tremer, a fim de violar de toda maneira a fé conjugal. Há muito poucas mulheres tão desleixadas para chegar a tanto. Todas elas trazem no coração certo caráter de virtude que nele está gravado, que o nascimento confere e que a educação enfraquece, mas não destrói. Podem realmente relaxar deveres exteriores que o pudor exige, mas quando se trata de dar os últimos passos, a natureza se revolta. Por isso, quando nós te encerramos de modo tão recluso, quando fazemos com que sejas vigiada por tantos escravos, quando controlamos tão fortemente teus desejos que podem voar para longe, não é que temamos a derradeira infidelidade, mas é porque sabemos que a pureza não poderia ser tão grande e que a menor mancha poderia corrompê-la.

Lamento por ti, Roxana. Tua castidade, por tanto tempo provada, mereceria um esposo que nunca te tivesse abandonado e que ele próprio pudesse reprimir os desejos que unicamente tua virtude sabe submeter.

De Paris, 7 da lua de Regueb, 1712.

CARTA 27

Usbek a Nessir

Em Isfahan

Estamos agora em Paris, esta soberba rival da cidade do sol. Quando parti de Esmirna, encarreguei meu amigo Ibben de te enviar uma caixa, na qual havia alguns presentes para ti. Receberás esta carta da mesma maneira. Embora quinhentas ou seiscentas léguas me separem dele, faço chegar a ele notícias minhas e recebo as dele, com a mesma facilidade se ele estivesse em Isfahan e eu em Qom. Envio minhas cartas para Marselha, de onde partem continuamente navios para Esmirna; de lá ele envia aquelas que são destinadas para a Pérsia por intermédio das caravanas de armênios que partem todos os dias para Isfahan.

Rica goza de saúde perfeita. A força de sua compleição física, sua juventude e sua alegria natural o põem acima de qualquer provação.

Quanto a mim, porém, não estou muito bem. Meu corpo e meu espírito estão abatidos. Entrego-me a reflexões que se tornam dia após dia mais tristes. Minha saúde, que se debilita, me relembra minha pátria e torna este país mais estranho ainda para mim.

Mas, caro Nessir, eu te conjuro, faz com que minhas mulheres não cheguem a saber de minha real condição. Se me amam, quero poupar suas lágrimas; se não me amam, não quero aumentar sua ousadia.

Se meus eunucos julgassem que estou em perigo, se pudessem esperar a impunidade de uma relapsa complacência, logo deixariam de ser surdos à voz lisonjeira do sexo que se faz ouvir até pelos rochedos e que remove as coisas inanimadas.

Adeus, Nessir. Sinto-me feliz em te dar provas de minha confiança.

De Paris, 5 da lua de Shahban, 1712.

CARTA 28

RICA A ***

Ontem vi uma coisa singular, embora ocorra todos os dias em Paris. Todo o povo se reúne no final da tarde e vai assistir a uma espécie de cena que ouvi ser chamada de comédia. O grande movimento acontece sobre um estrado que denominam de teatro. Dos dois lados pode-se ver, em pequenos espaços chamados camarotes, homens e mulheres que representam juntos cenas mudas, mais ou menos como aquelas que estão em uso em nossa Pérsia.

Aqui é uma amante aflita que expressa sua apatia; outra, mais animada, devora com os olhos seu amante que a olha da mesma forma; todas as paixões estão pintadas nos rostos e expressadas com uma eloquência que, por ser muda, não deixa de ser mais viva. Acolá, as atrizes só aparecem com meio corpo e têm geralmente um pano, por modéstia, para esconder seus braços. Embaixo há uma multidão em pé que ridiculariza aqueles que estão no alto sobre o teatro; e estes últimos riem, por sua vez, daqueles que estão embaixo.

Mas aqueles que causam maior pena são alguns que, para esse efeito, são escolhidos com uma idade pouco avançada, a fim de suportar a fadiga. São obrigados a estar em toda parte; passam por locais que só eles conhecem, sobem com uma destreza surpreendente de andar em andar; estão em cima, embaixo, em todos os camarotes; mergulham, por assim dizer; se são perdidos de vista, logo reaparecem; muitas vezes deixam o local da cena e vão representar em outro. São vistos até mesmo aqueles que, por um prodígio que não se poderia esperar de suas pernas-de-pau, caminham normalmente como os outros. Finalmente, há salas nas quais é representada uma comédia particular: começam com reverências, continuam com abraços; dizem que o mais leve conhecimento põe um homem no direito de sufocar um outro. Parece-me que o local inspira ternura. Com efeito, dizem que as princesas, que ali reinam, não são cruéis; e, se forem excetuadas duas ou três horas do dia, quando são bastante selvagens, pode-se dizer que, no restante do tempo, elas são tratáveis e que é uma embriaguez que as abandona facilmente.

Tudo o que te digo desse local ocorre aproximadamente da mesma forma em outro que é chamado ópera; toda a diferença está que num se fala e no outro se canta. Um de meus amigos me levou outro dia no camarim em que se despia uma das principais atrizes. Travamos tal conhecimento que, no dia seguinte, recebi dela esta carta.

Senhor

Sou a moça mais infeliz do mundo; sempre fui a mais virtuosa atriz da ópera. Há sete ou oito meses eu estava no camarim em que me viste; como eu me vestia às pressas de Diana, um jovem padre veio me ver e, sem respeito por meu vestido branco, meu véu e meu penteado, me arrebatou a inocência. Foi em vão que exagerei o sacrifício que isso me havia custado; ele se pôs a rir e afirmou que me achou muito profana. Entretanto, já estou em tal estado de gravidez, que não ouso mais me apresentar no teatro, pois sou, em questão de honra, de uma delicadeza inconcebível; e sempre afirmo que, a uma jovem bem nascida, é mais fácil fazê-la perder a virtude que a modéstia. Com essa delicadeza, podes realmente pensar que esse jovem padre nunca teria conseguido nada, se não me tivesse prometido casar-se comigo: um motivo tão legítimo me fez passar por cima das pequenas formalidades usuais e começar por onde deveria ter terminado. Mas, uma vez que sua infidelidade me desonrou, não quero mais continuar na ópera, onde, dito entre nós dois, não me dão sequer do que viver, pois agora que avanço em idade e que perco em questão de encantos minha pensão, que é sempre a mesma, parece diminuir todos os dias. Fiquei sabendo por meio de um homem de teu séquito que se fazia realmente muita questão, em teu país, de uma boa dançarina e que, se eu estivesse em Isfahan, bem depressa minha fortuna se acumularia. Se quiseres me conceder tua proteção e me levar para esse país, terias a vantagem de fazer o bem a uma jovem que, por sua virtude e sua conduta, não se tornaria indigna de tua bondade. Sou...

De Paris, 2 da lua de Chalval, 1712.

CARTA 29

Rica a Ibben

Em Esmirna

O papa é o chefe dos cristãos. É um velho ídolo que é incensado por hábito. Outrora era temível até para os próprios príncipes, pois os depunha tão facilmente como nossos magníficos sultões depõem os reis de Irimete e da Geórgia. Mas ninguém mais o teme. Ele se diz sucessor de um dos primeiros cristãos, chamado São Pedro, e é certamente uma rica sucessão, pois tem tesouros imensos e um grande país sob sua dominação.

Os bispos são homens da lei que lhe são subordinados e têm, sob sua autoridade, duas funções diferentes. Quando estão reunidos, elaboram, como ele, artigos de fé. Quando estão sozinhos não têm praticamente outra função a não ser dispensar do cumprimento da lei. De fato, talvez saibas que a religião cristã está sobrecarregada de uma infinidade de práticas muito difíceis e, como julgaram que é menos fácil cumprir seus deveres que ter bispos que dispensem deles, tomaram esta última alternativa para o bem público, de modo que, se alguém não quer respeitar o ramadã, se não quiser se sujeitar às formalidades dos casamentos, se quiser romper seus votos, se quiser casar-se contra as proibições da lei, às vezes se quiser até voltar atrás em seu juramento, vai ao bispo ou ao papa que logo concede a dispensa.

Os bispos não produzem artigos de fé por sua própria iniciativa. Há um número infinito de doutores, a maioria deles dervixes, que levantam entre eles mil questões novas sobre a religião; são deixados discutindo muito tempo e a guerra dura até que uma decisão consiga terminá-la.

Por isso posso te assegurar que nunca houve reino em que tenha havido tantas guerras civis como naquele de Cristo.

Aqueles que defendem alguma nova proposição são logo chamados de hereges. Cada heresia tem sua denominação própria que é, para aqueles que estão engajados nela, como a palavra de união. Mas não é herege quem não quer: basta dividir a disputa pela metade e conferir uma distinção para aqueles que acusam de heresia; e qualquer que seja a distinção, inteligível ou não torna um homem branco como a neve e pode ser chamado de ortodoxo.

O que te digo é bom para a França e para a Alemanha, pois ouvir dizer que na Espanha e em Portugal há certos dervixes que não são afeitos a brincadeiras e mandam queimar um homem como se queima a palha. Quando se cai nas mãos desses tipos de gente, feliz aquele que sempre orou a Deus com pequenas contas de madeira passadas com as mãos[17], que carregou sobre si dois pedaços de pano amarrados com duas fitas[18] e que alguma vez esteve numa província chamada Galícia[19]! Sem isso, um pobre diabo está em maus lençóis. Se jurar, como um pagão, que é ortodoxo, poderiam muito bem não concordar com ele por suas qualidades e o queimariam como herege; seria em vão apresentar sua distinção, no caso não haveria distinção; estaria reduzido a cinzas antes que mal pudessem pensar em ouvi-lo.

Os outros juízes presumem que um acusado é inocente; estes o presumem sempre culpado. Na dúvida, têm por regra determinar-se pelo lado do rigor, aparentemente porque acreditam que os homens são maus. Mas, por outro lado, têm tão boa opinião deles que jamais os julgam capazes de mentir, pois recebem o testemunho dos inimigos mortais, das mulheres de má vida, daqueles que exercem uma profissão infame. Em sua sentença fazem uma pequena saudação àqueles que estão revestidos de uma roupa cor de enxofre[20] e lhes dizem que estão desgostosos por vê-los tão mal vestidos, que são clementes, que abominam o sangue e que estão realmente entristecidos por tê-los condenado, mas, para se consolar, confiscam todos os bens desses infelizes em seu próprio proveito.

Feliz a terra que é habitada pelos filhos dos profetas! Esses tristes espetáculos[21] nela são desconhecidos. A santa religião que os anjos levaram para lá se defende por sua própria verdade e não tem necessidade desses meios violentos para se manter.

De Paris, 4 da lua de Chalval, 1712.

---

(17) Referência ao rosário.

(18) Descrição do escapulário católico.

(19) Referência à peregrinação a Santiago de Compostela, santuário situado na Galícia, Espanha.

(20) Referência ao sambenito, roupão com o qual os condenados pela Inquisição eram revestidos e que era sempre de cor amarela.

(21) Os persas são os mais tolerantes dentre todos os maometanos (Nota do autor).

CARTA 30

RICA AO MESMO

Em Esmirna

Os habitantes de Paris são de uma curiosidade que chega à extravagância. Quando cheguei me olhavam como se tivesse sido enviado do céu: velhos, homens, mulheres, crianças, todos queriam me ver. Se saía, todos se punham à janela; se estava no bairro das Tuileries, via logo um círculo se formar em torno de mim; as próprias mulheres faziam um arco-íris matizado de mil cores que me cercava; se estava nos espetáculos, logo via cem binóculos dirigidos para mim; enfim, jamais alguém foi visto tanto quanto eu. Às vezes sorria ao ouvir pessoas que quase nunca haviam saído de seu quarto dizerem: "Deve-se concordar que tem a aparência de um persa." Coisa admirável! Encontrava retratos meus em toda parte; via-me multiplicado em todas as lojas, em todas as casas, tanto temiam não ter-me visto o suficiente.

Tantas honras não deixam de ser um peso; não me julgava um homem tão curioso e tão raro; e, embora tenha um bom conceito de mim mesmo, nunca teria imaginado que pudesse perturbar a tranquilidade de uma grande cidade onde não era conhecido. Isso me levou a deixar os trajes persas e me vestir como os europeus, para ver se ainda ficava em minha fisionomia alguma coisa de admirável. Essa experiência me fez conhecer o que eu valia realmente. Livre de todos os adornos estrangeiros, me vi apreciado de forma mais justa. Tive motivos de me queixar com meu alfaiate que me havia feito perder, num instante, a atenção e a estima do público, pois caí rapidamente num nada terrível. Às vezes passava uma hora num grupo sem que alguém olhasse para mim e sem que me desse a oportunidade de abrir a boca. Mas se alguém, por acaso, informava ao grupo que eu era persa, logo ouvia em torno de mim um murmúrio: "Ah! Ah! Este senhor é persa? É coisa realmente extraordinária! Como se pode ser persa?"

De Paris, 6 da lua de Chalval, 1712.

CARTA 31

RHEDI A USBEK

Em Paris

No momento estou em Veneza, meu caro Usbek. Pode-se ver todas as cidades do mundo e ficar surpreso ao chegar a Veneza: ficar-se-á sempre maravilhado ao ver uma cidade, torres e mesquitas surgir de debaixo da água e encontrar um povo inumerável num local onde não deveria haver senão peixes.

Mas essa cidade profana sente falta do tesouro mais precioso do mundo, ou seja, água doce; é impossível cumprir nela uma única ablução legal. Ela é abominável para nosso santo profeta que não a olha jamais, do alto do céu, a não ser com ira.

À parte isso, meu caro Usbek, me sentiria feliz em viver numa cidade onde meu espírito se forma todos os dias. Vou aprendendo os segredos do comércio, dos interesses dos príncipes, da forma de seu governo; não negligencio sequer as superstições europeias; aplico-me no estudo da medicina, da física, da astrologia; estudo as artes, enfim, livro-me das nuvens que cobriam meus olhos em meu país natal.

De Veneza, 16 da lua de Chalval, 1712.

CARTA 32

Rica a ***

Outro dia me dirigia para ver uma casa onde são mantidas cerca de trezentas pessoas de modo bastante pobre. Em pouco tempo vi tudo, pois a igreja e as construções não merecem ser contempladas. Aqueles que ficam nessa casa eram bastante alegres; vários dentre eles jogavam cartas ou outros jogos que não conheço. Quando ia saindo, um desses homens saía também e, ao me ouvir perguntar pelo caminho que conduzia a Marais, que é o bairro mais afastado de Paris, me disse: "Vou para lá também e vou te acompanhar; vamos." Ele me conduziu muito bem, me livrou de todas as confusões e me salvou com destreza das carroças e das carruagens. Estávamos prestes a chegar, quando fui tomado pela curiosidade e lhe perguntei: "Meu amigo, não poderia saber quem és?" Respondeu-me: "Sou um cego, senhor." "Como? – retruquei. És cego? E por que não pediste a esse teu amigo que jogava cartas contigo para nos levar?" Respondeu-me de novo: "É cego também. Há quatrocentos anos que somos trezentos cegos nessa casa onde me encontraste. Mas tenho de te deixar; aí está a rua aonde querias chegar. Vou me misturar com a multidão, vou entrar nesta igreja onde, te juro, vou confundir mais as pessoas do que elas possam me confundir."

De Paris, 17 da lua de Chalval, 1712.

CARTA 33

Usbek a Rhedi

Em Veneza

O vinho é tão caro em Paris, pelos impostos de que estão sobrecarregados, que parece que se deveria fazer executar os preceitos do divino Alcorão que proíbe beber vinho.

Quando penso nos funestos efeitos dessa bebida alcoólica, não posso deixar de considerá-la como o presente mais terrível que a natureza tenha dado aos homens. Se houve alguma coisa que enfraqueceu a vida e a reputação de nossos monarcas, foi sua intemperança que é a fonte mais envenenada de suas injustiças e de suas crueldades.

Vou dizer, para vergonha dos homens: a lei proíbe a nossos príncipes o uso do vinho e assim mesmo bebem com tal excesso que os degrada como verdadeiros homens. Esse costume, pelo contrário, é permitido aos cristãos e constata-se na verdade que não sentem falta dele. O espírito humano é a própria contradição. Numa libertinagem licenciosa, a gente se revolta com furor contra os preceitos e a lei, feita para nos tornar mais justos, não servem muitas vezes senão para nos tornar mais culpados.

Mas quando desaprovo o uso do vinho, que leva a perder o juízo, não condeno da mesma forma essas bebidas que alegram. Deve-se à sabedoria dos orientais o fato de procurar remédios contra a tristeza com tanto cuidado como contra as doenças mais perigosas. Quando acontece alguma desgraça com um europeu, não tem outro recurso senão a leitura de um filósofo, chamado Sêneca, mas os asiáticos, mais sensatos e melhores médicos nesse assunto, tomam bebidas capazes de tornar o homem alegre e dissimular a lembrança dos sofrimentos.

Não há nada de tão aflitivo como o consolo tirado da necessidade do mal, da inutilidade dos remédios, da fatalidade do destino, da ordem da providência e da infelicidade da condição humana. É zombar ao querer amenizar o mal pela consideração de que nascemos miseráveis; é preferível elevar o espírito acima das próprias reflexões e tratar o homem como sensível em vez de tratá-lo como racional.

A alma, unida ao corpo, é incessantemente tiranizada. Se o movimento do sangue for demasiado lento, se os espíritos não forem bastante depurados, se não forem em quantidade suficiente, caímos no acabrunhamento e na tristeza; mas se tomarmos bebidas que possam mudar essa disposição de nosso corpo, nossa alma torna a ser capaz de receber impressões que a alegrem e sente um prazer secreto de ver sua máquina retomar, por assim dizer, seu movimento e sua vida(22).

De Paris, 25 da lua de Zilcadé, 1713.

(22) Este parágrafo trata, segundo a teoria de Cláudio Galeno (131-201), médico grego que influenciou toda a medicina ocidental até o século XVII, e segundo a medicina árabe, dos espíritos animais e superiores. De fato, segundo essas teorias, o espírito natural é elaborado pelo fígado, mas sofre uma destilação nas cavidades cardíacas que o transforma em espírito vital; este se transforma mais sutilmente uma segunda vez no cérebro, onde se torna espírito animal ou psíquico.

CARTA 34

Usbek a Ibben

Em Esmirna

As mulheres da Pérsia são mais belas que as da França, mas aquelas da França são mais simpáticas. É difícil não amar as primeiras e não se agradar das segundas; umas são mais ternas e mais modestas, as outras são mais alegres e mais divertidas.

O que torna o caráter tão belo na Pérsia é a vida regrada que as mulheres levam; não jogam, não passam noites em claro, não bebem vinho e quase nunca se expõem ao ar livre. Deve-se confessar que o serralho é instituído mais para a saúde do que para os prazeres; é uma vida de união que não melindra; tudo nele respira subordinação e dever; os próprios prazeres são graves e as alegrias, severas; e que nunca se usufrui deles senão como sinais de autoridade e de dependência.

Até mesmo os homens não têm na Pérsia a mesma alegria que os franceses demonstram. Não se vê neles essa liberdade de espírito e esse ar contente que encontro aqui em todas as situações e condições.

Na Turquia é bem pior; nesse país se pode encontrar famílias em que, de pai para filho, ninguém riu desde a fundação da monarquia.

Essa gravidade dos asiáticos é consequência do exíguo comércio que existe entre eles; não se veem a não ser quando são forçados por alguma cerimônia. A amizade, esse doce compromisso do coração, que aqui torna a vida amena, é para eles quase desconhecida; eles se retiram em suas casas, onde encontram sempre uma companhia que os espera, de maneira que cada família fica, por assim dizer, isolada.

Um dia conversava sobre isso com um homem deste país e me disse: "O que mais me choca em vossos costumes é que sois obrigados a viver com escravos, cujo coração e espírito sempre se ressentem com a baixeza de sua condição. Essas pessoas covardes enfraquecem em vós os sentimentos da virtude, que provêm da natureza, e os arruínam desde a infância quando começam a vos molestar. De fato, no final das contas, sois derrotados pelos preconceitos: que se pode esperar da educação que se recebe de um miserável que faz consistir sua honra em vigiar as mulheres de outro e se orgulha com o mais vil emprego que possa existir entre os homens; que é desprezível por sua própria fidelidade, a única de suas virtudes, porque é levado a ela por inveja, por ciúmes e por desespero; que, ansiando vingar-se dos dois sexos, dos quais é o refugo, consente em ser tiranizado pelo mais forte, contanto que possa desolar o mais fraco; que, tirando de sua imperfeição, de sua feiura e de sua deformidade todo o brilho de sua condição, só é estimado porque é indigno de sê-lo; que, finalmente, cravado para sempre à porta a que está ligado, mais duro que os gonzos e os ferrolhos que a sustentam, se envaidece de cinquenta anos de vida nessa função indigna, onde, encarregado dos ciúmes de seu senhor, exerceu toda a sua baixeza?"

De Paris, 14 da lua de Zilkagé, 1713.

CARTA 35

Usbek a Gemchid, Seu Primo, Dervixe do Brilhante Mosteiro de Tabriz

Que pensas dos cristãos, sublime dervixe? Crês que no dia do juízo serão como os infiéis turcos, que servirão de asnos para os judeus, levando-os a trote para o inferno? Sei muito bem que não irão para a morada dos profetas e que o grande Ali não veio para eles. Mas porque não tiveram a felicidade de encontrar mesquitas em seu país, crês que sejam condenados a castigos eternos? E que Deus os puna por não terem praticado uma religião que ele não lhes deu a conhecer? Posso te dizer que examinei muitas vezes os cristãos; interroguei-os para ver se tinham alguma ideia do grande Ali, que era o mais belo de todos os homens; notei que nunca tinham ouvido falar dele.

Não se parecem com esses infiéis que nossos santos profetas faziam passar ao fio da espada, porque se recusavam a acreditar nos milagres do céu; são antes como esses infelizes que viviam nas trevas da idolatria antes que a divina luz iluminasse o rosto de nosso grande profeta.

Por outro lado, se examinarmos mais de perto sua religião, encontraremos nela uma semente de nossos dogmas. Muitas vezes admirei os segredos da providência que parece ter querido prepará-los com isso para a conversão geral. Ouvi falar de um livro dos doutores deles, intitulado *A poligamia triunfante*[23], no qual se prova que a poligamia foi ordenada aos cristãos. Seu batismo é a imagem de nossas abluções legais e os cristãos se iludem com a eficácia que atribuem a essa primeira ablução, acreditando que é suficiente para substituir todas as outras. Seus sacerdotes e seus monges oram, como nós, sete vezes ao dia. Esperam gozar de um paraíso, onde usufruirão de mil delícias por meio da ressurreição dos corpos. Têm, como nós, jejuns prescritos, mortificações com as quais esperam dobrar a misericórdia divina. Prestam culto aos bons anjos e desconfiam dos maus. Têm uma santa credulidade nos milagres que Deus opera pelo ministério de seus servos. Reconhecem, como nós, a insuficiência de seus méritos e a necessidade de um intercessor junto a Deus. Vejo o maometismo

(23) Livro publicado em 1682, com o título latino Polygamia Triumphatrix, de Johann Leyser, de confissão protestante.

em toda parte, embora não encontre Maomé. Nada pode ser feito; a verdade transparece e sempre atravessa as trevas que a cercam. Um dia virá em que o eterno não haverá de ver na terra senão verdadeiros crentes. O tempo, que consome tudo, destruirá os próprios erros. Todos os homens ficarão surpresos de ver-se sob o mesmo estandarte; tudo, até mesmo a lei, será consumido; os divinos exemplares serão retirados da terra e levados para os arquivos celestiais.

De Paris, 20 da lua de Zilkagé, 1713.

CARTA 36

Usbek a Rhedi

Em Veneza

O café é muito difundido em Paris. Há um grande número de casas públicas que o distribuem. Em algumas dessas casas, conversa-se sobre as novidades; em outras, joga-se xadrez. Há uma em que se prepara um café de tal maneira que sobe à cabeça de quem o toma; pelo menos, de todos aqueles que saem dela, não há ninguém que não ache que há quatro vezes mais gente do que quando entrou.

Mas o que me choca nessas belas mentes é que não se tornam úteis à sua pátria e que se dispersam seus talentos divertindo-se com coisas pueris. Por exemplo, quando cheguei em Paris, vi-os discutir acaloradamente sobre uma questão mais ridícula que se possa imaginar; tratava-se da reputação de um antigo poeta grego, do qual, depois de dois mil anos, se ignora a pátria bem como a data de sua morte. Os dois partidos afirmavam que era um poeta excelente. Não era questão do maior ou menor mérito que se devia atribuir a ele. Cada um deles queria conferir-lhe um mérito especial, mas entre esses distribuidores de reputação uns conseguiam se sobrepor aos outros; e era essa toda a discussão. Era realmente acalorada, pois eram proferidas, de parte e de outra, injúrias tão grosseiras, eram feitos gracejos tão amargos, que não sabia se admirar mais a maneira de discutir que o tema da discussão. Se alguém, dizia comigo mesmo, estivesse bastante aturdido para postar-se diante de um desses defensores do poeta grego e atacar a reputação de qualquer cidadão honesto, não haveria de conseguir nada! Acredito que esse zelo, tão delicado sobre a reputação dos mortos, se incendiaria facilmente para defender aquela dos vivos! Mas, de qualquer modo, acrescentava eu, Deus me livre de atrair algum dia a inimizade dos censores desse poeta, cuja permanência por dois mil anos no túmulo não conseguiu eliminar um ódio tão implacável! Hoje dão socos no ar, mas o que aconteceria se seu furor fosse provocado pela presença de um inimigo?

Aqueles de que acabo de falar discutem em língua popular; é preciso distingui-los de outra espécie de disputadores que se servem de uma língua bárbara[24] que parece acrescentar algo ao furor e à obstinação dos combatentes. Há bairros em que se observa como que uma mistura negra e espessa desses tipos de gente; eles se alimentam de distinções; vivem de raciocínios obscuros e falsas consequências. Essa profissão, na qual se deveria morrer de fome, não deixa de dar rendimentos. Foi vista uma nação inteira (2), expulsa de seu país, atravessar os mares para se estabelecer na França, trazendo com ela, para enfrentar as necessidades da vida, somente um temível talento para a discussão. Adeus.

De Paris, último dia da lua de Zilkagé, 1713.

(24) Latim. Os padres irlandeses que se refugiaram em Paris depois da revolução na Inglaterra (1688-89).

CARTA 37

Usbek a Ibben

Em Esmirna

O rei da França está velho. Não temos exemplo, em nossa história, de um monarca que tenha reinado tanto tempo. Dizem que possui em altíssimo grau o talento de se fazer obedecer. Governa da mesma forma sua família, sua corte, seu Estado. Muitas vezes ouviram-no falar que, de todos os governos do mundo, aquele que lhe agrada mais é o dos turcos ou o de nosso augusto sultão, tamanha a sua consideração pela política oriental.

Analisei seu temperamento e observei contradições que me é impossível resolver. Por exemplo, ele tem um ministro que só tem dezoito anos e uma amante de vinte e quatro. Ele ama sua religião e não tolera aqueles que dizem que é preciso observá-la com rigor; embora fuja do tumulto das cidades e se comunique pouco, ocupa-se de manhã à noite unicamente em fazer falar dele; gosta dos troféus e das vitórias, mas teme tanto ver um bom general no comando de suas tropas que chega a recear que o mesmo passe ao comando de um exército inimigo. Acredito que nunca aconteceu a ninguém, senão a ele, de ser ao mesmo tempo cumulado de mais riquezas que um príncipe poderia esperar e acabrunhado por uma pobreza que um cidadão privado não poderia suportar.

Gosta de gratificar aqueles que o servem, mas paga tão magnanimamente seus assíduos, ou melhor, a ociosidade de seus cortesãos, que as penosas campanhas de seus capitães; muitas vezes prefere um homem que o dispa ou que lhe alcance o guardanapo quando se põe à mesa a outro que conquista cidades para ele ou que ganha batalhas. Não acredita que a grandeza soberana deva ser perturbada na distribuição dos favores e, sem examinar se aquele que cumula de bens é homem de merecimento, acredita que sua escolha vai torná-lo tal. Por isso foi visto dar uma pequena pensão a um homem que tinha fugido duas léguas e um bom governo a outro que havia fugido quatro.

É magnífico, sobretudo em suas construções. Há mais estátuas nos jardins de seu palácio que cidadãos numa grande cidade. Sua guarda é tão forte como aquela do príncipe diante do qual todos os tronos caem; seus exércitos são igualmente numerosos, como são grandes seus recursos e inesgotáveis suas finanças.

De Paris, 7 da lua de Maharram, 1713.

CARTA 38

Rica a Ibben

Em Esmirna

Uma grande questão entre os homens é a de saber se é mais vantajoso tirar das mulheres a liberdade ou deixá-la a elas. Parece-me que há muitas razões pró e contra. Se os europeus dizem que não há generosidade em tornar infelizes as pessoas que se ama, os asiáticos respondem que há baixeza por parte dos homens ao renunciar ao domínio que a natureza lhes deu sobre as mulheres. Se se lhes diz que o grande número de mulheres encerradas é constrangedor, respondem que dez mulheres que obedecem constrangem menos que uma que não obedece. Se, por sua vez, objetam que os europeus não poderiam ser felizes com mulheres que não lhes são fiéis, respondemos que essa fidelidade, de que tanto se orgulham, não impede o desgosto que sempre segue as paixões satisfeitas; que nossas mulheres são totalmente devotadas a nós; que uma posse tranquila não nos deixa nada a desejar nem a temer; que um pouco de galanteios é um sal que estimula e previne a corrupção. Talvez um homem mais sábio que eu ficasse constrangido em decidir, pois, se os asiáticos fazem muito bem em procurar meios próprios para acalmar suas inquietudes, os europeus fazem muito bem também em não tê-las.

Depois de tudo, dizem, se formos infelizes na condição de maridos, encontraríamos sempre o meio de compensar na condição de amantes. Para que um homem possa se queixar com razão da infidelidade de sua mulher, seria necessário que não houvesse mais que três pessoas no mundo; sempre terão motivos quando houver quatro.

Outra questão é a de saber se a lei natural submete as mulheres aos homens. "Não – me dizia outro dia um filósofo muito simpático – a natureza jamais ditou semelhante lei. O domínio que temos sobre elas é uma verdadeira tirania; elas só nos deixaram tê-lo porque são mais doces que nós e, por conseguinte, mais humanas e razoáveis. Essas vantagens, que deviam sem dúvida lhes conferir a superioridade, se tivéssemos sido razoáveis, levam a perdê-la, porque não somos realmente razoáveis.

Ora, se é verdade que só exercemos sobre as mulheres um poder tirânico, não o é menos que elas têm um domínio natural sobre nós;

o da beleza, ao qual ninguém resiste. O nosso domínio não se exerce em todos os lugares, mas o da beleza é universal. Por que deveríamos ter, portanto, um privilégio? Será porque somos mais fortes? Mas é uma verdadeira injustiça. Empregamos todos os meios para lhes tirar a coragem. As forças seriam iguais, se a educação o fosse também. Coloquemo-las à prova nos talentos que a educação não enfraqueceu e veremos se somos tão fortes.

Devemos admiti-lo, embora isso choque nossos costumes: nos povos mais civilizados, as mulheres sempre tiveram autoridade sobre seus maridos; foi instituída por uma lei dos egípcios, em honra de Ísis; e também entre os babilônios, em honra de Semíramis. Diziam dos romanos que comandavam todas as nações, mas que obedeciam a suas mulheres. Não falo dos sármatas que eram realmente escravos desse sexo; eram demasiado bárbaros para que seu exemplo possa ser levado em conta."

Vês, meu caro Ibben, que tomei gosto por este país onde todos gostam de sustentar opiniões extraordinárias e de reduzir tudo a paradoxos. O profeta decidiu a questão e regulou os direitos de um e de outro sexo. As mulheres, diz ele, devem honrar seus maridos; seus maridos devem honrá-las, mas com a vantagem de um grau acima delas.

De Paris, 26 da lua de Gemmadi 2, 1713.

CARTA 39

Hagi[25] Ibbi ao Juiz Ben Josué, Prosélito Maometano

Em Esmirna

Parece-me, Ben Josué, que há sempre sinais manifestos que preparam o nascimento dos homens extraordinários, como se a natureza sofresse uma espécie de crise e que o poder celestial só criasse com esforço.

Não há nada de mais maravilhoso que o nascimento de Maomé. Deus que, pelos decretos de sua providência, tinha resolvido desde o começo enviar aos homens esse grande profeta para acorrentar satã, criou uma luz dez mil anos antes de Adão, a qual, passando de eleito em eleito, de ancestral em ancestral de Maomé, chegou finalmente até ele como testemunho autêntico que ele descendia dos patriarcas.

Foi também por causa desse mesmo profeta que Deus não quis que nenhuma criança fosse concebida sem que a mulher deixasse de ser impura e que o homem fosse submetido à circuncisão.

Ele veio ao mundo circuncidado e a alegria apareceu em seu rosto desde o nascimento; a terra tremeu três vezes, como se ela própria tivesse dado à luz; todos os ídolos se prostraram; os tronos dos reis foram derrubados; Lúcifer foi lançado ao fundo do mar e somente após ter nadado durante quarenta dias conseguiu sair do abismo, fugindo em seguida para o monte Cabés, de onde, com uma voz terrível, chamou os anjos.

Nessa noite Deus pôs um limite entre o homem e a mulher, que nenhum dos dois pode ultrapassar. A arte dos mágicos e dos necromantes não produzia mais efeito algum. Ouviu-se uma voz do céu que pronunciava estas palavras: "Enviei ao mundo meu amigo fiel."

Segundo o testemunho de Isben Aben, historiador árabe, as gerações dos pássaros, das nuvens, dos ventos e todos os esquadrões dos anjos se reuniram para educar esse menino e disputaram entre si esse privilégio. Os pássaros diziam, em seus gorjeios, que era mais conveniente que eles o criassem porque podiam mais facilmente colher

(25) Hagi designa um homem que foi em peregrinação a Meca (Nota do autor).

muitos frutos de diversos lugares. Os ventos murmuravam e diziam: "Compete a nós porque podemos trazer até ele, de todos os lugares, os odores mais agradáveis." "Não, não – retrucavam as nuvens – não; é a nossos cuidados que será confiado porque o faremos compartilhar, a todo instante, do frescor das águas." Lá em cima os anjos indignados exclamavam: "Que é que vai sobrar para nós?" Mas uma voz do céu foi ouvida, que acabou com todas essas disputas: "Não será tirado das mãos dos mortais, pois felizes serão os seios que o amamentarem, as mãos que o tocarem, a casa que habitar e a cama em que repousar."

Depois de tantos testemunhos tão magníficos, meu caro Josué, é preciso ter um coração de ferro para não acreditar em sua santa lei. Que poderia fazer mais o céu para conferir autoridade à sua missão divina, a menos que subvertesse a natureza e fizesse perecer os próprios homens que quisesse convencer?

De Paris, 20 da lua de Regueb, 1713.

CARTA 40

Usbek a Ibben

Em Esmirna

Sempre que um grande morreu, a gente se reúne numa mesquita e se faz uma oração fúnebre, que é um discurso em seu louvor, com o qual se ficaria bastante constrangido em decidir com certeza sobre os méritos do defunto.

Gostaria de banir as pompas fúnebres. É preciso chorar pelos homens em seu nascimento e não em sua morte. Para que servem as cerimônias e todo o aparato lúgubre que se montam comparecer diante de um moribundo, em seus últimos momentos, além das próprias lágrimas de sua família e a dor de seus amigos, senão para exagerar a perda dele?

Somos tão cegos que não sabemos quando devemos nos afligir ou nos alegrar; quase sempre só temos falsas tristezas ou falsas alegrias.

Quando vejo o Mogol que, todos os anos, vai estultamente se colocar sobre uma balança para ser pesado como um boi(26); quando vejo os povos se alegrar porque um príncipe se tornou mais material, isto é, menos capaz de governá-los; tenho compaixão, Ibben, da extravagância humana.

De Paris, 20 da lua de Regueb, 1713.

(26) Segundo os relatos dos viajantes franceses Tavernier e Bernier, o Mogol ou Grão-Mogol era pesado ao nascer e depois a cada aniversário; seu aumento de peso era celebrado com grandes festejos.

CARTA 41

O Primeiro Eunuco Negro a Usbek

Ismael, um de teus eunucos negros, acaba de morrer, magnífico senhor, e não posso deixar de substituí-lo. Como os eunucos são extremamente raros hoje, tinha pensado que poderia me servir de um escravo negro que tens nos campos, mas até o momento não consegui convencê-lo a suportar que fosse consagrado a esse emprego. Como acredito que, afinal de contas, é para seu bem, tentei outro dia usar para com ele um pouco de rigor e, em acordo com o intendente de teus jardins, ordenei que, apesar da relutância dele, fosse colocado em condições de te prestar os serviços que mais alegram teu coração e de viver como eu nesses temíveis locais, que ele não ousa até mesmo olhar; mas começou a gritar como se tivéssemos querido esfolá-lo e relutou tanto que conseguiu escapar de nossas mãos, evitando a navalha fatal. Fiquei sabendo que pretende te escrever para pedir graça, insinuando que eu só planejei isso por um desejo insaciável de vingança contra certas brincadeiras picantes que teria proferido contra mim. Entretanto, juro pelos cem mil profetas que não agi senão pelo bem de teu serviço, a única coisa que me é cara e fora da qual nada me interessa. Prostro-me a teus pés.

Do serralho de Fátima, 7 da lua de Maharram, 1713.

CARTA 42

Faran a Usbek, Seu Soberano Senhor

Se estivesses aqui, magnífico senhor, apareceria em tua presença totalmente coberto de papel branco e não haveria papel suficiente para escrever todos os insultos que teu primeiro eunuco negro, o mais malvado dos homens, dirigiu contra mim depois de tua partida.

Sob pretexto de algumas brincadeiras que ele acha que eu teria feito sobre sua infeliz condição, exerce contra minha cabeça uma vingança inesgotável; incitou contra mim o cruel intendente de teus jardins que, depois de tua partida, me obriga a trabalhos insuportáveis, nos quais pensei mil vezes que remeteria a vida, sem perder um momento sequer o ardor em te servir. Quantas vezes disse a mim mesmo: "Tenho um patrão cheio de meiguice e sou o escravo mais infeliz que possa haver na terra!"

Confesso, magnífico senhor, não me julgava destinado a maiores misérias, mas esse eunuco traidor quis levar até o cúmulo sua maldade. Há alguns dias que, por sua própria decisão, me destinou à guarda de tuas mulheres sagradas; ou seja, a uma execução que seria para mim mil vezes mais cruel que a morte. Aqueles que, ao nascer, tiveram a infelicidade de receber de seus cruéis pais semelhante tratamento se consolam talvez com o fato de nunca terem conhecido outra condição senão a deles; mas que seja dado crescer como homem e que me privem dessa condição, é para morrer de dor se não morresse por causa dessa barbárie.

Abraço teus pés, sublime senhor, em humildade profunda. Faz com que eu sinta os efeitos dessa virtude tão respeitada e que não se diga que, por ordem tua, existe na terra um infeliz a mais.

Dos jardins de Fátima, 7 da lua de Maharram, 1713.

CARTA 43

Usbek a Faran

Nos jardins de Fátima

Recebe a alegria em teu coração e reconhece estes sagrados caracteres; faz com que o grande eunuco e o intendente de meus jardins os beijem. Proíbo-lhes de tomar qualquer atitude contra ti; fala-lhes para comprarem o eunuco que me falta. Cumpre teu dever como se me tivesses sempre diante de teus olhos, pois, fica sabendo que quanto maiores forem minhas bondades com maior rigor serás castigado, se delas abusares.

De Paris, 25 da lua de Regueb, 1713.

CARTA 44

Usbek a Rhedi

Em Veneza

Há na França três espécies de Estado: a Igreja, a espada e a toga. Cada um deles nutre um soberano desprezo contra os dois outros, de tal modo que, por exemplo, se deveria desprezar alguém porque é um tolo, quando muitas vezes não o é senão porque veste a toga.

Não há até entre os mais vis artesãos quem não discuta sobre a excelência da arte que escolheu; cada um se põe acima daquele que exerce uma profissão diferente, na proporção da ideia que tem da superioridade da sua.

Os homens se assemelham todos, mais ou menos, a essa mulher da província de Erivan que, tendo recebido alguma graça de um de nossos monarcas, desejou-lhe mil vezes, nas bênçãos que ela lhe deu, que o céu o tornasse governador de Erivan.

Li num relato que um navio francês, dando nas costas da Guiné, alguns homens da tripulação decidiram desembarcar para comprar algumas ovelhas. Foram conduzidos ao rei que fazia justiça a seus súditos sob uma árvore. Estava sentado em seu trono, isto é, sobre um pedaço de madeira, tão orgulhoso como se estivesse sentado sobre aquele do Grão-Mogol; tinha três ou quatro guardas com suas lanças de madeira; um guarda-sol, em forma de pálio, o protegia dos raios ardentes do sol; todos os seus ornamentos e aqueles da rainha, sua mulher, consistiam de sua pele negra e algumas contas em colar. Esse príncipe, mais vazio que miserável, perguntou a esses estrangeiros se falavam muito dele na França. Acreditava que seu nome devia ser conhecido de um polo a outro e, diversamente daquele conquistador que se diz que fez calar a terra inteira, acreditava ingenuamente que o universo inteiro falasse dele.

Quando o cã da Tartária já almoçou, um arauto grita que todos os príncipes da terra podem almoçar também, se lhes parecer conveniente; e esse bárbaro que só se alimenta de leite, que não tem casa, que vive somente de assaltos, considera todos os reis do mundo como seus escravos e os insulta regularmente duas vezes ao dia.

De Paris, 28 da lua de Regueb, 1713.

CARTA 45

RICA A USBEK

*Em ****

Ontem de manhã estava ainda na cama quando ouvi bater fortemente à porta que de repente se abriu ou foi arrombada por um homem com quem havia selado uma espécie de sociedade e que me pareceu fora de si.

Seus trajes eram bem mais modestos que os costumeiros, sua peruca atravessada não havia sido sequer penteada, não havia tido tempo de mandar costurar sua jaqueta negra e havia renunciado, nesse dia, às sábias precauções com as quais tinha o hábito de disfarçar o estado deplorável de sua indumentária.

"Levanta – me disse – necessito de ti o dia inteiro; tenho mil negócios a fechar e ficaria feliz se estivesses a meu dispor; é preciso ir, primeiramente, à rua Saint-Honoré falar com um notário que está encarregado de vender um terreno de quinhentas mil libras; quero que me conceda a preferência. Vindo aqui, parei por um momento no bairro Saint-Germain, onde arrendei um hotel por dois mil escudos e espero assinar o contrato hoje."

Quando já estava vestido, ou pouco faltava para tanto, o homem me fez descer precipitadamente. "Comecemos, disse, comprando uma carruagem com seus respectivos apetrechos." De fato, compramos não somente uma carruagem, mas ainda cem mil francos em mercadorias em menos de uma hora; tudo isso foi feito rapidamente porque o homem não pechinchava nada e nunca contava; tudo era feito sem nada mudar. Eu pensava sobre tudo isso e quando analisava esse homem, achava nele uma complexidade singular de riqueza e de pobreza, de maneira que não sabia em que coisa acreditar. Mas finalmente rompi o silêncio e, puxando-o de lado, lhe perguntei: "Senhor, quem vai pagar tudo isso?" Ele me respondeu: "Eu. Vem para meu quarto e te mostrarei tesouros imensos e riquezas enviadas pelos maiores monarcas, mas não serão tuas, embora possas dividi-las sempre comigo." Eu o segui. Subimos a seu quinto andar e, por uma escada, atingimos um sexto quer era um espaço aberto aos quatro ventos, no qual havia apenas duas ou três dúzias de recipientes de barro cheios de diversos licores. E me disse: "Levantei de madrugada e logo fiz o que venho fazendo há vinte e cinco anos, que consiste em visitar minha obra. Percebi que o grande dia chegou, que devia me tornar o homem mais rico da terra. Vês este licor vermelho? Tem agora todas as qualidades que os filósofos exigem para fazer a transmutação dos metais. Tirei dele essas pedrinhas que vês e que são verdadeiro ouro por sua cor, embora um pouco imperfeito por seu peso. Este segredo que Nicolas Flamel[27] (1) descobriu, mas que Ramon Lull[28] (2) e um milhão de outros sempre procuraram, chegou até mim; e hoje encontro um feliz adepto. Queiram os céus que me sirva de tantos tesouros que me comunicou somente para sua glória!"

Saí e desci, melhor, me precipitei pela escadaria, cheio de raiva e deixei esse homem tão rico em sua hospedaria. Adeus, meu caro Usbek. Vou te ver amanhã e, se quiseres, voltaremos juntos para Paris.

De Paris, último dia da lua de Regueb, 1713.

(27) Contava-se que Nicolas Flamel, falecido em 1418, teria descoberto a pedra filosofal e ganhou quantias fabulosas com a transmutação dos metais.

(28) Ramon Lull (1235-1315) ficou célebre com suas pesquisas de alquimia.

CARTA 46

Usbek a Rhedi

Em Veneza

Aqui vejo pessoas que discutem interminavelmente sobre religião, mas parece que combatem ao mesmo tempo para quem as observar superficialmente.

Esses homens não são somente melhores cristãos, mas nem mesmo melhores cidadãos; e é isso que me toca, pois, em qualquer religião que se viva, a observância das leis, o amor para com os homens, a piedade para com os pais são sempre os primeiros atos de religião.

Com efeito, o primeiro objetivo de um homem religioso não deve ser de agradar à divindade que estabeleceu a religião que ele professa? Mas o meio mais seguro para chegar a isso é sem dúvida observar as normas da sociedade e os deveres de humanidade. De fato, em qualquer religião que se viva, desde que se suponha uma, deve-se realmente supor também que Deus ama os homens, porquanto estabeleceu uma religião para torná-los felizes; se ele ama os homens, tem-se certeza de agradá-lo ao amá-los também; isto é, exercendo para com eles todos os deveres da caridade e da humanidade e não violando as leis sob as quais vivem.

Com isso, estamos certos de agradar a Deus, mais que observando essa ou aquela cerimônia, pois as cerimônias não têm um grau de bondade por si mesmas; não são boas senão com relação e na suposição que Deus as tenha ordenado. Mas é um tema para grandes discussões; podemos nos enganar facilmente a respeito, pois é preciso escolher as cerimônias de uma religião entre as de duas mil.

Um homem fazia todos os dias esta oração a Deus: "Senhor, nada entendo das discussões que sem cessar se produzem a teu respeito; gostaria de te servir segundo tua vontade, mas todos aqueles que consulto querem que eu te sirva à maneira deles. Quando quero te dirigir minha oração, não sei em que língua devo te falar. Tampouco sei que postura devo tomar: um diz que devo orar de pé; outro quer que fique sentado; outro exige que meu corpo se ponha de joelhos. Isso não é tudo. Há quem determina que eu deva me lavar todas as manhãs com água fria; outros sustentam que tu me olharias com horror, se não mandasse cortar um pequeno pedaço de minha carne. Outro dia me aconteceu que comi um coelho num caravançará; três homens que estavam perto me deixaram tremendo; os três afirmaram que te havia ofendido gravemente; um, porque esse animal era impuro[29]; outro, porque havia sido sufocado[30]; outro, enfim, porque não era peixe [31]. Um brâmane que passava por lá e ao qual pedi que fosse o juiz da questão, me disse: "Não têm razão porque, pelo que parece, não mataste o animal. – Sim, fui eu mesmo – lhe disse. – Ah! Cometeste uma ação abominável, retrucou com voz severa, e Deus não te perdoará nunca; quem sabe se a alma de teu pai não tinha passado para esse animal?" Todas essas coisas, senhor, me deixam numa confusão insuperável; não posso mover a cabeça, que estou prestes a te ofender, entretanto, gostaria de te agradar e empregar para tanto a vida que de ti recebi. Não sei se me engano, mas acredito que o melhor meio para chegar a isso é viver como bom cidadão não sociedade em que me fizeste nascer e como bom pai na família que me deste."

De Paris, 8 da lua de Shahban, 1713.

(29) Um judeu (Nota do autor).

(30) Um turco Nota do autor).

(31) Um armênio (Nota do autor).

CARTA 47

ZAKI A USBEK

Em Paris

Tenho uma grande novidade para te contar: eu me reconciliei com Zéfis. O serralho, dividido entre nós, está novamente unido. Só faltas tu nesses lugares onde reina a paz; vem, meu caro Usbek, vem para cá para fazer triunfar o amor.

Dei um grande festim para Zéfis, para o qual foram convidadas tua mãe, tuas mulheres e tuas concubinas; tuas tias e várias de tuas primas também compareceram; tinham vindo a cavalo, cobertas pela nuvem escura de seus véus e de seus trajes.

No dia seguinte partimos para o campo, onde esperávamos estar mais livres; montamos em nossos camelos e nos ajeitamos, quatro em cada sela. Como a partida havia sido feita de modo repentino, não tivemos tempo de enviar a ronda para anunciar o *curuc*(32); mas o primeiro eunuco, sempre engenhoso, tomou outra precaução, juntando à tela que impedia de sermos vistas uma cortina tão espessa que não podíamos ver absolutamente ninguém.

Quando chegamos ao rio que é preciso atravessar, cada uma de nós se pôs, segundo o costume, numa caixa e foi transportada para o barco; disseram-nos que o rio estava cheio de gente. Um curioso que se aproximou demais do local em que estávamos encerradas recebeu um golpe mortal que lhe tirou para sempre a luz do dia; outro, que estava se banhando completamente nu à margem do rio, teve a mesma sorte e teus fiéis eunucos sacrificaram em tua honra e na nossa esses dois desafortunados.

Mas vou te contar o resto de nossas aventuras. Quando estávamos no meio do rio, levantou-se um vento tão impetuoso e uma nuvem tão aterradora cobriu os ares, que nossos marujos começaram a entrar em desespero. Assustadas com o perigo iminente, quase todas desmaiamos. Lembro-me de ter ouvido a voz e a discussão de nossos eunucos; uns diziam que era preciso nos advertir do perigo e nos tirar de nossa prisão,

(32) Palavra turca que significa proibição, abstinência; neste contexto quer dizer que todos se afastam, que ninguém se aproxima.

mas seu chefe sustentou sempre que haveria de morrer antes de permitir que seu senhor fosse desonrado dessa forma e que enfiaria um punhal no peito daquele que continuasse a fazer propostas tão ousadas. Uma de minhas escravas, totalmente fora de si, correu despida em minha direção para me socorrer, mas um eunuco negro a agarrou brutalmente e a mandou entrar novamente no lugar de onde tinha saído. Desmaiei de novo e só recobrei os sentidos depois que o perigo passou.

Como as viagens são incômodas para as mulheres! Os homens só estão expostos aos perigos que ameaçam sua vida, mas nós estamos, a cada instante, temendo perder nossa vida ou nossa virtude. Adeus, meu caro Usbek. Sempre te adorarei.

Do serralho de Fátima, 2 da lua de Ramazan, 1713.

CARTA 48

Usbek a Rhedi

Em Veneza

Aqueles que gostam de se instruir nunca são ociosos. Embora não seja encarregado de nenhum negócio importante, sempre me encontro ocupado. Passo minha vida a analisar; à noite escrevo o que observei, o que vi, o que ouvi durante o dia. Tudo me interessa, tudo me surpreende. Sou como uma criança, cujo organismo ainda tenro é machucado pelos menores objetos.

Talvez não acredites, mas somos recebidos com agrado em todos os grupos e em todos os ambientes. Creio que se deve em muito ao espírito vivo e à alegria natural de Rica que o leva a procurar a todos e que é igualmente procurado por todos. Nossa aparência de estrangeiros não afasta ninguém; causamos até mesmo surpresa nos ambientes em que somos bem recebidos, pois os franceses não chegam a imaginar que nosso clima produza homens. Entretanto, devo confessar que vale a pena desiludi-los.

Passei alguns dias numa casa de campo perto de Paris, na casa de um homem de prestígio que fica encantado ao ter companhia nessa localidade. Tem uma mulher muito amável e que une a uma grande modéstia uma alegria que a vida retirada sempre tira de nossas mulheres da Pérsia.

Como estrangeiro, não tinha nada melhor a fazer do que analisar essa multidão de gente que me abordava sem cessar e que me apresentava sempre algo de novo. Observei primeiramente um homem, cuja simplicidade me agradou; apeguei-me a ele e ele se apegou a mim, de modo que estávamos sempre um perto do outro.

Um dia num grande círculo, conversávamos à parte, deixando as conversas dos outros correrem soltas, e eu lhe disse: "Talvez encontres em mim mais curiosidade que cortesia, mas peço-te que me permitas fazer algumas perguntas, pois me aborreço de não estar ao corrente de nada e viver com pessoas com quem não pudesse me misturar. Minha mente trabalha há dez dias e não um só desses homens que não me tenha atormentado duzentas vezes; não chegaria a adivinhar o que são em mil anos; são mais invisíveis para mim que as mulheres de nosso grande monarca." Ele me respondeu: "Só precisas perguntar e te informarei de tudo o que desejares, tanto mais que te considero um homem discreto e que, portanto, não haverás de abusar de minha confiança."

Perguntei-lhe: "Quem é esse homem que nos falou tanto dos banquetes que ofereceu aos grandes, que é tão familiar com vossos duques e que fala com tanta frequência com vossos ministros que são, segundo me dizem, de acesso tão difícil? Deve ser um homem de qualidades, mas tem a fisionomia tão estranha que não condiz com a das pessoas de qualidade; além do mais, não o considero um homem educado. Sou estrangeiro, mas me parece que há em geral certa cortesia que é comum a todas as nações; nada disso encontro nele. Seus homens de prestígio são criados de maneira menos conveniente que os outros?" Rindo, me respondeu: "É um homem das finanças. Tanto é superior aos outros por suas riquezas, quanto é inferior de nascença. Teria a melhor mesa de Paris se resolvesse a comer somente na casa dele. É de fato impertinente, como vês, mas se excede por meio de seu cozinheiro; não é de todo ingrato, pois o ouviste elogiar tudo hoje."

"E esse homem gordo vestido de preto, pergunto, que essa senhora mandou sentar perto dela? Como usa um hábito tão lúgubre com um ar tão alegre e uma pele tão corada? Sorri graciosamente sempre que falam com ele; sua aparência é mais modesta, mas mais aprumada daquela de vossas mulheres. – É um pregador, respondeu, e, o que é pior, um diretor. Como vês, sabe mais que os maridos; conhece o ponto fraco das mulheres; elas também conhecem o seu. – Como, continuo, fala sempre de uma coisa que chama graça? – Nem sempre, me respondeu. No ouvido de uma bela mulher fala muito mais à vontade de sua queda; troveja em público, mas em particular é manso como um cordeiro. – Parece-me que é o centro das atenções e que todos têm um grande respeito por ele. – Como? Se é o centro das atenções? É um homem necessário; ele fomenta as amenidades da vida reservada; pequenos conselhos, preocupações de ofício, visitas marcadas; dissipa uma dor de cabeça melhor que um homem do mundo; é excelente."

"Mas se não te importuno, dize-me quem é aquele em tua frente, tão mal vestido, que às vezes faz caretas e tem uma linguagem diferente da dos outros, que não tem inteligência para falar, mas que fala para demonstrar inteligência? – É um poeta, me respondeu, um grotesco do gênero humano. Esses homens dizem que nasceram como são; isso é verdade e também que o serão por toda a vida, ou seja, quase sempre os mais ridículos dos homens. Por isso ninguém os poupa. Sobre eles todos derramam o desprezo a mancheias. Foi a fome que fez com que entrasse aqui e é bem recebido pelo dono e pela patroa, cuja bondade e cortesia não se eximem com relação a ninguém; ele recitou o epitalâmio quando se casaram; é o que melhor faz em sua vida, pois aconteceu que o casamento foi tão feliz quanto ele predisse."

"Não acreditarias talvez, acrescentou, com a cabeça cheia que tens dos preconceitos do oriente; há entre nós casamentos felizes e mulheres cuja virtude é um guardião severo. Esses, de quem falamos, gozam de uma paz que não pode ser perturbada; são amados e estimados por todos. Só há uma coisa: sua bondade natural os leva a receber em sua casa todo tipo de gente, o que resulta às vezes estarem em má companhia. Não é que eu os desaprove, é preciso viver com os homens como são; as pessoas que são consideradas como ótima companhia não são muitas vezes senão pessoas de vícios mais refinados e talvez sejam como venenos, os mais sutis dos quais são também os mais perigosos."

"E esse velho, falei baixinho, com um semblante tão carregado? Tomei-o primeiramente por um estrangeiro, pois, além de estar vestido de modo diverso dos outros, censura tudo o que se faz na França e não aprova vosso governo. – É um velho guerreiro que se torna memorável a todos os seus ouvintes pela extensão de suas explosões. Não suporta que a França tenha ganhado batalhas nas quais não estava presente ou que se comemore um assédio no qual ele não estivesse no topo da trincheira; ele se julga tão necessário a nossa história que imagina que haverá de terminar quando ele chegar ao fim; considera alguns dos ferimentos que teve como a dissolução da monarquia; e, contrariamente a esses filósofos que afirmam que só se usufrui o presente e que o passado nada é, ele só vive do passado e só existem campanhas que ele fez; respira nos tempos que já se foram, como os heróis devem viver naqueles que vão passar depois deles. – Mas por que deixou o serviço? – Não o deixou, respondeu-me, mas o serviço o deixou; foi destacada para uma pequena praça onde vai contar suas aventuras pelo resto de seus dias, mas nunca irá mais longe; o caminho das honras foi fechado para ele. – E por quê? – Temos uma máxima na França, retrucou, que é de jamais promover os oficiais cuja paciência se extinguiu nos empregos subalternos. Nós os consideramos como pessoas cujo espírito se limitou aos detalhes e que, por acostumar-se a pequenas coisas, se tornaram incapazes das grandes. Acreditamos que um homem, que não tem as qualidades de um general aos trinta anos, não as terá nunca; que aquele que não possui essa visão que mostra imediatamente um terreno de várias léguas em todas as suas diferentes situações, essa presença de espírito que faz com que, numa vitória, aproveita de todas as suas vantagens e, em caso de derrota, de todos os seus recursos, nunca haverá de adquirir esses talentos. É por isso que temos postos brilhantes para esses homens grandes e sublimes que o céu os privilegiou não somente com um coração, mas também com um gênio heroico, e postos subalternos para aqueles cujos talentos também são subalternos. Nesse número estão esses homens que envelheceram numa guerra obscura; não conseguem no máximo fazer mais do que fizeram por toda a vida e não se deve começar a conferir-lhes postos no período em que começam a se enfraquecer."

Logo depois a curiosidade se aguçou e lhe disse: "Comprometo-me a não te fazer mais perguntas, se ainda tolerares esta. Quem é esse jovem alto, com grandes cabelos, pouco espírito e tanta impertinência? Por que se permite falar mais alto que os outros e se acha tão à vontade por estar neste mundo? – É um homem de grandes riquezas," me respondeu.

A essas palavras, pessoas entraram, outras saíram, levantamos, alguém veio falar com meu companheiro e acabei ficando pouco informado como antes. Mas, logo em seguida, não sei como, esse jovem estava novamente a meu lado e me dirigiu a palavra: "O tempo está bom. Gostarias de caminhar um pouco lá fora?" Respondi-lhe da maneira mais gentil possível e saímos juntos. "Vim ao campo, me disse, para satisfazer a patroa da casa com a qual me dou bem. Há certas mulheres no mundo que nem sempre estão de bom humor, mas que fazer? Vejo as mais belas mulheres em Paris, mas não me fixo em nenhuma, mas não deixo de lhes dirigir meus galanteios; certamente entre mim e ti não valho grande coisa. – Aparentemente, senhor, lhe digo, tens algum cargo ou algum emprego que te impede de ser mais assíduo com as mulheres. – Não, senhor; não tenho outro emprego senão o de deixar furioso um marido ou desesperar um pai; gosto de atemorizar uma mulher que acredita me ter e deixá-la a dois dedos de me perder. Somos um grupo de jovens que perambulamos por toda Paris e a interessamos em nossos menores deslocamentos. – Pelo que posso entender, fazes mais barulho que o guerreiro mais corajoso e és mais considerado que um grave magistrado. Se estivesses na Pérsia, não gozarias de todas essas vantagens, mas te tornarias mais adequado a vigiar nossas mulheres do que a agradar-lhes." O fogo subiu à minha cabeça e acredito que, por pouco mais que eu falasse, não teria podido deixar de maltratá-lo.

Que dizes de um país onde são toleradas semelhantes pessoas e onde é deixado viver um homem que exerce semelhante ofício? Onde a infidelidade, a traição, o rapto, a perfídia e a injustiça levam a serem consideradas? Onde alguém é estimado porque tira uma filha do pai, uma mulher do marido e perturba as sociedades mais doces e mais santas? Felizes os filhos de Ali que defendem suas famílias do opróbrio e da sedução! A luz do dia não é mais pura que o fogo que queima no coração de nossas mulheres; nossas jovens não pensam senão com tremor no dia que deve privá-las dessa virtude que as torna semelhantes aos anjos e às potências incorporais. Terra natal e querida, sobre a qual o sol lança seus primeiros olhares, tu não és conspurcada pelos crimes horríveis que obrigam esse astro a se esconder quando aparece no negro ocidente.

De Paris, 5 da lua de Ramazan, 1713.

CARTA 49

Rica a Usbek

*Em ****

Estando outro dia em meu quarto, vi entrar um dervixe extraordinariamente vestido. Sua barba descia até seu cinto de cordão; tinha os pés descalços; seu hábito era cinza, de tecido grosseiro e em algumas partes pontudo. O conjunto me pareceu tão esquisito, que minha primeira ideia foi mandar procurar um pintor para retratar essa figura.

Logo que entrou me dirigiu em solene cumprimento, no qual me informou que era homem de merecimentos e, acima de tudo, capuchinho. Depois acrescentou: "Disseram-me, senhor, que brevemente retornará à corte da Pérsia, onde desempenha uma função distinta. Venho pedir-lhe e solicitar que nos obtenha do rei uma modesta habitação, perto de Casbin, para dois ou três religiosos. – Padre, lhe disse, então quer ir à Pérsia? – Eu, senhor! Longe de mim tal coisa. Sou superior provincial e não trocaria minha condição com aquela de todos os capuchinhos do mundo. – E que diabo me pede então? – É que, respondeu, se tivéssemos esse local, nossos padres da Itália poderiam enviar para lá dois ou três de seus religiosos. – Parece-me que os conhece a esses religiosos? – Não, senhor, não os conheço. – Era só o que faltava! Que lhe importa então que vão para a Pérsia? É um belo projeto mandar respirar o ar da cidade de Casbin a dois capuchinhos! Isso será muito útil tanto à Europa quanto à Ásia! É realmente necessário interessar a respeito os monarcas! Aí está o que se chama belas colônias! Vá, você e seus semelhantes não são feitos para serem transplantados e farão muito bem em continuar a perambular pelos lugares onde foram gerados."

De Paris, 15 da lua de Ramazan, 1713.

CARTA 50

Rica a ***

Vi pessoas em quem a virtude era tão natural que não se fazia sequer sentir; se apegavam a seu dever sem sujeitar-se a ele e o cumpriam como por instinto; longe de realçar com seus discursos suas raras qualidades, parece que elas não os havia atingido. São essas as pessoas de que gosto; não esses homens virtuosos que parecem se surpreender de o serem e que consideram uma boa ação como um prodígio cujo relato deve deixar todos surpresos.

Se a modéstia é uma virtude necessária àqueles a quem o céu concedeu grandes talentos, que se pode dizer desses insetos que ousam demonstrar um orgulho que haveria de desonrar os homens mais destacados?

Vejo em toda parte pessoas que falam sem cessar de si; suas conversas são um espelho que apresenta sempre sua imagem impertinente; falarão das menores coisas que lhes aconteceram e querem que o interesse que lhes emprestam aumente aos olhos dos outros; fizeram de tudo, viram tudo, disseram tudo, pensaram tudo; são um modelo universal, centro inesgotável de comparações, fonte de exemplos que não seca nunca. Oh! Como o elogio é insípido quando reflete para o local de onde vem!

Alguns dias atrás um homem desse tipo aborreceu durante duas horas falando de seu mérito e de seus talentos; mas como não há movimento perpétuo neste mundo, parou de falar. A conversa então tocou a nós e aproveitamos a ocasião.

Um homem, que parecia bastante amargurado, começou a se queixar do aborrecimento que causavam essas conversas. "O quê! Sempre tolos que se descrevem a si próprios e que chamam atenção de todos sobre eles? – Tens razão, interrompeu bruscamente nosso discusador. Só se deve fazer como eu. Nunca me elogio. Tenho bens, nascimento distinto, pago minhas contas, meus amigos dizem que tenho alguma inteligência, mas nunca falo sobre isso. Se possuo algumas boas qualidades, aquela que mais aprecio é minha modéstia."

Eu admirava esse impertinente e, enquanto ele falava bem alto, eu dizia bem baixinho: "Feliz daquele que tem bastante vaidade para nunca falar bem de si, que teme aqueles que o escutam e que não compromete seu mérito diante do orgulho dos outros!"

De Paris, 20 da lua de Ramazan, 1713.

CARTA 51

Nargum, Enviado da Pérsia a Moscou, a Usbek

Em Paris

Escreveram-me de Isfahan dizendo que havias deixado a Pérsia e que estavas atualmente em Paris. Por que devo saber notícias tuas por outros e não por ti?

As ordens do rei dos reis me detêm há cinco anos neste país, onde concluí diversas negociações importantes.

Sabes que o czar é o único príncipe cristão cujos interesses se mesclam com aqueles da Pérsia, porque é inimigo dos turcos como nós.

Seu império é maior que o nosso, pois são mil milhas de distância desde Moscou até a última localidade de seus Estados, para os lados da China.

Ele é senhor absoluto da vida e dos bens de seus súditos, que são todos escravos, excetuando-se quatro famílias. O lugar-tenente dos profetas, o rei dos reis, que tem o céu por estrado, não realiza um exercício mais temível de seu poder.

Considerando o clima espantoso de Moscou, nunca se acreditaria que fosse uma punição ser exilado nessa cidade; entretanto, se um grande cai em desgraça, é mandado para a Sibéria.

Como a lei de nosso profeta nos proíbe tomar vinho, aquela do príncipe o proíbe aos moscovitas.

Eles têm uma forma especial de receber seus hóspedes que em nada se parece com a persa. Logo que um estranho entra numa casa, o marido lhe apresenta sua mulher e o estranho a beija; e isso significa uma cortesia que se faz ao marido.

Embora os pais, no contrato de casamento de suas filhas, estipulem geralmente que o marido não as açoitará, entretanto, não se poderia acreditar como as mulheres moscovitas gostam de apanhar[33]; não podem persuadir-se que possuem o coração de seu marido, se não apanharem dele. Uma conduta oposta, em decorrência, é um sinal de indiferença imperdoável. Aqui está uma carta que uma delas escreveu ultimamente à sua mãe:

(33) Esses costumes mudaram (Nota do autor).

Minha querida mãe

Sou a mulher mais infeliz do mundo. Não há nada que não tenha feito para fazer com que meu marido me ame e nunca pude conseguir meu intento. Ontem eu tinha mil coisas a fazer em casa; saí e fiquei o dia inteiro fora; acreditei, na minha volta, que ele me batesse sem piedade, mas não me disse palavra. Minha irmã é tratada de forma bem diferente: seu marido bate nela todos os dias; não pode olhar um homem, que a castiga imediatamente; por isso se amam muito e vivem no melhor entendimento mútuo do mundo.

É isso que a torna orgulhosa, mas tentarei não lhe dar muito tempo mais para me desprezar. Resolvi fazer-me amar por meu marido a qualquer preço; vou mantê-lo tão furioso que deverá certamente me demonstrar sinais de amizade. Ninguém mais haverá de dizer que não apanho e que vivo em casa sem que ninguém pense em mim. Ao menor piparote que me der, vou gritar com todas as minhas forças, a fim de que se pense que tudo vai bem; e creio que, se algum vizinho vier em meu socorro, eu o estrangularia. Suplico-te, minha querida mãe, que interfiras junto de meu marido para que me trata de uma maneira indigna. Meu pai, que é um homem tão honesto, não agia assim e lembro-me, quando era pequena, que me parecia às vezes que ele te amava muito. Eu te abraço, minha querida mãe.

Os moscovitas não podem sair do império, mesmo se fosse para viajar. Assim, separados das outras nações pelas leis do país, conservaram seus antigos costumes com tanto mais apego mesmo porque não achavam que fosse possível ter outros.

Mas o príncipe que reina hoje quis mudar tudo; teve grandes rixas com eles por causa de sua barba; o clero e os monges não combateram menos em favor de sua ignorância.

Ele se empenha em levar as artes a florescer e não negligencia nada para difundir na Europa e na Ásia a glória de sua nação, esquecida até aqui e quase unicamente conhecida de si própria.

Inquieto e incessantemente agitado, perambula por seus vastos Estados, deixando em toda parte sinais de sua severidade natural.

Ele os deixa, como se não pudesse contê-lo, e vai procurar na Europa outras províncias e novos reinos.

Abraços, meu caro Usbek. Dá-me notícias tuas, te conjuro.

De Moscou, 2 da lua de Chalval, 1713.

CARTA 52

Rica a Usbek

Em ***

Outro dia estava num clube social onde me diverti bastante. Havia mulheres de todas as idades; uma de oitenta anos, uma de sessenta, uma de quarenta, acompanhada de uma sobrinha de vinte a vinte e dois anos. Certo instinto me impeliu a aproximar-me desta última e ela me disse ao ouvido: "Que dizes de minha tia que, na sua idade, procura amantes e ainda pretende ser bonita? – Está errada, respondi; é uma coisa que só convém a ti." Logo a seguir me encontrava ao lado de sua tia que me disse: "Que achas dessa mulher que tem pelo menos sessenta anos e que hoje passou mais de uma hora na toalete? – É tempo perdido, lhe disse; é preciso ter lá seus próprios encantos para poder sonhar." Fui até essa infeliz mulher de sessenta anos e lamentava seu comportamento em minha alma, quando ela me disse ao ouvido: "Há algo de mais ridículo? Vê essa mulher de oitenta anos e que usa fitas cor de fogo; quer mostrar-se jovem e consegue, pois isso a aproxima da infância. – Ah! bom Deus!, dizia comigo mesmo, sempre haveremos de notar somente o ridículo dos outros? É talvez uma felicidade, lhe dizia a seguir, encontrarmos consolo nas fraquezas dos outros." Entrementes, eu queria me divertir e disse: "Já subimos bastante; vamos descendo e comecemos pela velha que está no topo." – "Senhora, vocês duas se assemelham tanto, essa senhora com que acabo de falar e você, que me parece que são irmãs; acredito que sejam aproximadamente da mesma idade." – "É verdade, senhor, me disse ela, quando uma morrer, a outra deverá ficar apavorada; não creio que haja entre mim e ela mais de dois dias de diferença." Depois de me desvencilhar dessa mulher decrépita, acheguei-me àquela de sessenta anos. – "Senhora, preciso que resolva uma aposta que fiz; apostei que essa mulher e você, mostrando-lhe a mulher de quarenta anos, têm a mesma idade. – Palavra de honra, me disse, não creio que haja entre nós seis meses de diferença." Bom, aí estava eu; continuemos. Desci mais e me dirigi à mulher de quarenta anos. – "Senhora, faça-me a gentileza de me dizer se é por gracejo que chama essa senhorita, que está na outra mesa, sua sobrinha? Você é tão jovem quanto ela; vejo que ela tem até mesmo alguma coisa no rosto que cheira a passado e que você certamente não tem; e essas cores vivas que aparecem em sua pele... – Espere, me disse, eu sou tia dela, mas sua mãe tinha pelo menos vinte e cinco anos mais que eu; não éramos do mesmo leito conjugal; ouvi minha falecida irmã dizer que sua filha e eu nascemos no mesmo ano. – Bem que o dizia, senhora e não estava errado ao ficar surpreso."

Meu caro Usbek, as mulheres que se sentem decaindo precocemente, pela perda de seus encantos, gostariam de recuar em direção à juventude. Pois bem, como não procurariam enganar os outros? Elas envidam todos os esforços para se enganar a si mesmas e para se furtar da mais aflitiva de todas as ideias.

De Paris, 3 da lua de Chalval, 1713.

CARTA 53

Zélis a Usbek

Em Paris

Nunca uma paixão foi tão forte e tão viva como aquela de Cosru, eunuco branco, por minha escrava Zélide; ele a pede em casamento com tanto furor, que não posso recusar. E por que haveria de opor resistência, quando sua mãe não se opõe e a própria Zélide parece satisfeita com a ideia desse casamento impostor e da vã sombra que lhe fazem vislumbrar?

Que quer ela fazer com esse infeliz que de um marido só terá os ciúmes; que não haverá de sair de sua frieza senão para entrar num desespero inútil; que haverá de trazer sempre à memória aquilo que já foi, para incitar a lembrança daquilo que não é mais; que, sempre pronto a dar-se e jamais se dando, haverá de se enganar e haverá de enganá-la sem cessar, induzindo-o a todo instante a suportar todas as desgraças de sua atual condição?

O quê? Estar sempre diante de imagens e de fantasmas? Viver apenas para imaginar? Estar sempre perto dos prazeres e jamais nos prazeres? Inerte nos braços de um infeliz, em lugar de responder a seus suspiros não responder senão a seus queixumes?

Que desprezo não se deve demonstrar para um homem dessa espécie, feito unicamente para vigiar e jamais para possuir? Procuro o amor e não o vejo.

Falo-te com toda a liberdade porque gostas de minha singeleza e preferes minha inclinação livre e minha sensibilidade pelos prazeres ao pudor fingido de minhas companheiras.

Eu te ouvi dizer mil vezes que os eunucos sentem pelas mulheres uma espécie de voluptuosidade que nos é desconhecida; que a natureza compensa suas perdas; que ela tem recursos que reparam a desvantagem de sua condição; que se pode muito bem deixar de ser homem, mas não deixar de ser sensível; e que, nessa condição, se está como num terceiro sentido, onde não se faz, por assim dizer, que trocar de prazeres.

Se assim for, acharia que não se deve lamentar tanto Zélide. É alguma coisa como viver com pessoas menos infelizes.

Dá-me tuas ordens a respeito e deixa-me saber se queres que o casamento se realize no serralho. Adeus.

Do serralho de Isfahan, 5 da lua de Chalval, 1713.

CARTA 54

Rica a Usbek

*Em ****

Esta manhã estava em meu quarto que, como sabes, só está separado dos outros por um tabique fino e furado em diversos lugares, de modo que se ouve tudo o que é dito no quarto vizinho. Um homem que andava de um lado para outro com passos largos dizia a outro: "Não sei o que acontece, mas tudo se volta contra mim. Há mais de três dias que nada disse que me desse alguma honra e me senti confundido desordenadamente em todas as conversas, sem que fosse dada a mínima atenção a mim e que me tenham dirigido a palavra duas vezes. Tinha preparado algumas sacadas para realçar meu discurso, mas nunca me deixaram que as proferisse; tinha um conto muito bonito para relatar, mas à medida que queria apresentá-lo, o deixavam de lado parecendo fazê-lo de propósito. Tenho algumas boas frases que há quatro dias envelhecem em minha cabeça, sem que tenha tido a oportunidade de fazer o menor uso delas. Se isso continuar, creio que no final vou ser tomado por um tolo; parece que é minha estrela, mas que não me deixar brilhar. Ontem esperava brilhar com três ou quatro senhoras idosas que certamente nada me impõem e devia dizer as coisas mais belas do mundo; fiquei mais de um quarto de hora dirigindo a conversa, mas elas nunca me permitiram manter um discurso coerente e cortaram, como as Parcas fatais, o fio de todos os meus discursos. Queres que te diga? A reputação de mente brilhante custa muito a sustentar. Não sei como consegues chegar a isso. – Ocorre-me uma ideia, disse o outro. Vamos trabalhar em conjunto para suscitar novas ideias. Associemo-nos. Cada dia definiremos sobre o que devemos falar. E nos auxiliaremos tão bem que, se alguém vier nos interromper no meio de nossas ideias, o atrairemos a nós; se não quiser vir de bom grado, o convenceremos com violência. Concordaremos os momentos em que devemos aprovar, aqueles em que devemos sorrir e outros em que devemos rir de fato e às gargalhadas. Verás que daremos o tom a todas as conversas e todos haverão de admirar a vivacidade de nosso espírito e a propriedade de nossas réplicas. Nós nos protegeremos por acenos de cabeça mútuos. Tu brilharás hoje, amanhã ficarás em segundo plano. Entrarei contigo numa casa e exclamarei, ao mostrar-te: "Devo te contar uma resposta bem agradável que este senhor acaba de dar a um homem que encontramos na rua." E me voltarei para ti: "Ele não esperava por isso e ficou realmente surpreso." Recitarei alguns de meus versos e tu dirás: "Eu estava lá quando os compôs; foi num jantar e os fez quase sem pensar." Muitas vezes chegaremos até mesmo a nos desprezar um ao outro e dirão: "Vejam como se atacam e como se defendem; não se poupam; vejamos como se sairá dessa; maravilhoso; que presença de espírito! Aí está uma verdadeira batalha." Mas ninguém dirá que havíamos combinado tudo na véspera. É preciso comprar certos livros que são coletâneas de belas frases, compostos para aqueles que não têm espírito e querem disfarçar; tudo depende de ter modelos. Quero que dentro de seis meses estejamos em condições de manter uma conversa de uma hora, repleta de belas frases. Mas é preciso ter uma atenção especial, a de sustentar a sorte; não é suficiente dizer uma bela frase; é preciso espalhá-la e semeá-la por toda parte; sem isso, tempo perdido; e te confesso que não há nada de tão desolador como ver uma bela coisa que foi dita morrer nos ouvidos de um tolo que a ouve. É verdade que muitas vezes há uma compensação e que dizemos igualmente tolices que passam incógnitas; é a única coisa que pode nos consolar nessa ocasião. Aí está, meu amigo, o partido que devemos tomar. Faz o que te direi e te prometo, antes de seis meses, um lugar na Academia; é para te dizer que o trabalho não será longo, pois, então poderás renunciar à tua arte; serás um homem de espírito, apesar de já o teres. Observa-se na França que, a partir do momento em que um homem entra num grupo, assume primeiramente o que se chama espírito do corpo; tu farás o mesmo e não receio por ti senão o constrangimento dos aplausos."

De Paris, 6 da lua de Zilcadé, 1714.

CARTA 55

Rica a Ibben

Em Esmirna

Entre os povos da Europa, o primeiro quarto de hora do casamento elimina todas as dificuldades; os últimos favores remontam sempre à mesma data da bênção nupcial; as mulheres não fazem como as persas que disputam o terreno durante meses inteiros às vezes; não há nada de tão corriqueiro; se elas não perdem nada é que não têm nada a perder, mas sempre se sabe, coisa vergonhosa!, o momento de sua derrota e, sem consultar os astros, sabem predizer com certeza a hora do nascimento de seus filhos.

Os franceses quase nunca falam de suas mulheres; é que têm medo de falar delas diante de pessoas que as conhecem melhor que eles.

Entre eles há homens muito infelizes que ninguém consola; são os maridos ciumentos; há outros que todos odeiam: são os maridos ciumentos; há outros que todos desprezam: são ainda os maridos ciumentos.

Por isso não há país onde sejam em número tão reduzido como na França. Sua tranquilidade não está baseada na confiança que têm em suas mulheres; pelo contrário, é no mau conceito que têm delas. Todas as sábias precauções das asiáticas, os véus que as cobrem, as prisões em que são mantidas, a vigilância dos eunucos, lhes parecem meios mais apropriados para exercer a habilidade desse sexo do que cansá-la. Aqui os maridos tomam o partido do perdão e consideram as infidelidades como golpes de uma estrela inevitável. Um marido que quisesse possuir sua mulher sozinho seria considerado como um perturbador da alegria pública e como um insensato que quisesse usufruir da luz do sol excluindo os outros homens.

Aqui, um marido que ama sua mulher é um homem que não tem mérito suficiente para se fazer amar por outra; que abusa da necessidade da lei para suprir os encantos que lhe faltam; que se serve de todas as suas vantagens em detrimento de uma sociedade inteira; que se apropria daquilo que não lhe havia sido dado senão sob compromisso; e que age, tanto quanto estiver nele, para subverter uma convenção tácita que faz a felicidade de um e de outro sexo. O título de marido de uma bela mulher, que na Ásia se esconde com tanto cuidado, aqui é levado sem inquietação. Sentem-se em condições de se divertir em toda parte. Um príncipe se consola pela perda de uma praça conquistando outra; na época em que os turcos nos tomaram Bagdá, não conquistamos dos mongóis a fortaleza de Kandahar?

Um homem que em geral suporta as infidelidades de sua mulher não é criticado; pelo contrário, elogiam sua prudência; só há os casos peculiares que desonram.

Isso não significa que não haja senhoras virtuosas e pode-se dizer que são realmente distintas; meu condutor sempre fazia questão de indicá-las a mim, mas eram todas tão feias que é preciso ser um santo para não odiar a virtude.

Depois daquilo que te disse sobre os costumes deste país, podes imaginar facilmente que os franceses não se importam muito com a constância. Acreditam que é tão ridículo jurar a uma mulher que será amada para sempre como sustentar que se comportarão sempre bem ou quer serão sempre felizes. Quando prometem a uma mulher que a amarão sempre supõem que ela, de seu lado, lhes promete ser sempre amável e, se ela faltar à sua palavra, eles não se julgam mais empenhados na deles.

De Paris, 7 da lua de Zilcadé, 1714.

CARTA 56

Usbek a Ibben

Em Esmirna

O jogo é muito difundido na Europa. É um prestígio ser jogador. Esse único título substitui o nascimento, os bens, a probidade; eleva todo homem que o possui à categoria dos homens de bem, sem exame algum; embora não haja ninguém que não saiba que ao pensar assim pode enganar-se com frequência, mas se convencionou em ser incorrigível.

As mulheres sobretudo são muito dadas ao jogo. É verdade que se entregam a ele quase só em sua juventude para favorecer uma paixão mas cara, mas à medida que envelhecem, sua paixão pelo jogo parece rejuvenescer e essa paixão preenche todo o vazio das outras.

Querem arruinar seus maridos e para chegar a isso dispõem de meios para todas as idades, desde a mais tenra juventude até a velhice mais decrépita: os vestidos e as maquiagens começam o estrago, a frivolidade o aumento e o jogo o completa.

Vi muitas vezes nove ou dez mulheres, ou melhor, nove ou dez séculos, dispostos em torno de uma mesa; eu as vi em suas esperanças, em seus temores, em suas alegrias, sobretudo em seus furores; terias dito que nunca tivessem tempo para se apaziguar e que a vida iria deixá-las antes de seu desespero; terias estado em dúvida se aqueles que elas pagavam eram seus credores ou seus legatários.

Parece que nosso santo profeta tenha tido principalmente em vista privar-nos de tudo aquilo que possa perturbar nossa razão; proibiu o uso do vinho que a mantém sepultada; proibiu-nos, por meio de um preceito incisivo, os jogos de azar; quando viu que era impossível eliminar a causa das paixões, ele as amorteceu. O amor entre nós não traz perturbação nem furor; é uma paixão lânguida que deixa nossa alma na calma; a pluralidade das mulheres nos salva do domínio delas e ameniza a violência de nossos desejos.

De Paris, 10 da lua de Zilkagé, 1714.

CARTA 57

Usbek a Rhedi

Em Veneza

Os libertinos mantêm aqui um número incontável de meretrizes e os devotos, uma multidão inumerável de dervixes. Esses dervixes fazem três votos: obediência, pobreza e castidade. Dizem que o primeiro é o mais bem observado de todos; quanto ao segundo, digo-te que não o é de fato; deixo-te julgar sobre o terceiro.

Mas, por mais ricos que sejam esses dervixes, nunca deixam a condição de pobres; nosso glorioso sultão renunciaria antes a seus magníficos e sublimes títulos; eles têm razão, pois esse título de pobres os impede de sê-lo.

Os médicos e alguns desses dervixes, que são chamados confessores, aqui são sempre muito estimados ou muito desprezados; entretanto, dizem que os cristãos simpatizam mais com os médicos que com os confessores.

Estive um dia num convento desses confessores. Um deles, venerável por seus cabelos brancos, me acolheu com toda a simpatia. Mostrou-me toda a casa. Entramos no jardim e começamos a conversar. – "Padre, iniciei, que emprego tens na comunidade? – Senhor, respondeu com um ar feliz por causa de minha pergunta, sou casuísta. – Casuísta? Retruquei. Desde que cheguei na França, nunca ouvi falar deste cargo. – Como? Não sabes o que vem a ser um casuísta? Pois bem, escuta; vou te dar uma ideia que te deixará bem esclarecido. Há duas espécies de pecados; os mortais, que excluem totalmente do paraíso; e os veniais, que ofendem a Deus também, mas que não o irritam tanto a ponto de nos privar da beatitude. Ora, toda a nossa arte consiste em distinguir com precisão essas duas espécies de pecado, pois, excetuando alguns libertinos, todos os cristãos querem ganhar o céu, mas não há quase ninguém que não o queira ganhar a preço mais barato possível. Quando conhecem bem os pecados mortais, procuram não cometê-los e com isso garantem o negócio. Há homens que não aspiram a uma perfeição tão grande e, como não têm ambição, não se preocupam com os primeiros lugares; por isso entram no paraíso com o mínimo necessário para tanto; uma vez que nele estejam, é quanto lhes basta; seu objetivo é de não fazer nem mais nem menos. São pessoas que arrebatam o céu, em vez de obtê-lo, e que dizem a Deus: "Senhor, cumpri as condições com rigor; não podes deixar de manter tuas promessas; como não fiz mais do que mandaste, eximo-te de me conceder mais do que prometestes."

"Somos, portanto, necessários, senhor. Entretanto, isso não é tudo. Verás logo outra coisa. A ação não faz o crime, mas o conhecimento daquele que o comete. Aquele que comete uma ação má, enquanto acreditar que não é uma delas, fica com a consciência tranquila; e como há um número infinito de ações equívocas, um casuísta pode lhes conferir um grau de bondade que elas não possuem, declarando-as boas; e, contanto que possa comprovar que não são veneno, tira-o delas inteiramente.

"Vou te contar o segredo de um ofício no qual envelheci; vou mostrar-te as sutilezas. Há uma maneira de interpretar tudo, mesmo as coisas que parecem menos suscetíveis a isso. – Padre, pergunto, isso é muito bom, mas como é que te acertas com o céu? Se o *sufi*(34) tivesse em sua corte um homem que fizesse com relação a ele o que fazes com teu deus, que estabelece diferenças entre suas ordens e que instruísse a seus súditos em quais casos deviam executá-las e em quais outros podem violá-las, te faria empalar na hora." Despedi-me de meu dervixe e o deixei sem esperar resposta.

De Paris, 23 da lua de Maharram, 1714.

(34) Sufi era o título conferido aos reis que governaram a Pérsia de 1500 até meados de 1700.

CARTA 58

RICA A RHEDI

Em Veneza

Em Paris, meu caro Rhedi, há muitas profissões. Lá vem um homem simpático te oferecer, por um pouco de dinheiro, o segredo de fabricar ouro.

Outro te promete conseguir deitar com os espíritos aéreos, contanto que faça somente trinta anos que não vês mulheres.

Encontrarás ainda adivinhos tão hábeis que te contarão toda a tua vida, contanto que tenham tido somente um quarto de hora de conversa com teus criados.

Mulheres sagazes fazem da virgindade uma flor que fenece e que renasce todos os dias e é colhida a centésima vez mais dolorosamente do que a primeira.

Há outras que, reparando à força de sua arte as injúrias do tempo, sabem restabelecer no rosto uma beleza hesitante e até mesmo tomar uma mulher no topo da velhice para fazê-la voltar à juventude mais tenra.

Todas essas pessoas vivem ou procuram viver numa cidade que é a mãe da invenção.

Os rendimentos dos cidadãos não se fixam definitivamente, mas consistem unicamente de espírito e de indústria; cada inventa a sua e procura fazê-la valer da melhor maneira possível.

Quem quisesse contar todos os homens da lei que perseguem os rendimentos de alguma mesquita teria logo contado as areias do mar e os escravos de nosso monarca.

Um número infinito de professores de línguas, de artes e de ciências ensina o que não sabe; e esse talento é realmente considerável, pois não é necessária muita inteligência para mostrar o que se sabe, mas é dela se necessita em grau infinito para ensinar o que se ignora.

Aqui não se consegue morrer subitamente; a morte não poderia exercer seu domínio de outra forma, pois há em todas as esquinas gente que possui remédios infalíveis contra todas as doenças imagináveis.

Todas as lojas são providas de redes invisíveis onde caem todos os compradores. Por vezes há quem consegue sair a baixo custo; uma jovem vendedora persiste com um homem por uma hora inteira para que compre um pacotinho de palitos de dentes.

Não há ninguém que saia desta cidade mais precavido do que entrou; à força de deixar parte de seus bens aos outros, aprende-se a conservá-los, única vantagem dos estrangeiros nesta cidade encantadora.

De Paris, 10 da lua de Safar, 1714.

CARTA 59

Rica a Usbek

*Em ****

Estava outro dia numa casa onde havia um grupo de pessoas de todos os tipos; observei que a conversa era dominada por duas mulheres idosas que tinham trabalhado em vão a manhã inteira para rejuvenescer. Uma delas dizia: "Deve-se afirmar que os homens hoje são bem diferentes daqueles que víamos em nossa juventude; eram polidos, graciosos, simpáticos, mas hoje os acho de uma brutalidade insuportável." Então um homem que parecia sofrer de gota interveio: "Tudo mudou, o tempo não é mais como era; há quarenta anos todos se comportavam bem, passeavam, eram alegres, só pensavam em rir e dançar; hoje, todos demonstram uma tristeza insuportável." Um momento depois, a conversa se voltou para a política. Um velho senhor começou: "Com os diabos! O Estado não é mais governado; encontrem hoje um ministro como Colbert; eu o conhecia bem, esse senhor Colbert, era um de meus amigos; ele me permitia sempre pagar com minha pensão antes de tudo o que aconteceu depois: que ordem invejável havia nas finanças! Todos estavam à vontade, mas hoje estou arruinado." Então um eclesiástico disse: "Senhor, falas do tempo mais milagroso de nosso invencível monarca; há algo que se possa comparar com o que ele fazia então para destruir a heresia?" Um homem, com ar faceiro, que ainda não havia falado, se apresentou: "E não dão nenhum valor à abolição dos duelos?" "A observação é judiciosa, me disse alguém ao ouvido; esse homem está encantado com o edito e o observa tão bem que, há seis meses, levou cem pauladas para não violá-lo."

Parece-me, Usbek, que nunca julgamos as coisas senão por uma ótica secreta que assumimos para nós mesmos. Não me surpreendo que os negros pintem o diabo de uma brancura ofuscante e seus deuses, negros como o carvão; que a Vênus de certos povos tenha os seios que pendem até as coxas; que, finalmente, todos os idólatras tenham representado seus deuses com uma figura humana e lhes tenham conferido todas as suas inclinações. Diz-se muito bem que, se os triângulos tivessem um deus, lhe dariam três lados.

Meu caro Usbek, quando vejo homens que se arrastam sobre um átomo, ou seja, a terra, que não passa de um ponto no universo, propor-se diretamente como modelos da providência, não sei como concordar tanta extravagância com tanta pequenez.

De Paris, 14 da lua de Safar, 1714.

CARTA 60

Usbek a Ibben

Em Esmirna

Perguntas-me se há judeus na França? Saiba que em toda parte onde houver dinheiro, há judeus. Perguntas o que fazem? Precisamente o que fazem na Pérsia: nada se assemelha mais a um judeu da Ásia que um judeu europeu.

Demonstram entre os cristãos, como entre nós, uma obstinação invencível por sua religião, que chega até a loucura.

A religião judaica é um velho tronco que produziu dois ramos que cobriram toda a terra, quero dizer o maometismo e o cristianismo. Ou melhor, é uma mãe que gerou duas filhas que a encheram de mil chagas, pois, em questão de religião, as mais próximas são as maiores inimigas. Mas, por maiores maus tratos que tenha recebido delas, não deixa de se gloriar de tê-las posto no mundo; ela se serve de uma e de outra para abraçar o mundo inteiro, enquanto, por outro lado, sua venerável velhice abraça todos os tempos.

Os judeus se consideram, portanto, como a fonte de toda santidade e a origem de toda religião; ao contrário, nos consideram como hereges que mudaram a lei, ou antes, judeus rebeldes.

Se a mudança se tivesse processado imperceptivelmente, acreditam que teriam sido facilmente seduzidos, mas como foi feita repentinamente e de maneira violenta, como podem assinalar o dia e a hora do nascimento de uma e de outra, se mantêm firmes numa religião que o próprio mundo não precedeu.

Nunca tiveram na Europa uma tranquilidade semelhante à que ora gozam. Começa a ser eliminado entre os cristãos esse espírito de intolerância que os animava; agiram mal na Espanha ao expulsá-los[35] (1) e na França ao perseguir cristãos cuja crença diferia um pouco daquela do príncipe[36] (2). Percebeu-se que o zelo pelo progresso da religião é diferente do apego que se deve ter por ela e que, para amá-la e praticá-la, não é necessário odiar e perseguir aqueles que não a praticam.

(35) Os judeus foram expulsos da Espanha em 1492.

(36) Alusão às perseguições contra os protestantes, tema que será retomado nas Cartas 85 e 121.

Seria de desejar que nossos muçulmanos pensassem tão sensatamente sobre este tema como os cristãos; que se pudesse de uma vez por todas selar a paz entre Ali e Abubeker[37] (3) e deixar a Deus decidir sobre os méritos desses santos profetas. Gostaria que fossem honrados com atos de veneração e de respeito e não por vãs preferências; e que se procurasse merecer seus favores, qualquer que seja o lugar que Deus lhes tenha conferido, seja à direita ou até mesmo sob o estado de seu trono.

De Paris, 18 da lua de Safar, 1714.

(37) Abu Bekr era sogro de Maomé; aqueles que reconhecem a autoridade dele são chamados sunitas; os xiitas reconhecem a autoridade de Ali, genro do profeta Maomé.

CARTA 61

Usbek a Rhedi

Em Veneza

Outro dia entrei numa igreja famosa, chamada Notre-Dame. Enquanto admirava esse soberbo edifício, tive a oportunidade de conversar com um eclesiástico, que a curiosidade o havia atraído para lá como eu. A conversa recaiu sobre a tranquilidade de sua profissão. "A maioria das pessoas, me disse, inveja a felicidade de nossa condição e tem razão. Entretanto, tem seus dissabores; não estamos tão separados do mundo que não sejamos chamados a ele em mil ocasiões; nele, temos um papel muito difícil a desempenhar.

"As pessoas do mundo são surpreendentes. Não podem suportar nossa aprovação nem nossas censuras. Se queremos corrigi-las, nos acham ridículos; se aprovamos suas atitudes, nos consideram como pessoas de caráter inferior. Não há nada tão humilhante como pensar que escandalizamos até os próprios ímpios. Somos, pois, obrigados a ter uma conduta ambígua e tolerá-la nos libertinos, não por uma decisão firme, mas pela incerteza em que os deixamos pela maneira com que aceitamos seus discursos. É preciso ter muita presença de espírito para tanto; essa condição de neutralidade é difícil; as pessoas do mundo que arriscam tudo, que se entregam a todos os seus impulsos que, segundo o sucesso, os impelem ou os abandonam, vivem muito melhor.

"Isso não é tudo. Essa condição tão feliz e tão tranquila, que é tão comentada, não a conservamos no mundo. A partir do momento em que nos envolvemos nele, somos levados a discussões; somos levados, por exemplo, a ter que provar a utilidade da oração para um homem que não acredita em Deus; a provar a necessidade do jejum a outro que negou durante toda a sua vida a imortalidade alma; a empresa é laboriosa e os zombadores não estão de nosso lado. Há mais: certa vontade de atrair os outros para nosso modo de pensar nos atormenta sem cessar e é, por assim dizer, ligada à nossa profissão. Isso é tão ridículo como se víssemos os europeus trabalhar em favor da natureza humana para branquear o semblante dos africanos. Perturbamos o Estado; nós nos atormentamos para fazer com que sejam aceitos pontos de religião que não são fundamentais e nos assemelhamos a esse conquistador da China que impeliu seus súditos a uma revolta geral por tê-los obrigado a raspar os cabelos ou a cortar rente as unhas.

"O próprio zelo que temos em levar aqueles de quem estamos encarregados a cumprir os deveres de nossa santa religião é muitas vezes perigoso e não poderia ser acompanhado senão de grande prudência. Um imperador chamado Teodósio mandou passar ao fio da espada todos os habitantes de uma cidade, mesmo as mulheres e as crianças; a seguir, quis entrar numa igreja, mas um bispo chamado Ambrósio barrou-lhe as portas, considerando-o um assassino e um sacrílego; esse foi certamente um ato heroico(38). Esse imperador, submetendo-se a seguir à penitência que semelhante crime exigia, voltou à igreja, entrou e se colocou entre os padres; mas o mesmo bispo mandou-o sair; esse foi realmente um ato de um fanático; tanto isso é verdade que todos devem desconfiar do próprio zelo. Que importava à religião ou ao Estado que esse príncipe tivesse ou não tivesse um lugar entre os padres?

De Paris, 1 da lua de Rebiab 1, 1714.

(38) Teodósio I conquistou Tessalônica em 390 e massacrou seus habitantes; ao pretender entrar na catedral de Milão, o bispo Ambrósio barrou-lhe a entrada.

CARTA 62

Zélis a Usbek

Em Paris

Tua filha completou sete anos e julguei que era tempo de transferi-la para os apartamentos interiores do serralho e não esperar que tenha dez anos para confiá-la aos eunucos negros. Nunca se poderia privar demasiado cedo uma jovem das liberdades da infância para lhe dar uma educação santa dentro dos sagrados muros onde o pudor habita.

De fato, não consigo compartilhar da opinião dessas mães que não encerram suas filhas senão quando estão prestes a lhes dar um esposo; que, condenando-as ao serralho antes que consagrá-las a ele, as fazem abraçar por força um modo de vida que elas teriam devido lhes inspirar. Deve-se esperar tudo da força da razão e nada da doçura do hábito?

É em vão que nos falam da subordinação em que a natureza nos colocou; não é suficiente para no-la fazer sentir; é preciso levar-nos a praticá-la, a fim de que ela nos sustente no período crítico em que as paixões começam a surgir e a nos encorajar à independência.

Se não estivéssemos ligada a ti senão pelo dever, poderíamos às vezes esquecê-lo; se fôssemos levadas somente pela inclinação, talvez uma inclinação mais forte poderia enfraquecê-lo. Mas quando as leis nos entregam a um homem, nos eximem de todos os outros e nos colocam tão longe deles como se estivéssemos a cem mil milhas de distância.

A natureza, industriosa em favor dos homens, não se limitou a lhes dar desejos; quis que nós mesmas os tivéssemos e que fôssemos instrumentos animados de sua felicidade; ela nos colocou no fogo das paixões para levá-los a viver tranquilos; se saem de sua insensibilidade, ela nos destinou a fazê-los voltar, sem que possamos jamais experimentar esse feliz estado em que os colocamos.

Entretanto, Usbek, não penses que tua situação é mais feliz que a minha; tive aqui mil prazeres que tu não conheces. Minha imaginação trabalhou sem cessar para me levar a conhecer o prêmio; eu envelheci e tu só foste definhando.

Na própria prisão em que me reténs, sou mais livre do que tu. Não poderias redobrar tuas atenções para me vigiar, sem que eu gozasse de tuas inquietudes; tuas suspeitas, teus ciúmes, tuas amarguras são outros tantos sinais de tua dependência.

Contua, caro Usbek; manda que me vigiem noite e dia; não confies nem mesmo nas precauções usuais; aumenta minha felicidade, ao assegurar a tua; e saiba que nada temo a não ser tua indiferença.

Do serralho de Isfahan, 2 da lua de Rebiab 1, 1714.

CARTA 63

RICA A USBEK

*Em ****

Acho que queres passar tua vida nos campos. Não perdia contato contigo no começo senão por dois ou três dias e agora já são quinze que não te vejo. É verdade que estás numa mansão encantadora, que nela estás na companhia de quem te convém e que nela podes refletir com toda a tranquilidade. Não é preciso mais nada para te fazer esquecer todo o universo.

Quanto a mim, levo mais ou menos a mesma vida que me viste levar; giro pelo mundo e procuro conhecê-lo; meu espírito vai perdendo imperceptivelmente tudo o que resta de asiático e se curva sem esforço aos costumes europeus. Não fico mais surpreso ao ver, numa única casa, cinco ou seis mulheres com cinco ou seis homens e até acho que isso não é tão mau assim.

Posso dizer que não conheci as mulheres senão depois que cheguei aqui. Aprendi mais a respeito delas num mês do que teria aprendido durante trinta anos num serralho.

Entre nós, os caracteres são todos uniformes porque são forçados; não vemos os homens tais como são, mas tais como são obrigados a ser; nesta servidão do coração e do espírito, só ouvimos falar o temor que só possui uma linguagem e não a natureza que se exprime de modo tão diferente e que aparece sob todas as formas.

A dissimulação, essa arte tão prática e tão necessária entre nós, aqui é desconhecida: tudo fala, tudo se vê, tudo se ouve; o coração se mostra como o rosto; nos costumes, na virtude, no próprio vício, percebe-se sempre algo de singelo.

Para agradar as mulheres é preciso um certo talento diferente daquele que lhes agrada ainda mais; consiste numa espécie de brincadeira para o espírito que as diverte, parecendo prometer-lhes a cada instante aquilo que não se pode manter senão após longos intervalos.

Essas brincadeiras, naturalmente feitas nas toaletes enquanto as mulheres se penteiam e se maquiam, parece ter chegado a penetrar em todas as situações da nação: brinca-se no conselho, brinca-se no comando de um exército, brinca-se com um embaixador. As profissões não parecem ridículas senão na proporção da seriedade que se coloca nelas; um médico não o seria mais, se seus hábitos fossem menos lúgubres e se matasse seus doentes brincando.

De Paris, 10 da lua de Rebiab 1, 1714.

CARTA 64

O Chefe dos Eunucos Negros a Usbek

Em Paris

Estou numa situação embaraçosa que não conseguiria te explicar, magnífico senhor. O serralho está numa desordem e numa confusão espantosas; a guerra reina entre tuas mulheres; teus eunucos estão divididos; só se ouvem queixas, murmúrios, recriminações; meus conselhos são desprezados; tudo parece permitido nesse tempo de licenciosidade e eu não tenho mais que um inútil título no serralho.

Não há nenhuma de tuas mulheres que não se julga superior às outras por seu nascimento, por sua beleza, por suas riquezas, por seu espírito, por teu amor e que não faça valer alguns desses títulos para ter todas as preferências. A cada instante vou perdendo essa longa paciência com a qual pelo menos tive a infelicidade de descontentá-las a todas; minha prudência, minha própria complacência, virtude tão rara e tão estranha no posto que ocupo, foram inúteis.

Queres que te revele, magnífico senhor, a causa de todas essas desordens? Ela reside inteiramente em teu coração e no terno respeito que tens para com elas. Se tu não me tivesses detido a mão, se, em lugar do caminho das admoestações, me deixasses aquele dos castigos; se, sem te deixar enternecer por suas queixas e por suas lágrimas, as tivesses mandado chorar diante de mim, que jamais me enterneço, eu as submeteria logo ao jugo que devem carregar e sujeitaria seu humor imperioso e independente.

Criado, desde a idade de quinze anos, no fundo da África, minha pátria, primeiramente fui vendido a um patrão que tinha mais de vinte mulheres ou concubinas. Julgando, por meu ar grave e taciturno, que eu era adequado para o serralho, ordenou que se terminasse por me tornar tal e mandou fazer uma operação penosa no começo, mas que foi para minha felicidade depois, porque me aproximou do ouvido e da confiança de meus patrões. Entrei nesse serralho que foi para mim um mundo novo. O primeiro eunuco, o homem mais severo que já pude ver em minha vida, governava-o com domínio absoluto. Nele não se ouvia falar de divisões nem de intrigas; um silêncio profundo reinava em toda parte; todas essas mulheres iam deitar na mesma hora do começo ao fim do ano e levantavam à mesma hora; entravam no banho cada uma por sua vez e saíam dele ao menor sinal que lhes fazíamos. O resto do tempo passavam quase sempre fechadas em seus quartos. Havia uma regra soberana que era a de mantê-las sempre numa higiene perfeita e para tanto havia atenções inexprimíveis; a menor recusa a obedecer era punida sem misericórdia. "Sou escravo – dizia ele – mas o sou de um homem que é teu patrão e o meu; uso do poder que me delegou sobre ti; é ele que te castiga e não eu, que nada mais faço que emprestar-lhe minha mão." Essas mulheres jamais entram no quatro de meu patrão sem ser chamadas; recebiam essa graça com alegria e ao ser privadas dela não se queixavam. Enfim, eu, que era o último dos negros nesse serralho tranquilo, era mil vezes mais respeitado do que o sou no teu, onde comando a todas.

Logo que esse grande eunuco conheceu meu gênio, voltou os olhos sobre mim. Falou de mim a meu patrão como de um homem capaz de trabalhar segundo sua vontade e de sucedê-lo no posto que ocupava; não se surpreendeu com minha juventude, mas julgou que minha responsabilidade substituiria minha inexperiência. Que te direi? Fiz tantos progressos em sua confiança que não se criava mais problema em colocar em minhas mãos as chaves dos lugares terríveis, as quais estavam sob sua guarda havia tanto tempo. Foi com esse grande patrão que aprendi a difícil arte de mandar e que me especializei nas máximas de um governo inflexível. Com ele estudei o coração das mulheres; ele me ensinou a aproveitar das fraquezas delas e a não me impressionar com seus ataques de soberba. Muitas vezes gostava de me ver conduzi-las até a última consequência da obediência; em seguida fazia-as voltar imperceptivelmente e queria que eu simulasse, por alguns instantes, que me dobrava. Mas era preciso vê-lo nesses momentos em que as encontrava tomadas de desespero, entre rogos e recriminações; suportava suas lágrimas sem se comover e se sentia recompensado com essa espécie de triunfo. Com ar feliz, me dizia: "Aí está como se deve governar as mulheres; seu número não me preocupa; comandaria até mesmo todas aquelas de nosso grande monarca. Como um homem poderia esperar cativar o coração delas, se os fiéis eunucos não começassem por submeter seu espírito?"

Ele não tinha somente firmeza, mas também penetração. Lia seus pensamentos e suas dissimulações; seus gestos estudados, seu rosto fingido não lhe escondiam nada. Sabia de todas as suas ações mais ocultas e suas palavras mais secretas. Servia-se de umas para conhecer as outras e se deliciava em recompensar a menor confidência. Como não abordavam seu marido senão quando avisadas, o eunuco escolhia quem queria e voltava os olhos de seu patrão sobre aquelas que ele tinha em vista; e essa distinção era a recompensa de algum segredo revelado. Havia persuadido seu patrão que era conveniente para a boa ordem que lhe deixasse essa escolha, a fim de lhe conferir maior autoridade. Aí está como era governado, magnífico senhor, um serralho que era, creio, o mais bem regulamentado que já houve na Pérsia.

Deixa-me as mãos livres, permite que me faça obedecer; oito dias bastarão para pôr ordem na confusão; é o que tua glória requer e tua segurança exige.

De teu serralho de Isfahan, 9 da lua de Rebiab 1, 1714.

CARTA 65

Usbek a suas Mulheres

No serralho de Isfahan

Fiquei sabendo que o serralho está imerso na desordem e que está repleto de intrigas e de divisões internas. Que vos recomendei ao partir, senão a paz e o bom entendimento? Vós me prometestes isso. Era só para me enganar?

Vós é que seríeis enganadas, se eu quisesse seguir os conselhos que me dá o grande eunuco, se quisesse empregar minha autoridade para vos fazer viver como minhas exortações o exigem.

Só costumo me servir desses meios violentos quando tiver tentado todos os outros. Fazei pois em vossa consideração o que não quisestes fazer na minha.

O primeiro eunuco tem grandes motivos para se queixar. Diz que não tendes nenhum respeito para com ele. Como podeis harmonizar essa conduta com a modéstia de vossa condição? Não é a ele que, durante minha ausência, é confiada vossa virtude? É um tesouro sagrado, do qual ele é o depositário. Mas esse desprezo que demonstrais por ele levam a constatar que aqueles que estão encarregados de vos fazer viver nas leis da honra vos são um peso.

Mudai, portanto, de conduta, vos rogo e fazei com que eu possa outra vez rejeitas as propostas que me são feitas contra vossa liberdade e vossa tranquilidade.

De fato, gostaria que esquecêsseis que sou vosso senhor para que me lembreis somente como vosso esposo.

De Paris, 5 da lua de Shahban, 1714.

CARTA 66

RICA A ***

Aqui todos se dedicam muito às ciências, mas não sei se são realmente sábios. Aquele que duvida de tudo como filósofo nada ousa negar como teólogo; esse homem contraditório está sempre contente com ele, contanto que se reconheça suas qualidades.

A ânsia da maioria dos franceses é ter espírito; e a ânsia daqueles que têm espírito é escrever livros.

Entretanto, não há nada de tão mal imaginado: a natureza parecia ter sabiamente disposto para que as tolices dos homens fossem passageiras, mas os livros as imortalizam. Um tolo deveria ficar contente por ter aborrecido todos aqueles que conviveram com ele; quer ainda atormentar as gerações futuras; quer que sua tolice triunfe sobre o esquecimento, do qual poderia ter usufruído no túmulo; quer que a posteridade fique informada que ele viveu e que saiba para sempre que foi um tolo.

De todos os autores, aqueles que mais desprezo são os compiladores que andam por toda parte à procura de fragmentos das obras dos outros que colam nas suas, como pedaços de grama num estrado; não está acima desses empregados de editora que perfilam caracteres que, combinados num conjunto, produzem um livro, para o qual só emprestaram suas mãos. Gostaria que os livros originais fossem respeitados; parece-me que é uma espécie de profanação extrair as peças que os compõem do santuário em que estão para expô-las a um desprezo que não merecem.

Quando um homem não tem nada a dizer de novo, por que não se cala? Que temos a ver com esses duplos empregos? "Mas quero dispor uma nova ordem. – És um homem hábil! Vem à minha biblioteca e farás o seguinte: põe na parte debaixo os livros que estão no alto e no alto aqueles que estão embaixo; não deixa de ser uma obra-prima!"

Escrevo-te a respeito disso porque estou indignado com um livro que acabo de ler e que é tão grosso que parecia conter a ciência universal, mas me fez quebrar a cabeça sem aprender coisa que valha. Adeus.

De Paris, 8 da lua de Shahban, 1714.

CARTA 67

Ibben a Usbek

Em Paris

Três navios aportaram aqui e não me trouxeram notícias tuas. Estás doente? Ou gostas de me deixar preocupado?

Se não gostas de mim num país em que não estás ligado a nada, que será no centro da Pérsia e no aconchego de tua família? Mas talvez me engane; és bastante amável para encontrar por toda parte amigos; o coração é cidadão de todos os países; como uma alma bem feita pode deixar de fazer novas amizades? Confesso que respeito as antigas amizades, mas não me preocupa em fazer novas em toda parte.

Em qualquer país que tenha estado, vivi como se tivesse de passar nele minha vida inteira; tive o mesmo empenho com relação a pessoas virtuosas; a mesma compaixão, ou melhor, a mesma ternura pelos infelizes; a mesma estima por aqueles que a prosperidade não cegou. É meu caráter, Usbek. Em toda parte onde encontrar homens, escolherei amigos.

Há aqui um guebro[39] que depois de ti ocupa, creio, o primeiro lugar em meu coração; é a alma da própria probidade. Razões particulares o obrigaram a se retirar para esta cidade, onde vive tranquilo com o lucro de um comércio honesto e com uma mulher que ama. Sua vida é inteiramente marcada por ações generosas e, embora procure a vida obscura, há mais heroísmo em seu coração do que naquele dos maiores monarcas.

Falei a ele mil vezes de ti e lhe mostro todas as tuas cartas; noto que isso o deixa satisfeito e já vejo que tens um amigo desconhecido.

Encontrarás aqui suas principais aventuras; por maior relutância que demonstrasse em escrevê-las, não pôde recusar a fazê-lo por minha amizade e eu as confia à tua.

(39) Guebro (do persa gäbr) designa o persa antigo, que ainda segue o zoroastrismo, adorador do sol e do fogo. Os guebros foram derrotados pelos árabes no século VII e perseguidos pelos muçulmanos.

HISTÓRIA DE AFERIDON E DE ASTARTE

Nasci entre os guebros de uma religião que talvez seja a mais antiga existente no mundo. Fui tão infeliz que o amor chegou para mim antes da razão. Tinha apenas seis anos e não conseguia viver senão com minha irmã; meus olhos estavam sempre pregados nela; quando me deixava por um momento, ao voltar os via banhados de lágrimas; a cada dia aumentava mais meu amor que minha própria idade. Meu pai, surpreso com tão profunda simpatia, teria realmente desejado que nos casássemos, segundo o antigo costume dos guebros, introduzido por Cambises(40), mas o temor dos muçulmanos, sob cujo jugo vivíamos, impede aqueles de nossa nação de pensar a essas alianças santas, que nossa religião ordena mais do que permite e que são imagens tão singelas da união já formada pela natureza.

Meu pai, portanto, vendo que teria sido perigoso seguir minha inclinação e a sua, resolveu extinguir uma chama que ele acreditava nascente, mas que já atingira seu último estágio. Inventou uma viagem e me levou com ele, deixando minha irmã nas mãos de uma de suas parentes, pois minha mãe já tinha falecido havia dois anos. Não te direi qual o desespero dessa separação; abracei minha irmão totalmente banhada em lágrimas, mas eu não chorei, pois a dor me havia tornado insensível. Chegamos em Tíflis(41) e meu pai, tendo confiado minha educação a um de nossos parentes, deixou-me e voltou para casa.

Algum tempo depois soube que, por intermédio de um de seus amigos, havia feito minha irmã entrar no harém do rei, onde estava a serviço de uma sultana. Se me tivessem informado sobre sua morte, não teria ficado tão chocado, pois, além de não esperar mais revê-la, sua entrada no harém a havia transformado em muçulmana e não poderia mais me olhar senão com horror, por causa do preconceito dessa religião. Entretanto, não podendo mais viver em Tíflis, cansado de mim mesmo e da vida, voltei a Isfahan. Minhas primeiras palavras dirigidas a meu pai foram amargas; recriminei-o por ter colocado sua filha num lugar em que não se pode entrar a não ser mudando de religião. Disse-lhe: “Atraíste sobre tua família a ira de Deus e do sol que te ilumina; fizeste mais do que se tiveste conspurcado os elementos, porquanto conspurcaste a alma de tua filha que não é menos pura;

(40) Cambises foi rei da Pérsia de 529 a 522 a.C.

(41) Capital da Geórgia, hoje Tbilisi.

morrerei de dor e de amor por ela, mas que minha morte possa ser a única punição que Deus te reserva." A essas palavras saí e, durante dois anos, passei minha vida indo olhar as muralhas do harém e procurar o local em que minha irmã pudesse estar, expondo-me todos os dias mil vezes a ser degolado pelos eunucos que fazem a ronda em torno desses temíveis lugares.

Finalmente, meu pai morreu e a sultana, a serviço da qual estava minha irmã, vendo-a todos os dias crescer em beleza, ficou com ciúmes e a deu em casamento a um eunuco que a desejava apaixonadamente. Por esse meio minha irmã saiu do serralho e passou a morar com seu eunuco numa casa em Isfahan.

Fiquei mais de três meses sem poder falar com ela; o eunuco, o mais ciumento dos homens, me mandava sempre embora sob diversos pretextos. Finalmente, consegui entrar em sua casa, mas me obrigou a falar através de uma gelosia; olhos de lince não poderiam tê-la descoberto, tanto estava envolta em vestidos e véus e só pude reconhecê-la por sua voz. Qual foi minha emoção quando me vi tão perto e tão afastado dela! Eu me continha porque estava sendo vigiado. Quanto a ela, me pareceu que derramou algumas lágrimas. Seu marido quis interferir com algumas maneiras bruscas, mas o tratei como o último dos escravos. Ficou muito aborrecido quando viu que falava com minha irmão uma língua desconhecida para ele; era o antigo persa, que é nossa língua sagrada. "O que, minha irmã! É verdade que deixaste a religião de teus pais? Sei que ao entrar no harém tiveste de fazer profissão de fé maometana, mas, dize-me, teu coração pôde consentir, bem como tua boca, em deixar uma religião que me permite de te amar? E por quem a deixaste, essa religião que nos deve ser tão cara? Por um miserável ainda com as marcas dos ferros que carregou, que, se fosse homem, seria o último de todos. – Meu irmão, disse ela, esse homem de quem falas é meu marido; devo honrá-lo, por mais indigno que te pareça; e eu seria também a última das mulheres se... – Ah, minha irmã! Tu és guebra, ele não é teu esposo nem pode sê-lo; se és fiel como teus pais, deves considerá-lo apenas como um monstro. – Ai! Como essa religião está distante de mim! Mal conhecia seus preceitos, tive de esquecê-la. Notas que esta língua que falamos não me é mais familiar e sinto enorme dificuldade em me expressar nela, mas podes ficar seguro que a lembrança de nossa infância me encanta sempre; que, desde essa época, só tive falsas alegrias; que não passou um dia que não tenha pensado em ti; que tu tiveste mais responsabilidade em meu casamento do que pensas e que não o aceitei senão na esperança de te rever. Mas como esse dia, que tanto me custou, vai me custar ainda! Eu te vejo fora de ti; meu marido treme de raiva e de ciúmes; não te verei mais; eu te falo sem dúvida pela última vez de minha vida; se assim for, meu irmão, não será longa." A essas palavras, ela se emocionou e, vendo-se sem condições de continuar a conversa, me deixou como o mais desolado dos homens.

Três ou quatro dias depois, pedi para rever minha irmã. O bárbaro eunuco bem que teria querido me impedir, mas, além de esses tipos de maridos não terem sobre suas mulheres a mesma autoridade que os outros – ele amava perdidamente minha irmã – não conseguia lhe recusar nada. Eu a vi ainda no mesmo lugar e sob os mesmos véus, acompanhada de duas escravas, o que me levou a recorrer a nossa língua particular. Disse-lhe: "Minha irmã, por que não posso te ver sem me encontrar numa situação constrangedora? As muralhas que mantêm presa, esses ferrolhos e essas grades, esses miseráveis guardas que te observam me deixam furioso. Como perdeste a doce liberdade de que gozavam teus ancestrais? Tua mãe, que era tão casta, não dava a seu marido, como garantia de sua virtude, senão sua própria virtude; ambos viviam felizes numa confiança mútua e a simplicidade de seus costumes era para eles uma riqueza mil vezes mais preciosa que o falso brilho de que pareces gozar nesta casa suntuosa. Ao perder tua religião, perdeste tua liberdade, tua felicidade e essa preciosa igualdade que faz a honra de teu sexo. Mas o que há de pior ainda é que és não a mulher, pois não podes sê-lo, mas a escrava de um escravo que foi degradado pela humanidade. – Ah, meu irmão! Respeita meu esposo, respeita a religião que abracei; segundo esta religião, não poderia te ouvir nem te falar, sem cometer crime. – Como, minha irmã!, disse-lhe totalmente alterado, tu achas, portanto, verdadeira essa religião? – Ah, respondeu, como me seria vantajoso se ela não o fosse! Faço por ela um sacrifício demasiado grande para que não o possa crer e, se minhas dúvidas..." A essas palavras se calou. – "Sim, tuas dúvidas, minha irmã, são bem fundadas, quaisquer que forem. Que esperas de uma religião que te torna infeliz neste mundo e não te dá esperança para o futuro? Pensa que a nossa é a mais antiga que ainda existe no mundo; que sempre floresceu na Pérsia e não tem outra origem senão esse império, cujos inícios não são conhecidos; que foi apenas o acaso que introduziu neste país o maometismo; que esta seita se estabeleceu nele não pelas vias da persuasão, mas da conquista. Se nossos príncipes naturais não tivessem sido fracos, verias reinar ainda o culto desses antigos magos. Transporta-te nos séculos distantes; tudo te falará de magia e nada da seita muçulmana que, vários milhares de anos depois, não estava ainda em sua infância. – Mas, disse ela, quando minha religião for mais moderna que a tua, ela é pelo menos mais pura, porquanto adora somente a Deus, ao passo que tu adoras ainda o sol, as estrelas, o fogo e até mesmo os elementos. – Vejo, minha irmã, que aprendeste entre os muçulmanos a caluniar nossa santa religião. Não adoramos nem os astros nem os elementos e nossos antepassados nunca os adoraram; nunca lhes erigiram templos, jamais lhes ofereceram sacrifícios; apenas lhes prestaram um culto religioso, mais inferior, como obras e manifestações da divindade. Mas, minha irmã, em nome de Deus que te ilumina, recebe este livro sagrado[42] que te trago; é o livro de nosso legislador Zoroastro; lê-o sem prevenção; recebe em teu coração os raios de luz que te iluminarão ao lê-lo; lembra-te de teus pais que por tanto tempo prestaram honras ao sol na cidade santa de Balk[43] e, finalmente, lembra-te de mim que não espero tranquilidade, fortuna, vida, senão por tua mudança." Eu a deixei totalmente transtornado e a deixei decidir sozinha a maior questão que eu pudesse enfrentar em minha vida.

Voltei dois dias depois. Não lhe falei. Esperei, em silêncio, a sentença de minha vida ou de minha morte. Ela rompeu o silêncio: "Tu és amado, meu irmão, e por uma guebra. Combati por muito tempo, mas, deuses!, como o amor cria dificuldades! Como estou aliviada! Não receio mais amar-te em demasia; o próprio excesso é legítimo. Ah! Como isso cai bem para a situação de meu coração! Mas tu que soubeste romper as correntes que meu espírito se havia forjado, quando haverás de romper aquelas que prendem minhas mãos? A partir deste momento, me dou a ti; mostra, pela prontidão com a qual me hás de aceitar, como esse presente te é caro. Meu irmão, a primeira vez que puder te abraçar, creio que vou morrer em teus braços."

Jamais poderia exprimir com precisão a alegria que senti com essas palavras. Julguei e me senti realmente, num instante, o mais feliz dos homens. Vi praticamente se cumprirem todos os desejos que havia

(42) O Zend-Avesta.

(43) Segundo a tradição, cidade natal de Zoroastro, hoje situada no Afeganistão.

tido em vinte e cinco anos de vida e se esvaírem todas as amarguras que a haviam tornado tão laboriosa. Mas quando me senti um pouco acostumado a essas doces ideias, achei que não estava tão perto de minha felicidade, como tinha imaginado de imediato, embora tivesse ultrapassado o maior de todos os obstáculos. Era preciso surpreender a vigilância de seus guardas; não ousava confiar a ninguém o segredo de minha vida; só tinha minha irmã e ela tinha só a mim; se falhasse em meu golpe, corria o risco de ser empalado, mas não via punição mais cruel do que estar sem minha irmã. Concordamos que ela mandaria pedir um relógio que seu pai lhe havia deixado, dentro do qual eu colocaria uma lima, para serrar as grandes de uma janela que dava para a rua, e uma corda enodoada para descer; que não a veria mais doravante; mas que iria todas as noites para debaixo dessa janela esperar que pudesse executar seu plano. Passei quinze noites inteiras sem ver ninguém, porque ela não se havia deparado com a ocasião favorável. Finalmente, na décima sexta, ouvi uma serra que trabalhava; de tempos em tempos o trabalho era interrompido e nesses intervalos meu medo era inexprimível. Depois de uma hora de trabalho, vi que ela amarrava a corda; agarrou-se e deslizou para meus braços. Não conseguia mais ver perigo algum e fiquei longo tempo sem sair de lá; levei-a para fora da cidade, onde eu tinha um cavalo encilhado; coloquei-a na garupa e me afastei com toda a velocidade imaginável de um lugar que podia nos ser funesto. Chegamos antes do amanhecer na casa de um guebro, num local deserto para onde se havia retirado, vivendo frugalmente do trabalho de suas mãos. Não julgamos conveniente ficar na casa dele e, a conselho dele, entramos numa espessa floresta e nos escondemos no oco de um velho carvalho, até que o rumor de nossa evasão se tivesse dissipado. Vivíamos nessa morada afastada, sem testemunhas, repetindo-nos incessantemente que nos amaríamos sempre e esperando a ocasião para que algum sacerdote guebro pudesse celebrar a cerimônia do casamento prescrita por nossos livros sagrados.

"Minha irmã, disse-lhe, como essa união é santa! A natureza nos havia unido, nossa santa lei vai nos unir também." Finalmente, um sacerdote veio acalmar nossa impaciência amorosa. Na casa do camponês realizou todas as cerimônias do casamento; ele nos abençoou e nos desejou mil vezes todo o vigor de Gustapo[44] e a santidade de

(44) Gustapo ou Vistapa reinava em Balk e foi convertido por Zoroastro.

Hohoraspo[45]. Logo depois deixamos a Pérsia, onde não estávamos em segurança, e nos retiramos para a Geórgia. Ali vivemos um ano, todos os dias um mais encantador que o outro. Mas como meu dinheiro estava terminando e temia a miséria por causa de minha irmã, não por mim, deixei-a para buscar ajuda junto de meus parentes. Jamais uma despedida foi mais terna. Minha viagem, porém, não foi somente inútil mas funesta, pois, encontrando de um lado todos os nossos bens confiscados e do outro meus parentes quase na impossibilidade de me ajudar, só consegui o dinheiro suficiente para meu retorno. Mas qual não foi meu desespero! Não encontrei mais minha irmã. Alguns dias antes de minha chegada, tártaros haviam feito uma incursão onde ela estava e, como a acharam bonita, a tomaram e a venderam a judeus que seguiam para a Turquia e só deixaram uma filhinha que tinha dado à luz alguns meses antes. Segui esses judeus e os alcancei a três léguas dali; minhas súplicas, minhas lágrimas foram em vão; pediram-me sempre trinta moedas de ouro e não baixaram de uma sequer. Depois de me ter dirigido a todo mundo, depois de ter implorado a proteção dos sacerdotes turcos e cristãos, fui ter com um mercador armênio; vendi-lhe minha filha e me vendi também por trinta e cinco moedas de ouro. Dirigi-me aos judeus, dei-lhes trinta moedas e levei as outras cinco para minha irmã que não havia visto ainda.

"Estás livre, minha irmã, disse-lhe, e posso te abraçar; aqui estão cinco moedas que te trago; lamento que não me tenham comprado por mais. – Como? perguntou. Tu te vendeste? – Sim, respondi. – Ah, infeliz! Que fizeste? Já não era bastante infeliz para que te envolvesses em tornar-me ainda mais? Tua liberdade me consolava e tua escravidão vai me levar ao túmulo. Ah, meu irmão! Como teu amor é cruel! E minha filha, que não a vejo? – Vendi-a também", lhe disse. Caímos ambos em lágrimas e não tivemos forças para nos dizer nada mais. Por fim, fui procurar meu patrão e minha irmã chegou quase ao mesmo tempo; ela se jogou a seus pés e lhe disse: "Peço-lhe a escravidão, como os outros lhe pedem a liberdade; aqui estou, venda-me mais caro que meu irmão." Foi então que ocorreu um embate que arrancou lágrimas dos olhos de meu senhor. Ela continuou: "Infeliz! Pensaste que eu poderia aceitar minha liberdade às custas da tua? Senhor, vês dois desgraçados que vão morrer se nos separar. Eu me entrego ao senhor, pague-me;

(45) Seria o pai de Gustapo, nome derivado do antigo persa Aurvataspa.

talvez esse dinheiro e meus serviços poderão um dia obter do senhor o que não ouso lhe pedir. É de seu interesse não nos separar, pois disponho da vida dele." O armênio era um homem generoso que ficou comovido com nossa desgraça. "Servi-me ambos com fidelidade e com zelo e vos prometo que, dentro de um ano, vos darei a liberdade. Vejo que não mereceis, nem um nem outro, a desgraça de vossa situação. Se, quando livres, fordes tão felizes quanto o mereceis, se a fortuna vos sorrir, estou certo de que me compensareis pela perda que terei." Ambos nos abraçamos a seus joelhos e o seguimos em sua viagem. Nós nos consolávamos mutuamente nos trabalhos da servidão e eu ficava feliz quando podia fazer o trabalho que havia tocado à minha irmã.

O fim do ano chegou. Nosso patrão manteve sua palavra e nos deu a liberdade. Voltamos para Tíflis. Lá encontrei um ancião, amigo de meu pai, que exercia com sucesso a medicina nessa cidade; emprestou-me um pouco de dinheiro, com o qual fiz alguns negócios. Outros negócios me obrigaram a vir em seguida a Esmirna, onde me estabeleci. Aqui moro há seis anos e aqui usufruo da mais amável e da mais agradável companhia do mundo: a união reina em minha família e não trocaria minha situação por aquela de todos os reis do mundo. Fiquei muito contente ao reencontrar o mercador armênio a quem devo tudo e lhe prestei serviços destacados.

De Esmirna, 27 da lua de Gemmadi 2, 1714.

CARTA 68

Rica a Usbek

*Em ****

Outro dia fui jantar na casa de um homem de toga que já me havia convidado diversas vezes. Após ter falado de muitas coisas, lhe disse: "Senhor, parece-me que tua profissão é bem penosa. – Nem tanto quanto possas imaginar, respondeu. Da maneira como a exercemos, não passa de um divertimento. – Mas como? Não tens sempre a cabeça cheia dos negócios dos outros? Não estás sempre ocupado com coisas que não são interessantes? – Tens razão; essas coisas não são interessantes, pois nos interessamos tão pouco por elas como se nada fossem; e isso faz com que minha profissão não seja tão fatigante como dizes." Quando vi que tomava a coisa de uma maneira tão despreocupada, continuei: "Senhor, não vi teu escritório. – Exatamente, pois não o tenho. Quando assumi esse cargo, tive necessidade de dinheiro para pagá-lo; vendi minha biblioteca e o livreiro que a comprou, de um número prodigioso de volumes, só me deixou meu livro de contabilidade. Não é que os lamente; nós, juízes, não nos inflamos de uma ciência inútil. Que haveríamos de fazer com todos esses volumes de leis? Quase todos os casos são hipotéticos e não são contemplados pela regra geral. – Mas não seria, senhor, perguntei, por que os excluis dela? De fato, no final das contas, por que em todos os povos do mundo haveria leis, se não tivessem aplicação? E como podem ser aplicadas, se não forem conhecidas? – Se conhecesses o palácio, replicou o magistrado, não falarias desse modo; temos livros vivos, que são os advogados; eles trabalham para nós e se encarregam de nos instruir. – E não se encarregam também às vezes de vos enganar? retruquei. Não farias mal, portanto, em te garantir contra seus embustes. Eles têm armas com as quais atacam tua equidade; seria bom que também a tivesses para defendê-la e para não chegar a se envolver na rixa, vestido levemente no meio de pessoas protegidas até os dentes."

De Paris, 13 da lua de Shahban, 1714.

CARTA 69

Usbek a Rhedi

Em Veneza

Jamais terias imaginado que me tivesse tornado mais metafísico do que era; mas é assim e te convencerás disso quando tiveres lido esse transbordamento de minha filosofia.

Os filósofos mais sensatos, que refletiram sobre a natureza de Deus, disseram que é um ser soberanamente perfeito, mas abusaram de modo extremo dessa ideia. Fizeram uma lista de todas as diferentes perfeições que o homem é capaz de ter e de imaginar e dessa soma extraíram a ideia da divindade, sem pensar que muitas vezes esses atributos se impedem mutuamente e que não podem subsistir num mesmo sujeito sem se destruir.

Os poetas do ocidente dizem que um pintor, querendo fazer o retrato da deusa da beleza, reuniu as mais belas gregas e tomou de cada uma o que tinha de mais agradável e disso formou um conjunto que pudesse se assemelhar à mais bela de todas as deusas. Se um homem tivesse concluído quer era loira e morena, que tinha os olhos negros e azuis, que era doce e altiva, teria passado por ridículo.

Muitas vezes Deus não tem uma perfeição que poderia lhe dar uma grande imperfeição, mas nunca é limitado por si; ele é ele próprio sua necessidade. Assim, embora Deus seja todo-poderoso, não pode violar suas promessas, nem enganar os homens. Com frequência a própria impotência não está nele, mas nas coisas relativas e essa é a razão por que não pode mudar a essência das coisas.

Desse modo, não há motivo para se surpreender que alguns de nossos doutores tenham ousado negar a presciência infinita de Deus, tendo por fundamento que ela é incompatível com sua justiça.

Por mais ousada que seja essa ideia, a metafísica se presta a isso maravilhosamente. Segundo seus princípios, não é possível que Deus preveja as coisas que dependem da determinação das causas livres, porque o que não chegou a acontecer não existe e, por conseguinte, não pode ser conhecido. De fato, o nada, que não tem propriedades, não pode ser percebido; Deus não pode ler numa vontade que não existe e ver na alma uma coisa que não existe nela, pois, até que ela seja determinada, essa ação que a determina não está nela.

A alma é a operária de sua determinação, mas há ocasiões em que é de tal modo indeterminada, que não sabe até mesmo de que lado se determinar. Muitas vezes ela não o faz senão para usar de sua liberdade, de maneira que Deus não pode ver essa determinação de antemão, nem na ação da alma, nem na ação que os objetos exercem sobre ela.

Como Deus poderia prever as coisas que dependem da determinação das causas livres? Não poderia vê-las a não ser de duas maneiras: por conjetura, o que é contraditório com a presciência infinita; ou ele as veria como efeitos necessários que decorreriam infalivelmente de uma causa que os produziria de igual modo, o que é mais contraditório ainda, pois a alma seria livre por suposição; e, nesse caso, não o seria mais que uma bola de bilhar é livre de se mover quando é empurrada por outra.

Não creias, no entanto, que eu queira limitar a ciência de Deus. Como deixa agir suas criaturas à vontade, ele conhece tudo o que quer conhecer. Mas, embora possa ver tudo, não se serve sempre dessa faculdade; deixa geralmente à criatura a faculdade de agir ou de não agir, para lhe deixar aquela de merecer ou não merecer; é então que renuncia ao direito que tem de agir sobre ela e de determiná-la. Mas quando quer saber alguma coisa, ele sabe tudo, porque só tem a querer que ela aconteça como quer e determinar as criaturas em conformidade com sua vontade. É assim que ele presume o que deve acontecer em todas as coisas puramente possíveis, fixando, por seus decretos, as determinações futuras dos espíritos e privando-os do poder que lhes deu de agir ou de não agir.

Se se pudesse lançar mão de uma comparação numa coisa que está acima das comparações: um monarca ignora o que seu embaixador vai fazer num negócio importante; se quiser sabê-lo, só tem a lhe ordenar que se comporte de determinada maneira e poderá ficar certo que a coisa vai acontecer como ele a planeja.

O Alcorão e os livros dos judeus se erguem incessantemente contra o dogma da presciência absoluta; neles Deus parece em toda parte ignorar a determinação futura dos espíritos e parece que essa seja a primeira verdade que Moisés ensinou aos homens.

Deus coloca Adão no paraíso terrestre, sob a condição de não comer de certo fruto; preceito absurdo num ser que conhecesse as determinações futuras das almas, pois, afinal de contas, um tal ser pode colocar condições a suas graças sem torná-las derisórias? É como se um homem, que tivesse sabido da tomada de Bagdá, dissesse a outro: "Eu te dou cem moedas de ouro, se Bagdá já não foi tomada." Não estaria fazendo uma brincadeira de mau gosto?

Meu caro Rhedi, por que tanta filosofia? Deus está tão alto que não percebemos sequer suas nuvens. Nós o conhecemos somente por meio de seus preceitos. Ele é imenso, espiritual, infinito. Que sua grandeza nos leve à nossa fraqueza. Humilhar-se sempre é adorar sempre.

De Paris, último dia da lua de Shahban, 1714.

CARTA 70

Zélis a Usbek

Em Paris

Soliman, que tu amas, está desesperado por causa de uma afronta que acaba de sofrer. Um jovem estouvado, chamado Sufis, tentava havia três meses conseguir a filha de Soliman em casamento; parecia contente com o porte da jovem, de acordo com os relatos e a descrição que lhe haviam feito as mulheres que a haviam visto em sua infância; havia-se concordado sobre o dote e tudo correu sem nenhum incidente. Ontem, depois das primeiras cerimônias, a jovem saiu a cavalo, acompanhada de seu eunuco e coberta, segundo o costume, da cabeça aos pés. Mas, logo que chegou diante da casa de seu marido pretendente, este lhe fechou a porta e jurou que nunca a receberia se o dote não fosse aumentado. Os parentes correram de um lado e de outro para resolver a questão; depois de muita resistência, Soliman concordou em dar um pequeno presente a seu genro. As cerimônias do casamento foram realizadas e a jovem foi conduzida ao leito nupcial com bastante violência, mas, uma hora depois, esse estouvado se levantou furioso, cortou-lhe o rosto em diversos lugares, afirmando que ela não era virgem e a devolveu ao pai dela. Não se poderia ficar mais chocado com essa injúria. Há pessoas que sustentam que essa jovem é inocente. Os pais estão profundamente entristecidos por terem sido expostos a semelhantes afrontas! Se minha filha recebesse semelhante tratamento, creio que morreria de dor por causa disso. Adeus.

Do serralho de Fátima, 9 da lua de Gemmadi 1, 1714.

CARTA 71

Usbek a Zélis

Lamento por Soliman, tanto mais que o mal não tem remédio e que seu genro só fez se servir da liberdade da lei. Julgo essa lei muito dura por expor assim a honra de uma família aos caprichos de um louco. É inútil dizer que se tem indícios certos para conhecer a verdade; é um velho erro que ocorre também entre nós hoje e nossos médicos dão provas invencíveis sobre a incerteza dessas provas. Não há, até mesmo entre os cristãos, quem não as considere como quiméricas, embora sejam claramente estabelecidas por seus livros sagrados e seu antigo legislador tenha feito depender delas a inocência ou a condenação de todas as jovens.

Fiquei sabendo com prazer do cuidado que tens para a educação de tua filha. Deus queira que seu marido a julgue tão bela e tão pura como Fátima[46]; que tenha dez eunucos para vigiá-la; que seja a honra e o ornamento do serralho ao qual será destinada; que tenha por sobre sua cabeça lambris dourados e não ande senão sobre tapetes soberbos! E, para o cúmulo dos desejos, possam meus olhos vê-la em toda a sua glória!

De Paris, 5 da lua de Chalval, 1714.

(46) Filha de Maomé e esposa de Ali.

CARTA 72

RICA A IBBEN

*Em ****

Estava outro dia num grupo de pessoas e vi um homem muito contente com ele mesmo. Num quarto de hora resolveu três questões de moral, quatro problemas históricos e cinco pontos de física. Jamais havia visto um solucionador tão universal; seu espírito nunca foi invadido pela menor dúvida. Deixamos as ciências, passamos a falar das novidades do tempo: apresentou sua solução sobre as novidades do tempo. Quis apanhá-lo e falei comigo mesmo: "Preciso entrar em meu forte; vou me refugiar em meu país." Falei-lhe da Pérsia, mas mal lhe havia dito quatro palavras, já me havia desmentido duas vezes, baseado na autoridade de Tavernier e Chardin(47). Disse para mim mesmo: "Ah, meu Deus! Que homem é esse? Logo vai conhecer as ruas de Isfahan melhor do que eu." Tomei de imediato minha decisão: calei, deixei-o falar e está ainda decidindo tudo.

De Paris, 8 da lua de Zilcadé, 1715.

(47) Dois historiadores. Jean-Baptiste Tavernier (1605-1689) fez várias viagens ao oriente e escreveu a obra Seis Viagens. Jean Chardin (1643-1713) é o autor de Viagem à Pérsia e às Índias Orientais.

CARTA 73

Rica a ***

Ouvi falar de uma espécie de tribunal chamado Academia francesa. Não há nada de menos respeito no mundo, pois se diz que, logo que decidiu, o povo cassa suas sentenças e lhe impõe leis que é obrigado a seguir.

Há algum tempo, para impor sua autoridade, elaborou um código de suas decisões. Esse filho de tantos pais era praticamente velho quando nasceu e, embora fosse legítimo, um bastardo que já havia aparecido quase o sufocou em seu nascimento[48].

Aqueles que o compõem não têm outra função senão tagarelar incessantemente; o elogio consiste, por si mesmo, em sua tagarelice eterna e, logo que estiverem iniciados em seus mistérios, o furor do panegírico toma conta deles e não os abandona mais.

Essa instituição tem quarenta cabeças, todas repletas de imagens, de metáforas e de antíteses; tantas bocas quase só falam por exclamação; seus ouvidos sempre querem ser feridos pela cadência e pela harmonia. Para os olhos, não se discute: parece que foram feitos para falar e não para ver. Não há um ponto firme para seus pés, pois o tempo, que é o flagelo deles, abala-os a todo momento e destrói tudo o que fizeram. Foi dito outrora que suas mãos eram ávidas; nada direi a respeito e deixo isso ser decidido por aqueles que o sabem melhor do que eu.

Aí estão esquisitices que não vemos em nossa Pérsia. Não temos o espírito levado a essas instituições singulares e esquisitas, procuramos sempre a natureza em nossos costumes e em nossas maneiras singelas.

De Paris, 27 da lua de Zilkagé, 1715.

(48) Referência ao Dicionário da Academia, publicado em 1694; o Dicionário de Furetière o havia precedido de quatro anos.

CARTA 74

Usbek a Rica

*Em ****

Há alguns dias um conhecido meu me disse: "Prometi te introduzir nas boas casas de Paris; vou te levar agora à casa de um grande senhor que é um dos homens do reino que representa o melhor."

"Que significa isso, senhor? Ele é mais cortês, mais afável que os outros? – Não, me respondeu. – Ah, entendo! Ele demonstra, a todo instante, sua superioridade sobre todos aqueles que se aproximam dele; se é assim, convém que eu vá; confiro-lhe inteiramente essa superioridade e já me sinto inferior."

Fomos até lá. O que vi foi um homem baixinho, mas altivo. Tomou uma pitada de tabaco com tanta altivez, assoou-se tão impiedosamente, escarrou com tanta fleuma, acariciou seus cães de uma maneira tão ofensiva aos homens, que não pude deixar de admirá-lo. "Ah, meu Deus! – disse comigo mesmo – se, quando estava na corte da Pérsia, fizesse isso, seria considerado um grande tolo!" Teria sido necessário, Rica, que tivéssemos um caráter muito mau para fazer centenas de pequenos insultos a pessoas que vinham todos os dias até nós para nos testemunha sua benevolência. Sabiam muito bem que estávamos acima delas e, se o ignorassem, nossos benefícios lhes teriam ensinado isso a cada dia. Nada sendo necessário para nos fazermos respeitar, fazíamos tudo para nos tornarmos amáveis; falávamos com os mais humildes; no meio das grandezas, que sempre endurecem as pessoas, éramos considerados sensíveis; viam apenas nosso coração acima delas; descíamos até suas necessidades. Mas, quando era necessário sustentar a majestade do príncipe nas cerimônias públicas, quando era necessário fazer respeitar a nação aos estrangeiros, quando, finalmente, nas circunstâncias perigosas, era necessário animar os soldados, nos colocávamos cem vezes mais alto do que nos tínhamos rebaixado; recompúnhamos a altivez em nosso rosto e, às vezes, as pessoas achavam que desempenhávamos muito bem nosso papel.

De Paris, 10 da lua de Safar, 1715.

CARTA 75

USBEK A RHEDI

Em Veneza

Preciso te confessar que não notei nos cristãos essa persuasão via de sua religião que se encontra nos muçulmanos. Não subsiste neles o caminho da profissão à crença, da crença à convicção, da convicção à prática. A religião é menos um objeto de santificação do que um tema de discussões em que todos se envolvem. Os homens da corte, os soldados, até mesmo as mulheres, se levantam contra os eclesiásticos e exigem deles provar aquilo que decidiram não crer. Não é que tenham decidido pela razão e que se tenham dado ao trabalho de analisar a verdade ou a falsidade dessa religião que rejeitam; são rebeldes que sentiram o jugo e o sacudiram antes de tê-lo conhecido. Por isso não se mostram mais firmes em sua incredulidade que em sua fé; vivem num fluxo e refluxo que os leva sem cessar de um a outro. Um deles me dizia certo dia: "Creio na imortalidade da alma por semestre; minhas opiniões dependem absolutamente da constituição de meu corpo: à medida que tenho mais ou menos espíritos animais, que meu estômago digere bem ou mal, que o ar que respiro é leve ou pesado, que as carnes que como são macias ou duras, sou spinozista[(49)] (1), sociniano[(50)] (2), católico, ímpio ou devoto. Quando o médico está perto de minha cama, o confessor prevalece sobre ele. Sei muito bem como impedir que a religião me perturbe quando estou bem de saúde, mas permito-lhe de me consolar quando estou doente; quando não tenha mais nada a esperar de um lado, a religião se apresenta e me conquista por suas promessas; a ela me entrego de boa vontade, pois quero morrer do lado da esperança."

Há muito tempo que os príncipes cristãos libertaram todos os escravos de seus Estados, porque, diziam, o cristianismo torna todos os homens iguais. É verdade que esse ato de religião lhes era muito útil; com isso rebaixavam os senhores, de cujo domínio retiravam o povo simples. Em seguida conquistaram países nos quais viram que

(49) Seguidor das doutrinas filosóficas de Baruch Spinoza (1632-1677); a ideia principal de Spinoza em questões de religião é que Deus se confunde inteiramente com a natureza.

(50) Seguidor do socinianismo que nega o dogma católico da Trindade e da divindade de Cristo; corrente religiosa desencadeada por Lelio Socini (1525-1562), reformador italiano.

lhes era vantajoso ter escravos; permitiram comprar e vender escravos, esquecendo esse princípio de religião que tanto os comovia. Que queres que te diga? Verdade numa época, erro em outra. Por que não agimos como os cristãos? Somos bem práticos em recusar estabelecimento e conquistas fáceis em climas bons porque a água neles não é bastante pura para nos lavarmos[51] (3), segundo os princípios do santo Alcorão.

Rendo graças a Deus todo-poderoso que enviou Ali, seu grande profeta, rendo-lhe graças por professar uma religião que se eleva acima de todos os interesses humanos e que é tão pura como o céu, do qual desceu.

De Paris, 13 da lua de Safar, 1715.

(51) Os maometanos não se interessam em conquistar Veneza porque nela não encontrariam água pura para suas purificações (Nota do autor).

CARTA 76

Usbek a seu amigo Ibben

Em Esmirna

Na Europa as leis são furiosas contra aqueles que se matam a si mesmos. Fazem-nos morrer, por assim dizer, uma segunda vez. São arrastados de maneira indigna pelas ruas, são tachados de infâmia, seus bens são confiscados.

Parece-me, Ibben, que essas leis são realmente injustas. Quando estou acabrunhado de dor, de miséria, de desprezo, por que querem me impedir de pôr fim a meus sofrimentos e me privar cruelmente de um remédio que está ao alcance de minhas mãos?

Por que querem que eu trabalhe para uma sociedade, à qual já não pertenço? Que dê suporte, apesar de tudo, a uma convenção que foi feita sem mim? A sociedade se funda sobre uma vantagem mútua, mas quando se torna onerosa para mim, quem me impede de renunciar a ela? A vida me foi dada como um favor; posso, portanto, devolvê-la quando não o for mais; a causa cessa; o efeito, portanto, deve cessar também.

O príncipe quer que eu seja seu súdito quando não tenho vantagens com a sujeição? Meus concidadãos podem pedir essa partilha iníqua de sua utilidade e de meu desespero? Deus, diferente de todos os benfeitores, quer me condenar a receber graças que me acabrunham?

Sou obrigado a cumprir as leis quando vivo sob as leis, mas, quando não vivo mais sob elas, podem me obrigar ainda?

Mas, poderão dizer, perturbas a ordem da providência. Deus uniu tua alma com teu corpo e tua a separas; tu te opões, portanto, a seus desígnios e a ele resistes.

Que quer dizer isso? Por acaso perturbo a ordem da providência quando transformo as modificações da natureza e torno quadrada uma bola que as primeiras leis do movimento, ou seja, as leis da criação e da conservação, tinham feito redonda? Não, sem dúvida; só faço usar do direito que me foi dado e, nesse sentido, posso perturbar à vontade a natureza, sem que se possa dizer que me oponho à providência.

Quando minha alma for separada de meu corpo, haverá menos ordem e menos organização no universo? Crês que essa nova combinação é menos perfeita e menos dependente das leis gerais? Que o mundo tenha perdido alguma coisa? Que as obras de Deus sejam menos grandiosas, ou melhor, menos imensas?

Pensas que meu corpo, tendo-se tornado uma espiga de trigo, um verme, um pouco de grama, tenha sido transformado numa obra da natureza menos digna dela? Que minha alma, liberada de tudo aquilo que tinha de terrestre, tenha se tornado menos sublime?

Todas essas ideias, meu caro Ibben, não têm outra fonte senão nosso orgulho. Não sentimos nossa pequenez e, apesar de sermos pequenos, queremos ser contados no universo, nele figurar e ser um objeto importante. Imaginamos que o aniquilamento de um ser tão perfeito degradaria toda a natureza; e não passamos de um homem a mais ou a menos no mundo; que digo? Todos os homens juntos, cem milhões de cabeças como a nossa, não passam de um átomo sutil e desgarrado que Deus só percebe por causa da imensidão de seus conhecimentos[52].

De Paris, 15 da lua de Safar, 1715.

(52) Em edições sucessivas à primeira de 1721, Montesquieu tentou atenuar o tom das afirmações desta carta, acrescentando um parágrafo final que, na edição de 1754, foi riscado e substituído pela Carta 77 (a presente tradução utilizou a edição de 1758).

CARTA 77

Ibben a Usbek

Em Paris

Meu caro Usbek, parece-me que, para um verdadeiro muçulmano, as desgraças são menos castigos que ameaças. São dias muito preciosos aqueles que nos levam a expiar as ofensas. O tempo da prosperidade é que deveria ser abreviado. Para que serve toda essa impaciência senão para mostrar que gostaríamos de ser felizes, indepentemente daquele que dá a felicidade, porque ele é a própria felicidade?

Se um ser é composto de dois seres e a necessidade de conservar a união marca mais a submissão às ordens do criador, foi possível com isso elaborar uma lei religiosa. Se essa necessidade de conservar a união é uma garantia mais adequada das ações dos homens, foi possível com isso elaborar uma lei civil.

De Esmirna, último dia da lua de Safar, 1715.

CARTA 78

Rica a Usbek

*Em ****

Envio-te a cópia de uma carta que um francês, que está na Espanha, escreveu. Creio que ficarás contente ao vê-la.

Há seis meses percorro a Espanha e Portugal e vivo entre povos que, desprezando todos os outros, conferem unicamente aos franceses a honra de odiá-los.

A gravidade é a característica mais brilhante das duas nações e se manifesta principalmente de duas maneiras: pelos óculos e pelos bigodes.

Os óculos fazer ver de modo demonstrativo que aquele que os usa é um homem que domina as ciências e que está enterrado em profundas leituras, a tal ponto que sua vista se enfraqueceu. E todo nariz que é ornado ou carregado de óculos pode passar, sem contradição, por um nariz de sábio.

Quanto aos bigodes, são respeitáveis por si, independente das consequências, embora não se deixe de tirar deles grandes utilidades, às vezes, para o serviço do príncipe e para a honra da nação, como o demonstrou muito bem um famoso general português nas Índias [53]. De fato, precisando de dinheiro, empenhou a metade de seus bigodes e mandou pedir aos habitantes de Goa vinte mil pistolas por essa penhora; a soma lhe foi emprestada e, em seguida, cortou seus bigodes com honra.

Percebe-se facilmente que povos graves e fleumáticos, como esses, podem ter orgulho; por isso o têm. Eles o baseiam geralmente em duas coisas consideráveis. Aqueles que vivem na península da Espanha e Portugal sentem seu coração extremamente elevado, quando são incluídos entre aqueles que chamam cristãos velhos, ou seja, que não devem sua origem daqueles que a Inquisição persuadiu nos últimos séculos a abraçar a religião cristã. Aqueles que estão nas Índias não são menos orgulhosos quando consideram que têm o sublime mérito de ser, como dizem, homens de carne branca. Nunca houve, no serralho

(53) João de Castro (Nota do autor). Esse cidadão português (1500-1548) foi governador e depois vice-rei das Índias orientais; Goa era a capital dessa possessão portuguesa (NT).

do grande senhor[54], sultana tão orgulhosa de sua beleza como o mais velho e o mais vil mastim não o é da brancura cor de oliva de sua pele quando está numa cidade do México, sentado à porta de sua casa, braços cruzados. Um homem com essas características, uma criatura tão perfeita não trabalharia por todos os tesouros do mundo e nunca decidiria, por uma vil e mecânica indústria, comprometer a honra e a dignidade de sua pele.

De fato, deve-se saber que, quando um homem tem certo mérito na Espanha, como por exemplo quando pode acrescentar, às qualidades de que acabo de falar, aquela de ser proprietário de uma grande espada ou de ter aprendido do pai a arte de fazer jurar uma discordante guitarra, ele não trabalha mais: sua honra se interessa pelo repouso de seus membros. Aquele que fica sentado dez horas por dia obtém precisamente a metade a mais de consideração que outro não fica senão cinco, porque é sobre as cadeiras que se adquire a nobreza.

Mas, embora esses invencíveis inimigos do trabalho aparentem uma tranquilidade filosófica, não a têm contudo no coração, pois são sempre amorosos. São os primeiros a morrer de apatia sob a janela de suas amantes e todo espanhol que não estiver gripado não poderia passar por galante.

Em primeiro lugar são devotos, em segundo, ciumentos. Evitam de todo jeito expor suas mulheres às aventuras de um soldado crivado de tiros ou de um magistrado decrépito, mas as encerrarão com um noviço fervoroso que abaixa os olhos ou com um robusto franciscano que os ergue.

Permitem a suas mulheres aparecem com o seio descoberto, mas não querem que se olhe para seu tornozelo e que sejam surpreendidas pela ponta dos pés.

Por toda parte se diz que os rigores do amor são cruéis; são ainda mais para os espanhóis. As mulheres os curam de seus sofrimentos, mas não fazem senão mudá-los e lhes sobra muitas vezes uma longa e incômoda lembrança de uma paixão extinta.

Eles têm pequenas cortesias que, na França, pareceriam fora de propósito; por exemplo, um capitão jamais castigo seu soldado sem lhe pedir permissão e a Inquisição nunca queima um judeu sem lhe pedir desculpas.

(54) Alusão a Don Quijote de la Mancha de Miguel de Cervantes (1547-1616).

Os espanhóis que não são queimados parecem tão apegados à Inquisição, que tirá-la deles provocaria mau humor. Gostaria que fosse instituída outra, não contra os hereges, mas contra os heresiarcas que atribuem a pequenas práticas monacais a mesma eficácia dos sete sacramentos, que adoram tudo o que veneram e que são tão devotos que mal chegam a ser cristãos.

Poderias até encontrar espírito e bom senso nos espanhóis, mas não os procures em seus livros. Observa uma de suas bibliotecas, romances de um lado e os livros escolásticos de outro; dirias que as partes foram ordenadas e o conjunto organizado por algum inimigo secreto da razão humana.

O único de seus livros que é realmente bom é aquele que permitiu ver o ridículo de todos os outros[55] (2).

Fizeram descobertas imensas no novo mundo e ainda não conhecem seu próprio território; há sobre seus rios uma ponte que ainda não foi descoberta e, em suas montanhas, nações que ainda lhes são desconhecidas[56].

Dizem que o sol se levanta e se deita em seu império, mas é preciso dizer também que, ao fazer seu curso, só encontra campos arruinados e regiões desertas.

Não ficaria surpreso, Usbek, se visse uma carta escrita em Madri por um espanhol que viajou pela França; creio que vingaria seu país. Que vasto campo para um homem fleumático e pensativo! Imagino que começaria assim a descrição de Paris:

Há aqui uma casa em que são colocados os loucos; de início se poderia pensar que é a maior da cidade; não, o remédio é realmente muito pequeno para o mal. Sem dúvida, os franceses, extremamente desacreditados entre seus vizinhos, encerram alguns loucos numa casa, para persuadir que aqueles que estão fora não o são.

Aí deixo meu espanhol. Adeus, meu caro Usbek.

De Paris, 17 da lua de Safar, 1715.

(55) Alusão a Don Quijote de la Mancha de Miguel de Cervantes (1547-1616).

(56) Las Batuecas (Nota do autor).

Cartas Persas II

CARTA 79

O Grande Eunuco Negro a Usbek

Em Paris

Ontem os armênios trouxeram ao serralho uma jovem escrava de Circássia que pretendiam vender. Mandei-a entrar nos apartamentos secretos, a despi, a examinar com os olhares de um juiz e, quanto mais a examinava, mais encontrava nela graças. Um pudor virginal parecia querer escondê-las de minha vista. Vi quanto lhe custava obedecer; corava ao ver-se nua, mesmo diante de mim que, isento das paixões que podem alarmar o pudor, sou inanimado sob o império desse sexo e que, como ministro da modéstia, nas ações mais livres, não lança senão olhares castos e só posso inspirar inocência.

Logo que a julguei digna de ti, abaixei os olhos; joguei-lhe um manto escarlate, pus em seu dedo um anel de ouro, prostrei-me a seus pés e a adorei como a rainha de teu coração. Paguei os armênios e a ocultei a todos os olhares. Feliz Usbek! Possuis mais belezas que qualquer outro palácio do oriente possa encerrar. Que prazer para ti ao encontrar, a teu retorno, tudo o que a Pérsia tem de mais encantador! E também ao ver renascer, em teu serralho, as graças, apesar de o tempo e a posse trabalharem em destruí-las!

Do serralho de Fátima, 1.º da lua de Rebiab 1, 1715.

CARTA 80

Usbek a Rhedi

Em Veneza

Desde que estou na Europa, meu caro Rhedi, vi muitos governos diferentes. Não é como na Ásia, onde as regras da política são iguais em toda parte.

Procurei com frequência qual seria o governo mais conforme à razão. Pareceu-me que o mais perfeito é aquele que atinge seu objeto com menor custo, de modo que aquele que conduz os homens da maneira que mais convém a seu pendor e à sua inclinação é o mais perfeito.

Se num governo brando o povo é também submetido como num governo severo, o primeiro é preferível, porquanto é mais conforme à razão e porque a severidade é um motivo estranho.

Observa, meu caro Rhedi, que num Estado as penas mais ou menos cruéis não levam a obedecer às leis. Nos países onde os castigos são moderados, as leis são temidas como naqueles em que são tirânicas ou horríveis.

Que o governo seja brando ou que seja cruel, as punições são sempre dadas por graus; um castigo mais ou menos grave é infligido a um crime mais ou menos grave. A imaginação se dobra por si mesma aos costumes do país onde se vive; oito dias de cadeia ou uma leve multa ferem tanto o espírito de um europeu criado num país de brandura, como a perda de um braço intimida um asiático. Ligam um certo grau de temor a um certo grau de pena e cada um a compartilha a seu modo; o desespero da infâmia apavora um francês condenado a uma pena que não tiraria um quarto de hora de sono a um turco.

Por outro lado, não vejo como a civilidade, a justiça e a equidade sejam mais bem observadas na Turquia, na Pérsia, na Mongólia do que nas repúblicas da Holanda, de Veneza e da própria Inglaterra; não vejo como não se cometa neles menos crimes e que os homens, intimidados pelo tamanho dos castigos, sejam neles mais submissos às leis.

Observo, ao contrário, uma fonte de injustiça e de vexame no interior desses mesmos Estados.

Acho até o príncipe, que é a própria lei, menos senhor da situação que em qualquer outra parte.

Vejo que, nesses momentos, há sempre movimentos de tumulto, onde ninguém é chefe; e que, uma vez que a autoridade violenta é desprezada, não há mais ninguém que possa reverter a situação; que o próprio desespero da impunidade confirma a desordem e a torna ainda maior; que, em alguns Estados, não se forma só uma pequena revolta e que nunca há intervalo entre o murmúrio e a sedição; que não é necessário que os grandes acontecimentos sejam preparados por grandes causas, ao contrário, o menor incidente produz uma grande revolução, muitas vezes tão imprevista por aqueles que a promovem como por aqueles que a sofrem.

Quando Osman, imperador dos turcos, foi deposto(57), nenhum daqueles que cometeram esse atentado pensava em cometê-lo; pediam somente, suplicando, que lhes fosse feita justiça por causa de um dano; uma voz, que nunca foi reconhecida, se levantou da multidão por acaso; o nome de Mustafá(58) foi pronunciado e Mustafá se tornou imediatamente imperador.

De Paris, 2 da lua de Rebiab 1, 1715.

(57) O sultão Osman II foi deposto e estrangulado em 1622.

(58) Mustafá I já havia sido deposto e preso em 1618 pelos partidários de seu sobrinho Osman II. Foi reposto em 1622, mas deposto no ano seguinte em favor de Amurat IV.

CARTA 81

Nargum, enviado da Pérsia a Moscou, a Usbek

Em Paris

De todas as nações do mundo, meu caro Usbek, não há uma que tenha ultrapassado os tártaros pela glória ou pela grandeza das conquistas. Esse povo é o verdadeiro dominador do universo; todos os outros parecem subsistir para servi-lo; é igualmente fundador e destruidor de impérios; em todos os tempos marcou a terra com seus sinais de poder; em todas as épocas foi o flagelo das nações.

Os tártaros conquistaram a China duas vezes[59] e ainda a mantêm sob seu domínio. Dominam vastas regiões que formam o império mongol.

Donos da Pérsia, sentaram no trono de Ciro e de Gustapo. Dominaram a Rússia moscovita. Sob o nome de turcos, realizaram conquistas imensas na Europa, na Ásia e na África e exercem seu domínio sobre essas três partes do universo.

Falando de tempos mais remotos, deles é que saíram alguns dos povos que determinaram a queda do império romano.

Que são as conquistas de Alexandre em comparação com aquelas de Gêngis Kan?

A essa nação vitoriosa só faltaram historiadores para celebrar a memória de suas maravilhas.

Quantas ações imortais foram sepultadas no esquecimento! Quantos impérios por eles fundados, dos quais desconhecemos a origem! Essa nação belicosa, ocupada unicamente com sua glória presente, certa de vencer em todos os tempos, não pensava em se destacar no futuro pela memória de suas conquistas passadas.

De Moscou, 4 da lua de Rebiab 1, 1715.

(59) A primeira foi conduzida por Gêngis Kan (séculos XII-XIII) e a segunda conquista foi obra dos manchus no século XVII e que na época de Montesquieu ainda dominavam partes do território chinês; hoje a Manchúria é parte integrante da China.

CARTA 82

RICA A IBBEN

Em Esmirna

Embora os franceses falem muito, há no entanto entre eles uma espécie de dervixes taciturnos que são chamados cartuxos(60). Dizem que se cortam a língua ao entrarem no convento e muitos desejariam realmente que todos os outros dervixes cortassem igualmente tudo o que sua profissão lhes torna inútil.

A propósito de homens taciturnos, há outros muito mais singulares que esses e que possuem um talento realmente extraordinário. São aqueles que sabem falar sem nada dizer e que conduzem uma conversa durante duas horas, sem que seja possível desvendá-los, de ser plagiário deles nem de reter uma palavra daquilo que disseram.

Esses tipos de homens são adorados pelas mulheres, mas não o são tanto como outros que receberam da natureza o amável talento de sorrir facilmente, isto é, a cada instante e que ainda gozam de uma alegre aprovação sobre tudo o que dizem. Mas atingem o auge quando sabem emprestar um sentido misterioso a tudo e encontrar mil traços engenhosos nas coisas mais comuns.

Conheço outros que tiveram sucesso ao introduzir nas conversas coisas inanimadas e assim fazer falar seus trajes bordados, sua peruca loira, sua tabaqueira, sua bengala e suas luvas. É capaz de começar pela rua fazendo-se ouvir pelo rumor da carruagem e pelo martelo que bate à porta; esse prefácio previne pelo resto do discurso e, quando o exórdio é belo, torna suportáveis todas as tolices que se seguem, mas que, por felicidade, chegam muito tarde.

Eu te afirmo que esses pequenos talentos, que não merecem nenhuma atenção em nosso país, aqui servem para aqueles que se sentem felizes em tê-los à disposição, em detrimento de um homem de bom senso que praticamente não merece a atenção deles.

De Paris, 6 da lua de Rebiab 2, 1715.

(60) Referência à Ordem monástica dos cartuxos, fundada por Bruno (1030-1101), que prima pela reclusão e pelo silêncio, com raros momentos de colóquio entre seus membros. O designativo provém da cidade francesa de Chartreux, onde a Ordem foi fundada, cujo nome latino era Carthusia, resultando Cartuxa em português (e, portanto, cartuxo seu habitante bem como o designativo do monge).

CARTA 83

Usbek a Rhedi

Em Veneza

Se há um Deus, meu caro Rhedi, é preciso que seja necessariamente justo, pois, se não o fosse, seria o mais maldoso e o mais imperfeito de todos os seres.

A justiça é uma relação de conveniência que se encontra realmente entre duas coisas: essa relação é sempre a mesma, qualquer que seja o ser em questão, seja Deus, seja um anjo ou, finalmente, seja um homem.

É verdade que os homens nem sempre veem essas relações; com frequência, quando as veem, se afastam delas e seu interesse está sempre dirigido para aquilo que veem melhor. A justiça eleva sua voz, mas tem dificuldade em fazer-se ouvir no tumulto das paixões.

Os homens podem cometer injustiças porque têm interesse em cometê-las e preferem sua própria satisfação que a dos outros. É sempre por um retorno que eles agem; nada é mau gratuitamente, é preciso que haja uma razão que determine e essa razão é sempre razão de interesse.

Mas não é possível que Deus faça algo de injusto, uma vez sequer. Desde que se suponha que ele vê a justiça, é necessariamente preciso que a siga, pois, como não tem necessidade de nada e que se basta a si mesmo, seria o mais malvado de todos os seres, porquanto o seria sem interesse.

Assim, se não houvesse Deus, deveríamos sempre amar a justiça, isto é, envidar nossos esforços para assemelhar-nos a esse ser de que temos uma ideia tão bela e que, se existisse, seria necessariamente justo. Se estivéssemos livres do jugo da religião, não deveríamos sê-lo daquele da equidade.

É isso, Rhedi, o que me levou a pensar que a justiça é eterna e não depende das convenções humanas. E, caso dependesse delas, seria uma verdade terrível que seria necessário ocultá-la de si mesmo.

Somos cercados por homens mais fortes que nós; podem nos prejudicar de mil maneiras e três quartos do tempo podem fazê-lo impunemente. Que tranquilidade para nós saber que há, no coração de todos esses homens, um princípio interior que combate em nosso favor e nos põe ao abrigo de suas maquinações?

Sem isso, deveríamos ficar num temor contínuo; passaríamos diante dos homens como passamos diante dos leões e nunca estaríamos seguros, um momento sequer, de nosso bem, de nossa honra e de nossa vida.

Todos esses pensamentos me animam contra esses doutores que representam a Deus como um ser que faz um exercício tirânico de seu poder; que o fazem agir de uma maneira que nós mesmos não gostaríamos de agir, de medo de ofendê-lo; que o oneram de todas as imperfeições que castiga em nós; e, em suas opiniões contraditórias, o representam ora como um ser mau, ora como um ser que odeia o mal e o pune.

Quando um homem se examina, que satisfação para ele saber que tem o coração justo! Esse prazer, por mais contido que seja, deve arrebatá-lo; ele vê seu ser tanto acima daqueles que não o têm, que se vê acima dos tigres e dos ursos. Sim, Rhedi, se eu estivesse seguro de seguir sempre inviolavelmente essa equidade que tenho diante dos olhos, me acharia o primeiro dos homens.

De Paris, 1.º da lua de Gemmadi 1, 1715.

CARTA 84

RICA A ***

Estive ontem no Instituto dos Inválidos. Teria gostado muito mais de construir esse estabelecimento, se tivesse sido príncipe, do que ter ganhado três batalhas. Nele se encontra por toda parte a mão de um grande monarca. Creio que é o lugar mais respeitado da terra.

Que espetáculo ver reunidas num mesmo local todas essas vítimas da pátria que respiram apenas para defendê-la e que, sentindo ainda o mesmo coração e não mais a mesma força, só se queixam da impotência em que se encontram para poder sacrificar-se novamente por ela!

Como é mais admirável ver esses guerreiros enfraquecidos nesse retiro observar uma disciplina tão exata como se estivessem forçados pela presença de um inimigo, procurar sua última satisfação nessa imagem da guerra e dividir seu coração e seu espírito entre os deveres da religião e aqueles da arte militar!

Gostaria que os nomes daqueles que morrem pela pátria fossem conservados nos templos e escritos em registros que fosse como que a fonte da glória e da nobreza.

De Paris, 15 da lua de Gemmadi 1, 1715.

CARTA 85

Usbek a Mirza

Em Isfahan

Sabes, Mirza, que alguns ministros do xá Soliman tinham planejado obrigar todos os armênios da Pérsia a deixar o reino ou a se converter em maometanos, com a ideia de que nosso reino estaria sempre poluído enquanto conservassem em seu interior esses infiéis(61).

Teria sido a grandeza persa se, nessa oportunidade, a cega devoção não tivesse sido ouvida.

Não se sabe como faltou isso. Nem aqueles que apresentaram a proposta, nem aqueles que a rejeitaram conheceram suas consequências; o acaso realizou a parte da razão e da política e salvou o império de um perigo maior do que aquele que poderia ter corrido com a perda de uma batalha e da tomada de duas cidades.

Ao proscrever os armênios, destruíram num só dia todos os comerciantes e quase todos os artesãos do reino. Estou certo de que o grande xá Abas(62) teria preferido sem dúvida mandar cortar seus braços do que assinar semelhante ordem e que, ao enviar ao Grão-Mongol e aos outros reis das Índias seus súditos mais industriosos teria acreditado estar lhes entregando a metade de seus domínios.

As perseguições que nossos maometanos zelosos moveram contra os guebros(63), os obrigaram a migrar em multidões para a Índia e privaram a Pérsia dessa nação, tão aplicada ao cultivo dos campos, e que só ela, com seu trabalho, estava em condições de vencer a esterilidade de nossas terras.

Só faltava à devoção aplicar um segundo golpe: era o de arruinar a indústria, por meio do qual o império ruía por si e, com ele, por uma consequência necessária, essa mesma religião que queriam tornar tão florescente.

Se é preciso raciocinar sem prevenção, não sei, Mirza, se não é melhor que num Estado haja várias religiões.

---

(61) O xá Soliman reinou na Pérsia de 1666 a 1694. A medida da expulsão dos armênios foi executada com a exigência ainda do pagamento de grandes somas por parte dos armênios ao xá e ao ministro Ali Kuli Kan.

(62) Abas I, que reinou de 1587 a 1629, conduziu as guerras vitoriosas contra os turcos.

(63)Ver nota 39 da Carta 67.

Observa-se que aqueles que vivem em religiões toleradas se tornam geralmente mais úteis à pátria que aqueles que vivem na religião dominante, porque, afastados das honras, não podendo se distinguir senão por sua opulência e por suas riquezas, são levados a adquiri-las por seu trabalho e a abraçar os empregos mais penosos da sociedade.

Além disso, como todas as religiões contêm preceitos úteis à sociedade, é bom que sejam praticadas com zelo. Ora, que há de mais capaz de incitar esse zelo que sua multiplicidade?

São rivais que nada se perdoam. A inveja desce até os particulares; cada um se mantém em alerta e teme fazer coisas que desonrariam seu partido e o exporiam ao desprezo e à censura imperdoável do partido contrário.

Por isso sempre se observou que uma seita nova, introduzida num Estado, era o meio mais seguro para corrigir todos os abusos da antiga.

É inútil dizer que não é do interesse do príncipe tolerar várias religiões em seu Estado. Se todas as seitas do mundo se reunissem nele, isso não lhe traria nenhum dano, porque não há nenhuma delas que não prescreva a obediência e não pregue a submissão.

Admito que a história está repleta de guerras de religião. Mas é preciso prestar bem atenção. Não foi a multiplicidade de religiões que produziu essas guerras, foi o espírito de intolerância que animava aquela que se julgava dominante.

É esse espírito de proselitismo, que os judeus tomaram dos egípcios e que deles passou, como doença epidêmica e popular, aos maometanos e aos cristãos.

É finalmente esse espírito de vertigem, cujos progressos não podem ser considerados senão como um eclipse total da razão humana.

De fato, finalmente, se não houver desumanidade em afligir a consciência dos outros, se disso não resultasse nenhum dos maus efeitos que pululam aos milhares, seria preciso ser louco para voltar-se contra isso. Aquele que quer me levar a mudar de religião não o faz sem dúvida senão porque ele não mudaria a sua, caso se quisesse forçá-lo a isso; acha estranho, contudo, que eu não faça uma coisa que ele próprio não faria talvez em troca do domínio do mundo.

De Paris, 26 da lua de Gemmadi 1, 1715.

CARTA 86

Rica a ***

Parece que aqui as famílias se governam totalmente sozinhas. O marido tem apenas uma sombra de autoridade sobre a mulher, o pais sobre os filhos, o senhor sobre seus escravos. A justiça interfere em todas as suas intrigas e podes estar certo que ela sempre está contra o marido ciumento, o pai desagradável, o senhor incômodo.

Outro dia fui ao local onde a justiça é feita. Antes de chegar ao mesmo, é preciso passar sob as armas de um número infinito de jovens mercadoras que te chamam com voz enganosa. Esse espetáculo é de início bastante risível, mas se torna lúgubre quando alguém entra nas grandes salas, onde são vistos somente homens cujo hábito é mais grave ainda que a fisionomia deles. Finalmente, entra-se no local sagrado, onde são revelados todos os segredos das famílias e onde as ações mais secretas são expostas à luz do dia.

Lá, uma jovem modesta confessa os tormentos de uma virgindade guardada por demasiado tempo, suas lutas e sua dolorosa resistência; é tão pouco orgulhosa de sua vitória que preanuncia sempre uma derrota iminente e, para que seu pai não ignore mais suas necessidades, os expõe a todos os presentes.

Uma mulher atrevida chega em seguida para expor os ultrajes a que submeteu seu esposo como um dos motivos por estar separada dele.

Com semelhante modéstia chega outra para dizer que está cansada de levar o título de mulher sem gozar dele; chega a revelar os mistérios ocultos da noite do casamento; quer ser entregue aos cuidados dos expertos mais hábeis e que uma sentença a restabeleça em todos os direitos da virgindade. Há até aquelas que ousam desafiar seus maridos e lhes pedir em público um combate que as testemunhas tornam tão difícil: prova tão desonrosa para a mulher que a sustenta como para o marido que nela sucumbe.

Um número infinito de jovens, arrebatadas ou seduzidas, tornam os homens muito mais malvados do quc o são. O amor faz ribombar esse tribunal: nele só se ouve falar de pais irritados, de jovens estupradas, de amantes infiéis e de maridos incompetentes.

Pela lei que é observada neste país, todo filho nascido durante o casamento é julgado ser do marido; é inútil ter boas razões para não crer que o seja; a lei o crê por ele e o livra do exame e dos escrúpulos.

Nesse tribunal, os votos valem pela maioria; mas dizem que se reconheceu, por experiência, que seria preferível considerar os votos da minoria e isso é bastante natural, pois há muito poucos espíritos justos e todos concordam que há uma infinidade de falsos.

De Paris, 1.º da lua de Gemmadi 2, 1715.

CARTA 87

RICA A ***

Dizem que o homem é um animal social. Nesse ponto me parece que um francês é mais homem que qualquer outro; é o homem por excelência, pois parece ser feito unicamente para a sociedade.

Observei ente eles, porém, homens que não são somente sociais, mas eles próprios são a sociedade universal. Eles se multiplicam em todos os cantos; povoam num momento os quatro bairros de uma cidade; cem homens dessa espécie valem mais que dois mil cidadãos; poderiam reparar, aos olhos dos estrangeiros, as devastações da peste e da fome. Pergunta-se nas escolas se um corpo pode estar no mesmo momento em diversos lugares; são a prova daquilo que os filósofos põem em dúvida.

Estão sempre empenhados porque têm a função importante de perguntar a todos que veem, onde vão e de onde veem.

Nunca se conseguiria tirar da cabeça deles que é de conveniência visitar todos os dias o público a varejo, sem contar as visitas que fazem por atacado nos lugares onde há reuniões do povo, mas como o caminho para elas é muito curto, são contadas como nada nas regras de seu cerimonial.

Fustigam mais as portas das casas a golpes de martelo que os ventos e as tempestades. Se fosse o caso de examinar a lista de todos os porteiros, encontrar-se-ia cada dia seu nome em caracteres suíços estropiado de mil maneiras. Passam sua vida seguindo um enterro, em apresentações de condolências ou em felicitações de casamento. O rei mal consegue dar uma gratificação a um de seus súditos, que não lhes custe uma carruagem para ir testemunhar aos contemplados sua alegria. Finalmente, voltam para casa muito fatigados para repousar, a fim de poder retomar no dia seguinte suas penosas funções.

Um deles morreu outro dia de cansaço e puseram esse epitáfio em seu túmulo: "Aqui jaz aquele que nunca descansou. Este presente em cento e trinta enterros. Congratulou-se pelo nascimento de duas mil seiscentas e oitenta crianças. As pensões com as quais felicitou seus amigos, sempre em termos diferentes, atingem dois milhões e seiscentas mil libras; o caminho que percorreu pelas ruas, chega a nove mil e seiscentos estádios; aquele que percorreu pelos campos chega a trinta e seis. Sua conversa era divertida; tinha um acervo completo de trezentos e sessenta e cinco contos; possuía, além disso, desde sua juventude, cento e dezoito ditados extraídos dos antigos, que empregava nas ocasiões solenes. Morreu, por fim, aos sessenta anos de idade. Calo-me, viajante, pois, como poderia terminar de te dizer o que ele fez e viu?"

De Paris, 3 da lua de Gemmadi 2, 1715.

CARTA 88

Usbek a Rhedi

Em Veneza

Em Paris reina a liberdade e a igualdade. O nascimento, a virtude, o próprio mérito na guerra, por mais brilhante que seja, não salva um homem da multidão onde é confundido. A inveja da classe social é desconhecida. Costuma-se dizer que o primeiro de Paris é aquele que tem os melhores cavalos atrelados à sua carruagem.

Um grande senhor é um homem que vê o rei, que fala com os ministros, que tem ancestrais, dívidas e pensões. Se puder, com isso, esconder sua ociosidade por meio de um ar altaneiro ou por um fingido apego aos prazeres, julga ser o mais feliz de todos os homens.

Na Pérsia só é grande aquele a quem o monarca confere alguma participação no governo. Aqui, há homens que são grandes por nascença, mas não têm crédito. Os reis são como esses operários hábeis que, para executar suas obras, se servem sempre dos instrumentos mais simples.

O favor é a grande divindade dos franceses. O ministro é o sumo sacerdote que lhe oferece muitas vítimas. Aqueles que o cercam não estão vestidos de branco: tanto os sacrificadores como os sacrificados se devotam eles próprios a seu ídolo com todo o povo.

De Paris, 9 da lua de Gemmadi 2, 1715.

CARTA 89

Usbek a Ibben

Em Esmirna

O desejo da glória não é diferente desse instinto que todas as criaturas têm por sua conservação. Parece que aumentamos nosso ser quando podemos introduzi-lo na memória dos outros; é uma nova vida que adquirimos e que torna para nós tão preciosa como aquela que recebemos do céu.

Mas como nem todos os homens são igualmente apegados à vida, não são igualmente sensíveis à glória. Essa nobre paixão é sempre muito bem gravada em seu coração, mas a imaginação e a educação a modificam de mil maneiras.

Essa diferença, que é encontrada de homem para homem, se faz sentir ainda mais de povo para povo.

Pode-se propor como máxima que, em cada situação, o desejo da glória cresce com a liberdade dos súditos e diminui com ela; a glória nunca é companheira da escravidão.

Outro dia um homem de bom senso me dizia: "Na França somos, sob muitos aspectos, mais livres que na Pérsia. Por isso amamos mais a glória. Essa feliz fantasia leva um francês a fazer com prazer e com gosto o que teu sultão não obtém de seus súditos a não ser colocando incessantemente diante dos olhos deles os suplícios e as recompensas.

"Por isso, entre nós, o príncipe está interessado na honra até do último de seus súditos. Para mantê-la há tribunais respeitáveis; é o tesouro sagrado da nação e o único do qual o soberano não é o dono porque não pode sê-lo sem colocar em choque seus interesses. Assim, se um súdito for ferido em sua honra por seu príncipe, seja por alguma preferência, seja pelo menor sinal de desprezo, deixa imediatamente sua corte, seu emprego, seu serviço e vai embora para casa.

"A diferença que existe entre as tropas francesas e as vossas é que umas, compostas de escravos naturalmente covardes não superam o temor da morte senão por aquele do castigo, o que produz na alma um novo gênero de terror que o torna como que um estúpido; em vez disso as outras se apresentam aos golpes com delícia e banem o temor por uma satisfação que é superior.

"Mas o santuário da honra, da reputação e da virtude parece estar estabelecido nas repúblicas e nos países onde se pode pronunciar a palavra pátria. Em Roma, Atenas, na Lacedemônia, a honra pagava sozinha os serviços mais destacados. Uma coroa de carvalho ou de loureiro, uma estátua, um elogio, era uma recompensa enorme por uma batalha vencida ou por uma cidade tomada.

"Lá, um homem que tivesse realizado uma bela ação se sentia suficientemente recompensado por essa própria ação. Não podia ver um de seus compatriotas sem sentir o prazer de ser seu benfeitor; contava o número de serviços prestados por aquele de seus concidadãos. Todo homem é capaz de fazer o bem a outro, mas é assemelhar-se aos deuses contribuir para a felicidade de uma sociedade inteira.

"Ora, essa nobre emulação não deve estar completamente extinta no coração dos persas, nos quais os empregos e as dignidades são apenas atributos da fantasia do soberano? A reputação e a virtude são ali consideradas como imaginárias, se não forem acompanhadas do favor do príncipe, com o qual nascem e morrem do mesmo modo. Um homem que tem a estima do público nunca está certo de que não será desonrado amanhã; hoje é general do exército, mas talvez amanhã o príncipe vai fazer dele um cozinheiro e não poderá mais esperar por outro elogio que não o de ter feito um bom guisado."

De Paris, 15 da lua de Gemmadi 2, 1715.

CARTA 90

Usbek ao Mesmo

Em Esmirna

Dessa paixão geral que a nação tem pela glória se formou, no espírito dos indivíduos, certo não sei quê chamado ponto de honra; é propriamente o caráter de cada profissão, mas é mais ressaltado nos homens de guerra e esse é o ponto de honra por excelência. Seria muito difícil demonstrar-te o que vem a ser, pois nem nós temos uma ideia precisa dele.

Outrora os franceses, sobretudo os nobres, não seguiam praticamente outras leis do que aquelas desse ponto de honra; elas regulavam toda a conduta de sua vida e eram tão severas que não se podia, sob pena mais cruel que a morte, não digo infringi-la, mas eludi-la em sua menor disposição.

Quando se tratava de acertar diferenças, elas quase não prescreviam senão uma forma de decisão, que era o duelo, o qual eliminava todas as dificuldades. Mas o que havia de mal nisso é que muitas vezes o julgamento era feito entre outras partes que não aquelas interessadas.

Por pouco que um homem fosse conhecido de outro, era necessário que entrasse na disputa e que pagasse com sua pessoa, como se ele próprio tivesse sido ofendido. Sentia-se sempre honrado com tal escolha e com uma preferência tão gratificante; e alguém que não quisesse dar quatro moedas a um homem para salvá-lo do suplício, ele e toda a sua família, não tinha dificuldade alguma em se predispor a arriscar por ele mil vezes sua vida.

Essa maneira de decidir era muito mal imaginada, pois, pelo fato de um homem ser mais destro e mais forte que outro, disso decorria que devia ter melhores razões.

Por isso os reis proibiram o duelo sob penas muito severas, mas foi em vão; a honra que quer reinar sempre se revolta e não reconhece leis.

Desse modo os franceses vivem num Estado muito violento, pois as próprias leis da honra obrigam um homem honesto a se vingar quando tiver sido ofendido, mas, por outro lado, a justiça o pune com as mais cruéis penas quando se vingar. Se alguém seguir as leis da honra, acaba morrendo num cadafalso; se seguir aquelas da justiça, é banido para sempre da sociedade dos homens; não há, portanto, senão essa cruel alternativa, ou morrer, ou ser indigno de viver.

De Paris, 18 da lua de Gemmadi 2, 1715.

CARTA 91

Usbek a Rustan

Em Isfahan

Apareceu aqui um personagem travestido de embaixador da Pérsia que zomba insolentemente dos dois maiores reis do mundo[64]. Trouxe ao monarca dos franceses presentes que o nosso não poderia dar a um rei de Irimet ou da Geórgia e, por sua covarde avareza, diminuiu a majestade dos dois impérios.

Tornou-se ridículo diante de um povo que pretende ser o mais cortês da Europa e levou o ocidente a dizer que o rei dos reis só domina sobre bárbaros.

Recebeu honras que ele próprio parecia ter preferido recusar e, como se a corte da França parecesse ter mais em mente a grandeza persa que ele, o fez aparecer com dignidade diante de um povo que o despreza.

Não digas isso em Isfahan; poupa a cabeça de um infeliz. Não quero que nossos ministros o punam por sua própria imprudência e pela indigna escolha que fizeram.

De Paris, último dia da lua de Gemmadi 2, 1715.

(64) Trata-se de Mehmet Riza Beg, que chegou a Paris em 1715; não era um charlatão, apesar dos boatos. Foi recebido com todas as honras prestadas a um embaixador, mas foi muito infeliz no exercício de sua função.

CARTA 92

USBEK A RHEDI

Em Veneza

O monarca que reinou por tanto tempo não está mais entre nós[(65)]. Muita gente falou dele durante sua vida. Todos se calaram à sua morte. Firme e corajoso nesse último momento, pareceu não ceder senão ao destino. Assim morreu o grande xá Abas, depois de ter seu nome difundido em toda a terra.

Não creias que esse grande acontecimento levou alguém aqui a fazer reflexões morais. Cada um pensou em seus negócios e em tirar vantagem com essa mudança. O rei, bisneto do monarca falecido, tendo somente cinco anos de idade, um príncipe, seu tio, foi declarado regente do reino.

O falecido rei tinha deixado um testamento que limitava a autoridade do regente. Esse príncipe, muito hábil, foi a parlamento e, expondo todos os direitos de nascença, fez cassar a disposição do monarca que, querendo sobreviver a ele próprio, parecia que tivesse pretendido reinar ainda depois de morto.

Os parlamentos se assemelham a essas ruínas que são calcadas aos pés, mas que relembram sempre a ideia de algum templo famoso da antiga religião dos povos. Não se interessam praticamente em nada mais que fazer justiça e sua autoridade é sempre lânguida, a menos que alguma conjuntura imprevista não venha para lhe dar força e vida. Esses grandes organismos seguiram o destino das coisas humanas; cederam ao tempo que destrói tudo, à corrupção dos costumes que enfraquece tudo, à autoridade suprema que abateu tudo.

Mas o regente, que quis ser simpático ao povo, pareceu primeiramente respeitar essa imagem da liberdade pública e, como se tivesse pensado em soerguer da terra o templo e o ídolo, quis que todos o considerassem como o sustentáculo da monarquia e o fundamento de toda autoridade legítima.

De Paris, 4 da lua de Regueb, 1715.

(65) Morreu no dia 1 de setembro de 1715 (Nota do autor).

CARTA 93

Usbek a seu Irmão, Religioso Muçulmano no Mosteiro de Casbin

Eu me humilho diante de ti, sagrado religioso, e me prostro; olho os vestígios de teus pés como a pupila de meus olhos. Tua santidade é tão grande que parece que tens o coração de nosso santo profeta; tuas austeridades surpreendem o próprio céu; os anjos te olharam do mais alto da glória e disseram: "Como está ainda na terra, porquanto seu espírito está conosco e voa em torno do trono que é sustentado pelas nuvens?"

E como não haveria de te honrar eu que aprendi de nossos doutores que os dervixes, mesmo infiéis, sempre têm um caráter de santidade que os torna respeitáveis aos verdadeiros crentes; e que Deus escolheu para si, em todos os cantos da terra, almas mais puras que as outras, que as separou do mundo ímpio, a fim de que suas mortificações e suas orações fervorosas suspendam sua ira, prestes a cair sobre tantos povos rebeldes?

Os cristãos dizem maravilhas de seus primeiros monges que se refugiaram aos milhares nos desertos aterrorizantes da Tebaida[66] (1) e tiveram como chefes Paulo, Antônio e Pacômio. Se é verdade o que dizem, suas vidas estão também cheias de prodígios como aquelas de nossos mais sagrados imãs. Passavam às vezes dez anos completos sem ver um só homem, mas viviam dia e noite com demônios; eram incessantemente atormentados por esses espíritos malignos; encontravam-nos na cama, à mesa, nunca tinham sossego com eles. Se tudo isso for verdade, venerável monge, seria preciso confessar que jamais alguém viveu em pior companhia.

Os cristãos sensatos consideram todas essas histórias como uma alegoria de todo natural que pode nos servir para sentir a infelicidade da condição humana. É em vão procurar no deserto uma vida tranquila, as paixões nos seguem sempre: nossas paixões, representadas pelos demônios, não nos abandonam; esses monstros do coração, essas ilusões do espírito, esses fantasmas inúteis do erro e da mentira, se

(66) Região meridional do Egito, para onde se retiraram os primeiros eremitas e anacoretas cristãos.

mostram sempre para nos seduzir e nos atacam até nos jejuns e nos cilícios, isto é, até em nossa própria força.

Para mim, venerável monge, sei que o enviado de Deus acorrentou satanás e o precipitou nos abismos; purificou a terra, outrora dominada por seu império e a tornou digna para a morada dos anjos e dos profetas.

De Paris, 9 da lua de Shahban, 1715.

CARTA 94

Usbek a Rhedi

Em Veneza

Nunca ouvi falar do direito público que de imediato não se tenha começado a procurar cuidadosamente qual teria sido a origem das sociedades, o que me parece ridículo. Se os homens não formavam uma delas, se se afastavam e fugiam uns dos outros, seria preciso perguntar qual a razão disso e procurar o motivo pelo qual se mantêm separados; eles nascem, porém, todos ligados uns aos outros; um filho nasceu junto de seu pai e assim se mantém; aí está a sociedade e a causa da sociedade.

O direito público é mais conhecido na Europa que na Ásia. Entretanto, pode-se dizer que as paixões dos príncipes, a paciência dos povos, as lisonjas dos escritores corromperam todos os princípios dele.

Esse direito, como se configura hoje, é uma ciência que ensina aos príncipes até que ponto podem violar a justiça, sem ferir seus interesses. Que plano, Rhedi, querer, para endurecer sua consciência, para predispor a iniquidade como sistema, baixar regras, formar princípios e disso tirar consequências!

O poder ilimitado de nossos sublimes sultões, que não tem outra regra senão ela própria, não produz mais monstros que essa arte indigna, que quer dobrar a justiça, por mais inflexível que seja.

Dir-se-ia, Rhedi, que há duas justiças totalmente diferentes: uma que regulamenta os negócios dos cidadãos privados e que reina no direito civil; a outra, que regulamenta as intrigas que surgem entre os povos e que tiraniza no direito público, como se o direito público não fosse ele próprio um direito civil; não, certamente, de um país específico, mas do mundo.

Descrever-te-ei, em outra carta, meus pensamentos a respeito.

De Paris, 1.º da lua de Zilkagé, 1716.

CARTA 95

Usbek ao Mesmo

Os magistrados devem fazer justiça de cidadão para cidadão; cada povo deve também fazê-la dele próprio para outro povo. Nessa segunda distribuição de justiça, não se pode empregar outras máximas que as usadas na primeira.

De povo para povo, raramente é necessário um terceiro para julgar, porque os temas das disputas são quase sempre claros e fáceis de resolver. Os interesses de duas nações são geralmente tão diferentes, que basta amar a justiça para respeitá-la; não se pode agir com prevenção em causa própria.

Não é a mesma coisa nas rixas entre cidadãos privados. Como vivem em sociedade, seus interesses são tão mesclados e confundidos, há tantos tipos diferentes deles, que é necessário um terceiro para resolver o que a cobiça das partes procura obscurecer.

Há somente duas espécies de guerras justas: as que são feitas para rechaçar um inimigo que ataca e aquelas que têm por objetivo socorrer um aliado que é atacado.

Não haveria justiça em mover guerra por disputas particulares do príncipe, a menos que o caso fosse tão grave que tivesse causado a morte do príncipe ou do povo que perpetrou o crime. Desse modo, um príncipe não pode mover guerra porque uma honra devida lhe foi recusada ou porque houve atitudes pouco convenientes com relação a seus embaixadores e outras coisas semelhantes, como, por exemplo, não se concede que um cidadão privado possa matar aquele que lhe recusar a precedência. O motivo disso é que, como a declaração de guerra deve ser um ato de justiça, na qual a pena deve ser sempre proporcional ao crime, se deve ter presente se aquele a quem se declara a guerra merece a morte. De fato, mover guerra a alguém é querer puni-lo com a morte.

No Direito público, o ato de justiça mais severo é a guerra, porquanto pode ter o efeito de destruir a sociedade.

As represálias pertencem a uma segunda categoria. É uma lei que os tribunais não deixaram de observar, ao comensurar a pena pelo crime.

Um terceiro ato de justiça, que deve ser o mais frequente, é a renúncia à aliança com o povo do qual se tem motivo de queixa. Essa pena responde àquela do banimento que os tribunais estabeleceram para eliminar os culpados da sociedade. Assim, um príncipe, a cuja aliança renunciamos, é eliminado de nossa sociedade e não é mais um dos membros que a compõem.

Não se pode perpetrar maior ofensa a um príncipe do que renunciar à sua aliança, nem conceder-lhe maior honra do que selá-la. Não há nada entre os homens que lhes seja mais glorioso e mesmo mais útil, do que ver outros sempre atentos em sua conservação.

Mas para que a aliança nos una é necessário que seja justa; assim, uma aliança feita entre duas nações para oprimir um terceiro não é legítima e pode ser violada sem crime.

Não ocorre o mesmo com a honra e a dignidade do príncipe ao se aliar com um tirano. Diz-se que um monarca do Egito advertiu o rei de Samos por sua crueldade e por sua tirania e o exortou para que se corrigisse; como não o fez, mandou comunicar-lhe que renunciava à sua amizade e à sua aliança.

A conquista não confere um direito por si mesma. Quando o povo subsiste, ela é um penhor da paz e da reparação do erro; se o povo é destruído ou disperso, ela é o monumento de uma tirania.

Os tratados de paz são tão sagrados para os homens que parecem ser a voz da natureza que reclama seus direitos. São todos legítimos quando as condições forem tais que os dois povos podem ser conservados; sem isso, aquela das duas sociedades que deve perecer, privada de sua defesa natural pela paz, pode procurá-la na guerra.

De fato, a natureza, que estabeleceu os diferentes graus de força e de fraqueza entre os homens, muitas vezes igualou também a fraqueza à força pelo desespero.

Aí está, caro Rhedi, o que entendo por Direito público; aí está o Direito das gentes, ou melhor, aquele da razão.

De Paris, 4 da lua de Zilkagé, 1716.

CARTA 96

O Primeiro Eunuco a Usbek

Em Paris

Chegaram aqui muitas mulheres amarelas do reino de Visapur [67]; comprei uma para teu irmão governador de Mazenderan[68] que há um mês me enviou seu pedido sublime e cem moedas de ouro.

Sei como lidar com mulheres, de tal modo que não conseguem me surpreender e também porque em mim os olhos não se turbam pelos movimentos do coração.

Nunca vi beleza tão regular e tão perfeita; seus olhos brilhantes trazem vida a seu rosto e realçam o brilho de uma cor que poderia eliminar todos os encantos da Circássia [69].

O primeiro eunuco de um comerciante de Isfahan a negociava comigo, mas ela se furtava desdenhosamente a seus olhares e parecia procurar os meus, como se quisesse me dizer que um vil mercador não era digno dela e que era destinada a um esposo mais ilustre.

Confesso que sinto em mim uma alegria secreta quando penso nos encantos dessa bela mulher; parece-me que a vejo entrar no serralho de teu irmão; gosto de prever o espanto de todas as mulheres dele, a dor imperiosa de algumas, a aflição muda, mas bem mais dolorosa, de outras; o consolo maligno daquelas que nada mais esperam e a ambição irritadiça daquelas que ainda esperam.

Vou de uma ponta a outra do reino para mudar de fisionomia todo um serralho. Quantas paixões vou comover! Quantos temores e sofrimentos preparo!

Entretanto, na perturbação do interior, o exterior não ficará menos tranquilo; as grandes revoluções ficarão escondidas no fundo do coração; os desgostos serão devorados e as alegrias contidas; a obediência não será menos exata e a regra, menos inflexível; a doçura, sempre constrangida em aparecer, surgirá do próprio fundo do desespero.

Notamos que, quanto mais mulheres tivermos sob nossos olhos,

(67) Reino da Índia, correspondendo aproximadamente à atual província de Bombaim.

(68) Província persa situada às margens meridionais do mar Cáspio.

(69) Região do Cáucaso.

menos nos causam embaraços. Uma necessidade maior de agradar, menos facilidade de se unir, mais exemplos de submissão, tudo isso lhes confere correntes. Umas ficam incessantemente atentas nas atitudes das outras. Parece que, em acordo conosco, trabalham para se tornarem mais dependentes; elas formam uma parte de nossa obra e nos abrem os olhos quando os fechamos. Que digo? Elas incitam sem cessar o senhor contra suas rivais e não veem como estão próximas daquelas que são punidas.

Mas tudo isso, magnífico senhor, tudo isso não é nada sem a presença do patrão. Que podemos fazer com esse inútil fantasma de uma autoridade que nunca se comunica por inteiro? Não representamos senão de forma muito fraca a metade de ti mesmo; só podemos mostrar-lhes uma odiosa severidade. Tu, porém, temperas o temor com esperanças; mais absoluto quando acaricias do que o podes ser quando ameaças.

Retorna, pois, magnífico senhor, volta para estes lugares, a fim de difundir em toda parte os sinais de teu domínio. Vem abafar as paixões desesperadas; vem tirar toda possibilidade de instabilidade; vem apaziguar o amor que murmura e tornar o próprio dever amável; vem, por fim, aliviar teus fiéis eunucos de um peso que aumenta a cada dia.

Do serralho de Isfahan, 8 da lua de Zilkagé, 1716.

CARTA 97

Usbek a Hassein, Dervixe da Montanha de Jaron

Ó tu, sábio dervixe, cujo espírito curioso brilha por tantos conhecimentos, escuta o que vou te dizer.

Há aqui filósofos que, na verdade, não atingiram o topo da sabedoria oriental; não foram arrebatados até o trono luminoso; não ouviram as palavras inefáveis que os coros dos anjos ribombam, nem provaram dos formidáveis acessos da ira divina, mas, abandonados a si mesmos, privados das santas maravilhas, seguem em silêncio os vestígios da razão humana.

Não poderias acreditar até que ponto esse guia os conduziu. Desenredaram o caos e explicaram, por meio de uma mecânica simples, a ordem da arquitetura divina. O autor da natureza deu movimento à matéria; nada mais foi necessário para produzir essa prodigiosa variedade de efeitos que vemos no universo.

Os legisladores comuns nos propõem leis para ordenar as sociedades dos homens, leis tão sujeitas à mudança como o espírito daqueles que as propõem e dos povos que as observam. Estes não nos falam senão de leis gerais, imutáveis, eternas que são observadas sem nenhuma exceção, com uma ordem, uma regularidade e uma presteza infinita na imensidão dos espaços.

E que crês que sejam, homem divino, essas leis? Tu te imaginas talvez que, ao entrar no conselho do eterno, vais ficar espantado com a sublimidade dos mistérios; desistes de antemão de tentar compreender e só te propões a admirar.

Mas logo mudarás de ideia; elas não deslumbram por um falso respeito; sua simplicidade fez com que fossem por muito tempo desconhecidas e não foi senão de muitas reflexões que foi vista toda a fecundidade e toda a extensão dessas leis.

A primeira é que todo corpo tende a descrever uma linha reta, a menos que encontre algum obstáculo que o desvie. E a segunda, que não passa de uma consequência, é que todo corpo que gira em torno de um centro tende a se afastar dele, porque, quanto mais longe estiver dele, mais a linha que descreve se aproxima da linha reta.

Aí está, sublime dervixe, a chave da natureza; aí estão princípios fecundos, dos quais tiramos consequências a perder de vista.

O conhecimento de cinco ou seis verdades tornaram sua filosofia cheia de milagres e os levou quase a fazer tantos prodígios e maravilhas como tudo o que nos contam de nossos santos profetas.

De fato, estou persuadido de que não há um só de nossos doutores que não teria ficado confuso se fosse dito a ele de pesar numa balança todo o ar que existe em torno da terra ou medir toda a água que cai cada ano sobre a superfície da terra; e que não teria pensado mais de quatro vezes antes de dizer quantas léguas o som percorre numa hora, quanto tempo leva um raio de sol para chegar até nós, quantas toesas há daqui até Saturno, ou ainda, qual é a curva segundo a qual um barco deve ser construído para se tornar o melhor veleiro possível.

Pode ser que, se algum homem divino tivesse ornado as obras desses filósofos com palavras elevadas e sublimes, se tivesse incluído nelas figuras ousadas e alegorias misteriosas, teria feito uma bela obra somente inferior ao santo Alcorão.

Entretanto, se devo te dizer o que penso, não sou muito favorável ao estilo figurado. Há em nosso Alcorão um grande número de pequenas coisas que me parecem sempre tais, embora sejam ressaltadas pela força e pela vida da expressão. Parece em primeiro lugar que os livros inspirados não passam de ideias divinas transmitidas em linguagem humana; ao contrário, em nosso Alcorão, encontramos com frequência a linguagem de Deus e as ideias dos homens como se, por um admirável capricho, Deus tivesse nele ditado as palavras e o homem tivesse fornecido as ideias.

Poderás dizer talvez que falo de forma demasiado livre sobre o que há de mais santo entre nós; poderás julgar que é o fruto da independência em que vivemos neste país. Não, graças aos céus, o espírito não corrompeu o coração e, enquanto eu viver, Ali será meu profeta.

De Paris, 10 da lua de Shahban, 1716.

CARTA 98

Usbek a Ibben

Em Esmirna

Não há país no mundo onde a fortuna seja tão inconstante como neste. A cada dez anos acontecem revoluções que precipitam o rico na miséria e elevam o pobre com asas rápidas ao cúmulo da riqueza. Este está surpreso com sua pobreza; aquele o é com sua abundância. O novo rico admira a sabedoria da providência; o pobre, a cega fatalidade do destino.

Aqueles que cobram os impostos nadam sobre tesouros; entre eles há poucos Tântalos[70]. Começam, no entanto, esse trabalho na mais completa miséria. São desprezados como a lama quando são pobres; quando ricos, são muito estimados; por isso não negligenciam nada para conquistar a estima.

Atualmente estão numa situação terrível. Acaba de ser instalada uma câmara, chamada de justiça, porque vai confiscar deles todos os seus bens. Não podem desviar nem esconder seus pertences porque são obrigados a declará-los com precisão, sob pena de morte. Assim, são obrigados a passar por um desfiladeiro bem estreito, quero dizer, entre a vida e seu dinheiro. Para cúmulo do infortúnio, há um ministro conhecido por sua inteligência que os honra com suas graças e brinca com todas as deliberações do conselho. Não é todos os dias que se encontram ministros dispostos a fazer o povo rir e deve-se a este a simpática iniciativa de tê-lo feito.

A instituição dos lacaios é mais respeitável na França que em qualquer outro lugar; é um agrupamento de grandes senhores; preenche o vazio das outras condições. Aqueles que a compõem tomam o lugar dos grandes desafortunados, dos magistrados arruinados, dos nobres mortos nos furores da guerra e, quando não podem fazer isso por si mesmos, se apoderam de todas as grandes casas por meio de suas filhas que são como uma espécie de estrume que aduba as terras montanhosas e áridas.

---

(70) Tântalo, lendário rei da Lídia, ofendeu gravemente os deuses por ter-lhes servido seu próprio filho num festim; como castigo foi precipitado no Tártaro (o inferno da mitologia grega), condenado a não poder saciar sua fome e sede, embora colocado num local repleto de frutas e água.

Acho, Ibben, a providência admirável pela maneira como distribuiu as riquezas. Se as tivesse concedido somente aos homens de bem, não poderiam ser muito distinguidas da virtude e não se poderia mais avaliar todo o nada. Mas quando se analisa quem são os homens que mais se enriqueceram, e o fizeram à força de desprezar os ricos, acaba-se, por fim, a desprezar as próprias riquezas.

De Paris, 26 da lua de Maharram, 1717.

CARTA 99

Rica a Rhedi

Em Veneza

Acho os caprichos da moda entre os franceses surpreendentes. Esqueceram como estavam vestidos no último verão e ignoram ainda mais como estarão neste inverno, mas, de modo particular, não se poderia acreditar quanto custa a um marido para deixar sua mulher na moda.

De que me serviria dar-te uma descrição exata de seu vestuário e de seus adornos? Uma nova moda viria destruir toda minha obra como aquela de seus operários e, antes que tivesses recebido minha cara, tudo já teria mudado.

Uma mulher que deixa Paris para passar seis meses nos campos retorna tão antiquada como se tivesse ficado fora trinta anos. O filho não reconhece o retrato da própria mãe, de tal modo o vestido, com o qual foi pintada, lhe parece estranho; pensa que é alguma americana que está representada no retrato ou que o pintor quis expressar alguma de suas fantasias.

Algumas vezes os penteados sobem imperceptivelmente e uma revolução os faz descer de repente. Houve um período em que sua altura imensa colocava o rosto da mulher no meio dela própria; em outro, eram os pés que ocupavam esse local; os calcanhares tinham um pedestal que os mantinha no ar. Quem poderia crer nisso? Os arquitetos foram obrigados muitas vezes a levantar, a baixar e a alargar as portas, de acordo com o aparato das mulheres que exigiam essas mudanças; e as regras de sua arte ficaram sujeitas a esses caprichos. Às vezes são vistas no rosto de uma mulher uma quantidade prodigiosa de pintas, que desaparecem inteiramente no dia seguinte. Outrora as mulheres tinham porte e dentes; hoje ninguém se importa com isso. Nesta transmutante nação, apesar do que dizem os maus cômicos, as filhas parecem feitas de outra maneira que suas mães.

Há maneiras e formas de vida quantas são as modas; os franceses mudam de costumes de acordo com a idade de seu rei. O monarca poderia até chegar a tornar a nação mais séria, se se decidisse a isso. O príncipe imprime o caráter de seu espírito à corte, a corte a imprime à cidade, a cidade às províncias. A alma do soberano é um molde que dá forma a todas as outras.

De Paris, 8 da lua de Safar, 1717.

CARTA 100

Rica ao Mesmo

Eu te falava outro dia da inconstância prodigiosa dos franceses com relação à moda. Entretanto, é inconcebível como são realmente obstinados. Tudo gira em torno dela; é a regra com a qual julgam tudo o que se faz nas outras nações; o que é estrangeiro lhes parece sempre ridículo. Confesso-te que não poderia praticamente acomodar esse furor por seu vestuário com a inconstância com a qual mudam todos os dias.

Quando te digo que desprezam tudo o que é estrangeiro, não falo senão de bagatelas, pois, nas coisas importantes, parece que desconfiaram deles próprios até se degradar. Confessam de boa vontade que os outros povos são mais sábios, contanto que se concorde que eles se vestem melhor; querem até mesmo se sujeitar às leis de uma nação rival, contanto que os cabeleireiros franceses decidam como legisladores sobre a forma das perucas estrangeiras. Nada lhes parece tão belo como ver o gosto de seus cozinheiros reinar do setentrião ao extremo sul e os arranjos de suas cabeleireiras levados a todos os salões de beleza da Europa.

Com essas nobres vantagens, que lhes importa que o bom senso lhes venha de outro lugar e que tenham tomado de seus vizinhos tudo o que diz respeito ao governo político e civil?

Quem pode pensar que um reino, o mais antigo e o mais poderoso da Europa, seja governado há mais de dez séculos por leis que não são feitas para ele? Se os franceses tivessem sido conquistados, isso não seria difícil de entender; mas eles são os conquistadores.

Abandonaram as leis antigas, feitas por seus primeiros reis nas assembleias gerais da nação e, o que há de singular, é que as leis romanas, que foram assumidas em seu lugar, eram em parte feitas e em parte redigidas por imperadores contemporâneos de seus legisladores.

E, para que a aquisição fosse completa e que todo o bom senso viesse de outro lugar, adotaram todas as constituições dos papas e fizeram delas uma nova parte de seu direito: nova espécie de servidão.

É verdade que, nos últimos tempos, redigiram alguns estatutos das cidades e das províncias, mas são todos extraídos praticamente do Direito romano.

Essa abundância de leis adotadas e, por assim dizer, naturalizadas, é tão grande que acabrunha igualmente a justiça e os juízes. Mas esses volumes de leis não são nada em comparação com esse exército espantoso de glosadores, de comentaristas, de compiladores; pessoas tão fracas pelo reduzida correção de seu espírito como são fortes por seu prodigioso número.

Isso não é tudo. Essas leis estrangeiras introduziram formalidades, cujo excesso é a vergonha da razão humana. Seria bastante difícil decidir se a forma se tornou mais perniciosa ao entrar na jurisprudência do que ao se alojar na medicina; se provocou mais devastação sob a toga de um jurisconsulto do que sob o grande chapéu de um médico; e se, arruinou mais gente numa do que matou na outra.

De Paris, 17 da lua de Safar, 1717.

CARTA 101

Usbek a ***

Aqui se fala sempre da constituição. Outro dia entrei numa casa, onde vi primeiramente um homem gordo com uma pele vermelha que dizia com voz potente: "Dei meu parecer. Não vou responder a tudo o que dizes, mas lê esse parecer e verás que nele resolvi todas as tuas dúvidas. Realmente suei para fazê-lo, disse ele levando a mão à testa. Tive que recorrer a toda a minha doutrina e foi preciso ler vários autores latinos. – Eu acredito, disse um homem que estava perto, pois é uma bela obra; e desafiaria esse jesuíta, que seguidamente vem te visitar, a fazer uma melhor. – Lê-o, pois, disse novamente, e ficarás mais instruído sobre esses assuntos num quarto de hora do que se eu te tivesse falado o dia inteiro."

Desse modo evitava discutir e comprometer sua autossuficiência. Mas, como se viu pressionado, foi obrigado a sair de sua trincheira e começou a dizer tolices teológicas, apoiado por um dervixe que as transmitia a ele respeitosamente. Quando dois homens que estavam lá negavam algum princípio, logo dizia: "Isso é correto, assim o julgamos e nós somos juízes infalíveis. – Como, lhe perguntei então, sois juízes infalíveis? – Não vês, respondeu, que o Espírito Santo nos ilumina? – Isso é ótimo, lhe respondi, pois, do jeito que falaste o dia inteiro hoje, reconheço que tens grande necessidade de ser iluminado."

De Paris, 18 da lua de Rebiab 1, 1717.

CARTA 102

Usbek a Ibben

Em Esmirna

Os mais poderosos Estados da Europa são aqueles do imperador, dos reis da França, da Espanha e da Inglaterra. A Itália e uma grande parte da Alemanha estão divididas num número infinito de pequenos Estados, cujos príncipes são, propriamente falando, os mártires da soberania. Nossos gloriosos sultões têm mais mulheres que alguns desses príncipes, súditos. Aqueles da Itália, que não são tão unidos, são os que mais merecem lástima; seus Estados são abertos como caravançarás em que são obrigados a alojar os primeiros que chegam; são forçados, portanto, a se ligar aos grandes príncipes e lhes participar de seus medos antes que de sua amizade.

A maioria dos governos da Europa são monárquicos ou, melhor, assim chamados, pois não sei se alguma vez já houve semelhantes; pelo menos é difícil que tenham subsistido por muito tempo em sua pureza. É um Estado violento que degenera sempre em despotismo ou em república. O poder nunca pode ser dividido igualmente entre o povo e o príncipe; é muito difícil manter o equilíbrio; é preciso que o poder diminua de um lado enquanto aumenta de outro, mas a vantagem geralmente pende para o lado príncipe que está no comando dos exércitos.

Por isso o poder dos reis da Europa é muito grande e, pode-se dizer, que o têm tal como o querem, mas não o exercem com tanta amplidão como nossos sultões; em primeiro lugar, porque não querem ofender os costumes e a religião dos povos; em segundo lugar, porque não é de seu interesse chegar tão longe.

Nada aproxima mais nossos príncipes da condição de seus súditos que esse imenso poder que exercem sobre eles; nada os submete mais aos reveses e aos caprichos da fortuna.

O costume que têm de mandar matar todos aqueles que lhes desagradam, ao menor sinal, derruba a proporção que deve subsistir entre os crimes e as penas, que é como a alma dos Estados e a harmonia dos impérios; e essa proporção, escrupulosamente guardada pelos príncipes cristãos, lhes confere uma vantagem infinita sobre nossos sultões.

Um persa que, por imprudência ou por infelicidade, atraiu sobre si a desgraça do príncipe está certo que vai morrer; a menor falta ou o menor capricho o coloca nessa condição. Mas se tiver atentado contra a vida de seu soberano, se tiver pretendido entregar suas praças aos inimigos, seria de igual modo condenado a perder a vida; não corre, portanto, mais risco neste último caso do que no primeiro.

Por isso na menor desgraça, vendo a morte certa e não vendo nada de pior, ele é levado naturalmente a perturbar o Estado e a conspirar contra o soberano; é o único recurso que lhe resta.

Não ocorre a mesma coisa com os grandes da Europa, para quem a desgraça não lhes tira nada, além da benevolência e dos favores. Eles se retiram da corte e só pensam em usufruir de uma vida tranquila e das vantagens de nascença. Como não são condenados à morte senão pelo crime de lesa-majestade, temem cometê-lo pela consideração do que têm a perder e do pouco que têm a ganhar, o que faz com que se veja poucas revoltas e poucos príncipes que perecem de morte violenta.

Se nessa autoridade ilimitada que têm nossos príncipes não tomassem tantas precauções para pôr sua vida em segurança, não viveriam um dia sequer; e se não tivessem a seu soldo um número incomensurável de tropas para tiranizar o resto de seus súditos, seu império não subsistiria um mês.

Não faz mais que quatro ou cinco séculos que um rei da França contratou guardas, contra o costume daqueles tempos, para se proteger contra assassinos que um pequeno príncipe da Ásia havia enviado para matá-lo; até então os reis tinham vivido tranquilos no meio de seus súditos, como pais no meio de seus filhos.

Está fora de cogitação que os reis da França possam, por sua própria iniciativa, tirar a vida de um de seus súditos como nossos sultões; pelo contrário, levam sempre com eles o perdão a todos os criminosos; basta que um homem tenha tido a felicidade de ver o augusto rosto de seu príncipe para que cesse de ser indigno de viver. Esses monarcas são como o sol que leva em toda parte calor e vida.

De Paris, 8 da lua de Rebiab 2, 1717.

CARTA 103

Usbek ao Mesmo

Para prosseguir a ideia de minha última carta, eis aproximadamente o que me dizia outro dia um europeu bastante sensato:

"A pior estratégia que os príncipes da Ásia poderiam ter seguido é a de se esconder como fazem. Querem se tornar mais respeitáveis, mas fazem respeitar a realeza e não o rei e ligam o espírito dos súditos a um certo trono e não a uma certa pessoa.

"Esse poder invisível que governa é sempre o mesmo para o povo. Embora dez reis, de quem não conhece o nome, se tenham degolado um após outro, não sente nenhuma diferença; é como se tivesse sido governado sucessivamente por espíritos.

"Se o detestável parricida de nosso grande rei Henrique IV tivesse perpetrado esse crime contra um rei das Índias, senhor do selo real e de um tesouro imenso que pareceria ter sido acumulado por ele, teria tomado tranquilamente as rédeas do império sem que um só homem pensasse em reclamar seu rei, a família e os filhos dele.

"Constata-se com surpresa que quase nunca há mudanças no governo dos príncipes do oriente; de onde vem isso, se não for porque é tirânico e medonho?

"As mudanças só podem ser feitas pelo príncipe ou pelo povo, mas lá os príncipes não se importam em promovê-las, porque, num grau tão elevado de poder, eles têm tudo o que podem ter; se mudassem alguma coisa, não poderia ser em seu prejuízo.

"Quanto aos súditos, se alguém toma uma resolução, não teria como executá-la contra o Estado; deveria se deparar de imediato com um poder amedrontador e sempre único; falta-lhe o tempo como os meios; a única coisa que tem a fazer é ir à fonte desse poder e para tanto não precisa mais que um braço e um instante.

"O assassino sobe ao trono, enquanto o monarca desce dele, cai e expira a seus pés.

"Um descontente na Europa pensa em valer-se de algum plano secreto, em se infiltrar entre os inimigos, em tomar alguma praça, em incitar revoltas inúteis entre os súditos. Um descontente na Ásia vai direto ao príncipe, surpreende, bate, derruba e apaga dele até a lembrança; num instante escravo e senhor, num instante usurpador e legítimo.

"Infeliz do rei que só tem uma cabeça! Parece não reunir nela todo o seu poder senão para indicar ao primeiro ambicioso o local onde a haverá de encontrar por inteiro."

De Paris, 17 da lua de Rebiab 2, 1717.

CARTA 104

Usbek ao Mesmo

Todos os povos da Europa não são igualmente submissos a seus príncipes. Por exemplo, o humor impaciente dos ingleses não deixa praticamente ao rei o tempo de agravar sua autoridade. A submissão e a obediência são as virtudes de que menos se importam. Dizem a respeito coisas realmente extraordinárias. Segundo eles, só há um laço que pode ligar os homens, que é o da gratidão; um marido, uma mulher, um pai e um filho só estão ligados entre si pelo amor que se dedicam ou pelos benefícios que se proporcionam; e esses motivos diversos de reconhecimento são a origem de todos os reinos e de todas as sociedades.

Mas se um príncipe, longe de permitir a seus súditos de viver felizes, quer acabrunhá-los e destruí-los, o fundamento da obediência cessa; nada os liga, nada os apega a ele e voltam a sua liberdade natural. Sustentam que todo poder sem limites não poderia ser legítimo, porque nunca pode ter tido origem legítima. De fato, não podemos, dizem eles, dar a outro mais poder sobre nós do que nós próprios temos; ora, não temos sobre nós mesmos um poder sem limites; por exemplo, não podemos nos tirar a vida; logo, concluem, ninguém tem na terra semelhante poder.

O crime de lesa-majestade não é outra coisa, segundo eles, senão o crime que o mais fraco comete contra o mais forte, desobedecendo-lhe de alguma maneira como o outro lhe desobedece. Por isso o povo da Inglaterra, que se achou mais forte contra um de seus reis, declarou que era um crime de lesa-majestade para um príncipe mover guerra contra seus súditos. Têm, portanto, total razão ao dizer que o preceito de seu Alcorão, que ordena submeter-se a seus príncipes, não é muito difícil de cumprir porquanto lhes é impossível não observá-lo; tanto mais que não é ao mais virtuoso que são obrigados a se submeter, mas ao mais forte.

Os ingleses dizem que um de seus reis, depois de ter vencido e feito prisioneiro um príncipe que queria disputar a coroa com ele, quis recriminar sua infidelidade e sua perfídia, mas o príncipe desafortunado rebateu: "Há apenas um instante que foi decidido qual de nós dois é o traidor."[71]

Um usurpador declara rebeldes todos aqueles que não oprimiram a pátria como ele e, acreditando que não há lei onde não há juízes, faz reverenciar como sentenças do céu os caprichos do acaso e da fortuna.

De Paris, 20 da lua de Rebiab 2, 1717.

(71) Esse rei teria sido Eduardo IV que venceu o príncipe Eduardo, filho de HenriqueVI, na batalha de Tewkesbury em 1471.

CARTA 105

Rhedi a Usbek

Em Paris

Tu me falaste muito numa de tuas cartas das ciências e das artes cultivadas no ocidente. Tu podes me considerar um bárbaro, mas não sei se a utilidade que se tira delas compensa os homens do mau uso que delas se faz todos os dias.

Ouvi dizer que a única invenção das bombas tinha tirado a liberdade de todos os povos da Europa. Os príncipes, não podendo mais confiar a guarda das praças aos moradores que, com a primeira bomba, se teriam rendido, tiveram um pretexto para manter grandes destacamentos de tropas regulares, com as quais oprimiram em seguida seus súditos.

Sabes que, depois da invenção da pólvora, não há mais praças inexpugnáveis; isto quer dizer, Usbek, que não há mais na terra local de proteção contra a injustiça e a violência.

Temo sempre que se chegue no fim a descobrir algum segredo que forneça uma via mais curta para fazer perecer os homens, destruir os povos e todas as nações.

Leste os historiadores. Presta bem atenção. Quase todas as monarquias foram fundadas na ignorância das artes e só foram destruídas porque cultivaram demasiadamente as artes. O antigo império da Pérsia pode nos fornecer um exemplo doméstico disso.

Não faz muito tempo que estou na Europa, mas ouvi gente sensata falar das devastações da química. Parece que é um quarto flagelo que arruína os homens e os destrói por indivíduos, mas continuamente, enquanto que a guerra, a peste, a fome os destroem em massa, mas por intervalos.

De que nos serviu a invenção da bússola e a descoberta de tantos povos, senão para nos transmitir suas doenças antes que suas riquezas? O ouro e a prata tinham sido estabelecidos, por uma convenção geral, como o preço de todas as mercadorias e uma garantia de seu valor, porquanto esses metais eram raros e inúteis para qualquer outro uso; que nos importava, pois, que se tornassem mais comuns? E que, para assinalar o valor de uma mercadoria, tivéssemos dois ou três signos em vez de um? Isso só seria mais incômodo.

Mas, por outro lado, essa invenção foi realmente perniciosa para os países que foram descobertos. Nações inteiras foram destruídas e os homens que escaparam da morte foram reduzidos a uma escravidão tão rude, que o relato faz tremer os muçulmanos.

Feliz a ignorância dos filhos de Maomé! Amável simplicidade, tão querida a nosso santo profeta, tu me lembrarás sempre da singeleza dos antigos tempos e da tranquilidade que reinava no coração de nossos primeiros pais.

De Veneza, 5 da lua de Ramazan, 1717.

CARTA 106

Usbek a Rhedi

Em Veneza

Ou não pensas no que dizes ou fazes bem em não pensar. Deixaste tua pátria para te instruir e desprezas toda instrução; vens para te formar num país onde são cultivadas as belas artes e as consideras perniciosas. Que vou te dizer, Rhedi? Estou mais de acordo contigo do que tu estás contigo mesmo.

Chegaste a refletir sobre o estado bárbaro e infeliz para o qual nos levaria a perda das artes? Não é necessário imaginá-lo, pode-se vê-lo. Ainda há povos na terra em que um macaco mais ou menos instruído poderia viver com honra; estaria aproximadamente à altura dos outros habitantes; ninguém acharia que tivesse o espírito singular nem o caráter esquisito; passaria precisamente como qualquer outro e seria até mesmo distinguido por sua gentileza.

Dizes que os fundadores dos impérios ignoraram, quase todos eles, as artes. Não nego que povos bárbaros não tenham podido, como torrentes impetuosas, se espalhar sobre a terra e cobrir com seus exércitos ferozes os reinos mais civilizados. Mas, toma cuidado; eles aprenderam as artes ou obrigaram os povos vencidos a exercê-las; sem isso, seu poder teria passado como o barulho do trovão e das tempestades.

Temes, assim o dizes, que seja inventada alguma forma de destruição mais cruel do que aquela ora em uso. Não, se uma fatal invenção viesse a ser descoberta, seria imediatamente proibida pelo Direito das gentes e o consenso unânime das nações sepultaria essa descoberta. Não é do interesse dos príncipes realizar conquistas por semelhantes vias; devem procurar súditos e não terras.

Tu te queixas da invenção da pólvora e das bombas; achas estranho que não haja mais praça inexpugnável, ou seja, achas estranho que as guerras hoje terminem mais rápido do que antigamente.

Deves ter observado, ao ler a história, que depois da invenção da pólvora as batalhas são muito menos sangrentas do que eram porque não há mais praticamente luta corpo a corpo.

E se alguma vez ocorreu um caso particular em que uma arte tivesse sido prejudicial, deve-se por isso rejeitá-la? Pensas, Rhedi, que a religião que nosso santo profeta trouxe do céu seja perniciosa porque poderá um dia servir para confundir os pérfidos cristãos?

Acreditas que as artes amolecem os povos e por isso são causa da queda dos impérios. Falas da ruína daquele dos antigos persas, que teria sido o efeito da indolência deles, mas este exemplo deve decidir de vez a questão, uma vez que os gregos, que os venceram tantas vezes e os subjugaram, cultivavam as artes com um cuidado infinitamente superior ao deles.

Quando se diz que as artes tornam os homens efeminados, não se fala pelo menos das pessoas que a elas se aplicam, porquanto nunca estão na ociosidade que, de todos os vícios, é aquele que mais amolece a coragem.

Trata-se, portanto, somente daqueles que usufruem delas. Mas como, num país civilizado, aqueles que usufruem das comodidades de uma arte são obrigados a cultivar outra, a menos que se aceite ver-se reduzido a uma pobreza vergonhosa, segue-se que a ociosidade e a indolência são incompatíveis com as artes.

Paris é talvez a cidade mais sensual do mundo e onde são vividos os prazeres mais refinados, mas é talvez aquela em que se leva uma vida mais dura. Para que um homem possa viver deliciosamente, são necessários cem outros que trabalhem sem descanso. Uma mulher pôs na cabeça que deveria aparecer numa assembleia de uma maneira bem produzida; a partir desse momento, cinquenta artesãos não dormirão mais tranquilos e não terão mais tempo para beber e comer; ela manda e é obedecida com mais presteza que nosso monarca, porque o interesse é o maior monarca da terra.

Esse ardor pelo trabalho, essa paixão pelo enriquecimento passa de classe em classe, desde os artesãos até os grandes. Ninguém gosta de ser mais pobre daquele que acabou de ver logo abaixo dele. Vês em Paris um homem que tem do que viver até o dia do julgamento, mas que trabalha sem cessar e corre o risco de encurtar seus dias para acumular, segundo diz, do que viver.

O mesmo espírito se difunde na nação; só se vê trabalho e indústria. Onde está, portanto, esse povo efeminado de que tanto falas?

Suponho, Rhedi, que não se tolerasse num reino senão as artes absolutamente necessárias ao cultivo das terras, que são, no entanto, em grande número; e que se banisse todas aquelas que só servem para a voluptuosidade ou para a fantasia; afirmo que esse Estado seria um dos mais miseráveis que possa haver no mundo.

Quando os habitantes tivessem bastante coragem para passar sem tantas coisas que devem a suas necessidades, o povo definharia dia após dia e o Estado se tornaria tão fraco que não haveria potência, por menor que fosse, que não pudesse conquistá-lo.

Seria fácil entrar em longos detalhes e te mostrar que os rendimentos dos cidadãos privados deixariam de existir quase em absoluto e, por conseguinte, aqueles do príncipe. Não haveria praticamente mais relações de comércio entre os cidadãos; ver-se-ia terminar essa circulação de riquezas e essa progressão de rendimentos que provêm da dependência de umas das outras de todas as artes; cada cidadão privado viveria de suas terras e só retiraria delas o que lhe fosse absolutamente necessário para não morrer de fome. Mas como isso não chega às vezes à vigésima parte das rendas do Estado, seria necessário que o número dos habitantes diminuísse na mesma proporção e que não sobrasse senão a vigésima parte.

Presta bem atenção até onde chegam os rendimentos da indústria. Um terreno não produz anualmente a seu dono senão a vigésima parte de seu valor, mas com uma moeda um pintor pode fazer um quadro que chegará a valer cinquenta. O mesmo pode ser dito do ourives, dos artesãos que trabalham a lã, a seda e de toda espécie de artesão.

De tudo isso deve-se concluir, Rhedi, que, para que um príncipe seja poderoso, é preciso que os súditos vivam em delícias; é preciso que trabalhe para lhes proporcionar toda espécie de superfluidades, com tanta atenção como dedica às necessidades da vida.

De Paris, 14 da lua de Chalval, 1717.

CARTA 107

Rica a Ibben

Em Esmirna

Vi o jovem monarca. Sua vida é muito preciosa para seus súditos. Não o é menos para toda a Europa, pelas grandes perturbações que sua morte poderia produzir. Os reis são como os deuses; enquanto vivem, deve-se considerá-los imortais. Sua fisionomia é majestosa, mas encantadora; uma boa educação parece concorrer com um belo porte físico e já promete ser um grande príncipe.

Costuma-se dizer que nunca se pode conhecer o caráter dos reis do ocidente até que passem pelas duas grandes provas: a de sua amante e a de seu confessor. Logo se verá uma e outro trabalhar para influenciar o espírito dele e, para tanto, se entregará a grandes lutas. De fato, num jovem príncipe, esses dois poderes são sempre rivais, mas se conciliam e se reúnem quando velho. Num jovem príncipe, o dervixe tem um papel difícil a desempenhar; a força do rei faz sua fraqueza, mas a outra triunfa igualmente sobre sua fraqueza e sobre sua força.

Quando cheguei na França vi o falecido rei totalmente governado pelas mulheres e, no entanto, na idade em que se achava, acredito que era o monarca da terra que menos tinha necessidade disso. Ouvi um dia uma mulher que dizia: "É preciso que se faça alguma coisa para esse jovem coronel; conheço sua coragem; falarei disso ao ministro." Outra dizia: "É surpreendente que esse jovem padre tenha sido esquecido; é preciso que se torne bispo; é homem de bom nascimento e eu poderia responder por seus bons costumes." Não devevfgcxs, contudo, imaginar que aquelas que assim falavam fossem favoritas do príncipe; talvez não tivessem falado com ele duas vezes na vida; coisa, no entanto, muito fácil de fazer com os príncipes europeus. Mas é que não há ninguém que tenha algum emprego na corte, em Paris ou nas províncias, que não tenha uma mulher pelas mãos da qual passem todas as graças e algumas vezes as injustiças que ele pode fazer. Essas mulheres têm relações umas com as outras e formam uma espécie de república, cujos membros sempre ativos se auxiliam e se prestam serviços mutuamente; é como um novo Estado no Estado; e aquele que está na corte, em

Paris, nas províncias, que vê agir ministros, magistrados, prelados, se não conhecer as mulheres que os governam, é como um homem que vê uma máquina trabalhando, mas que não conhece suas engrenagens.

Acreditas, Ibben, que uma mulher se julga ser a amante de um ministro por deitar com ele? Que ideia! É para lhe apresentar cinco ou seis petições judiciais todas as manhãs e a bondade de seu caráter aparece no empenho que elas têm de fazer o bem a uma infinidade de infelizes, o que lhes proporciona cem mil libras de renda.

Na Pérsia nos queixamos que o reino é governado por duas ou três mulheres. Na França é muito pior, pois em geral as mulheres governam e não somente tomam por atacado, mas chegam a dividir entre si a varejo toda a autoridade.

De Paris, último dia da lua de Chalval, 1717.

CARTA 108

Usbek a ***

Há uma espécie de livros que não conhecemos na Pérsia e que aqui me parece que estão na moda: são os jornais. A preguiça se sente lisonjeada ao lê-los: fica-se encantado de poder percorrer trinta volumes num quarto de hora.

Na maioria dos livros o autor não fez a dedicatória usual, deixando os leitores numa situação inédita: ele os faz entrar semimortos numa matéria mergulhada num mar de palavras. Este quer se imortalizar por um *in-doze*, aquele por um *in-quarto*; outro, que tem inclinações mais belas, visa a um *in-fólio*(72): deve, portanto, estender seu tema nas devidas proporções, o que faz sem piedade, não tendo nenhuma pena do pobre leitor que se mata para reduzir o que o autor ampliou com tanto trabalho.

Não sei que mérito há em produzir semelhantes obras; faria outras tantas, se quisesse arruinar minha saúde e um livreiro.

O grande erro em que incorrem os jornalistas é que só falam de livros novos, como se a verdade nunca fosse nova. Parece-me que, até que alguém tenha lido todos os livros antigos, não tem nenhum motivo para dar preferência aos novos.

Mas desde que se impõem a lei de só falar das obras ainda quentes, recém-saídas da forja, se impõem outra, que é a de serem muito aborrecidos. Só cuidam de criticar os livros de que fazem extratos, por qualquer razão que seja; com efeito, qual o homem que é tão ousado para querer angariar dez ou doze inimigos todos os meses?

A maioria dos autores se assemelha aos poetas que suportam uma saraivada de golpes de bengala sem se queixar, mas que, pouco cuidadosos com suas costas, o são por suas obras, contra as quais na admitem a menor crítica. Deve-se, portanto, evitar de atacá-los por um lado tão sensível; e os jornalistas o sabem muito bem. Fazem, portanto, exatamente o contrário; começam elogiando o assunto que é abordado; primeira coisa sem graça; daí passam aos elogios do autor; elogios forçados, pois se defrontam com pessoas que ainda têm fôlego, prontos a defender sua causa e a trovejar, a golpes de caneta, contra um jornalista temerário.

De Paris, 5 da lua de Zilkadé, 1718.

(72) Na impressão de livros e periódicos, in-doze se diz do formato determinado pela dobradura de uma folha de impressão em 12 folhas iguais, correspondendo a 24 páginas; assim é chamado, portanto, o impresso com esse formato. O mesmo vale para in-fólio (dobradura de uma folha de impressão em duas iguais, resultando em a quatro páginas) e para in-quarto (dobradura de uma folha de impressão em quatro folhas iguais, resultando em oito páginas).

CARTA 109

RICA A ***

A universidade de Paris é a filha mais velha dos reis da França, e muito velha, pois tem mais de novecentos anos[73] (1); por isso de vez em quando sonha.

Contaram-me que ela teve, há algum tempo, uma grande discussão com alguns doutores por causa da letra *Q*[74] (2) que a Universidade queria que fosse pronunciada como *K*. A discussão se acalorou tanto, que alguns chegaram a ser despojados de seus bens; foi necessária a intervenção do Parlamento para acabar com a intriga e deu permissão, por meio de uma sentença solene, a todos os súditos do rei da França para pronunciar essa letra como melhor lhes aprouvesse. Era realmente bonito ver os dois organismos mais respeitáveis da Europa ocupados em decidir sobre a sorte de uma letra do alfabeto!

Parece, meu caro, que as cabeças dos maiores homens se reduzem quando estão reunidas e que, onde há mais sábios, há menos sabedoria. Os grandes organismo se apegam sempre tão fortemente às minúcias, aos usos inúteis, que o essencial sempre vem somente em segundo plano. Ouvi dizer que um rei de Aragão [75](3), tendo feito a união dos Estados de Aragão e da Catalunha, as primeiras sessões foram realizadas para decidir em que língua as decisões seriam transcritas; a disputa foi renhida; os Estados teriam rompido mil vezes, se não tivessem imaginado um expediente que consistia em que o pedido fosse feito em catalão e a resposta fosse dada em aragonês.

De Paris, 25 da lua de Zilkagé, 1718.

(73) Montesquieu segue a tradição popular que fazia remontar a fundação da Universidade a Carlos Magno (747-814); na verdade, foi fundada e organizada entre 1150 e 1170.

(74) Quer falar da querela de Ramus (Nota do autor).

(75) Foi em 1610 (Nota do autor).

CARTA 110

Rica a ***

O papel de uma linda mulher é muito mais sério do que se pensa. Não há nada mais sério do que se passa pela manhã na toalete, no meio de seus domésticos; um general do exército não dá mais atenção a dispor sua direita ou seu destacamento de reserva que ela a colocar um pinta que pode faltar, mas da qual espera ou prevê o sucesso.

Quanta tortura do espírito, quanta atenção para conciliar incessantemente os interesses de duas rivais, para parecer neutra às duas, enquanto é entregue a uma e a outra, e ainda se tornar mediadora em todos os motivos de queixa que elas apresentam!

Quanta preocupação para que se sucedam e renasçam os momentos de prazer e evitar todos os incidentes que poderiam rompê-los!

Com tudo isso, a maior dificuldade não é de se divertir; é de aparecer. Aborrece-as tanto quanto puder; elas perdoarão, contanto que se possa acreditar que se divertiram.

Estive, há poucos dias, num jantar que mulheres prepararam no campo. Pelo caminho diziam sem cessar: "Pelo menos, temos de nos divertir."

Não estávamos lá muito de acordo e, por conseguinte, bastante sérios. Uma das mulheres disse: "Devo confessar que nos divertimos bem; não há hoje em Paris um grupo tão alegre como o nosso." Como o aborrecimento me dominasse, uma mulher me sacudiu e me disse: "Ó homem! Não estamos, por acaso, de bom humor?" Bocejando, lhe respondi: "Sim, acho que vou morrer de tanto rir." Entretanto, a tristeza sempre triunfava nas reflexões e, quanto a mim, me senti levado, de bocejo em bocejo, para um sono letárgico que acabou com todos os meus prazeres.

De Paris, 11 da lua de Maharram, 1718.

CARTA 111

USBEK A ***

O reinado do falecido rei foi tão longo que o fim tinha feito esquecer o começo. Está na moda hoje ocupar-se somente dos acontecimentos ocorridos em sua minoridade e só se pode ler as memórias desse período.

Aqui vai o discurso que um dos generais da cidade de Paris pronunciou num conselho de guerra. Confesso que não entendo grande coisa dele.

Senhores, embora nossas tropas tenham sido rechaçadas com perdas, creio que nos será fácil reparar essa derrota. Tenho seis versos de uma canção prontos para serem colocados na ordem do dia, o que, estou certo, vão repor todas as coisas em seu equilíbrio. Escolhi algumas vozes muito limpas que, saindo da cavidade de certos peitos muito robustos, comoverão o povo de modo maravilhoso. Estão incluídos numa ária que, até o momento, produziu um efeito todo particular.

Se isso não for suficiente, distribuiremos um cartaz que mostrará Mazarino enforcado[76].

Para nossa felicidade, ele não fala bem francês e o arranha de tal forma que não é possível que seus negócios não declinem. Não deixamos de fazer notar ao povo o tom ridículo como pronuncia. Revelamos, há poucos dias, um erro de gramática tão grosseiro que foi motivo de piada em todas as esquinas.

Espero que antes de oito dias o povo fará do nome Mazarino uma palavra genérica para designar todas as bestas de carga e daquelas de tração.

Desde nossa derrota, nossa música a relacionou tão vergonhosa e furiosamente ao pecado original que, para não ver os partidários reduzidos à metade, ele foi obrigado a despedir todos os seus pajens.

Reanimem-se, portanto; retomem coragem e estejam certos que nós o faremos repronunciar as palavras ao som de nossas vaias.

De Paris, 4 da lua de Shahban, 1718.

---

(76) Giulio Mazarino (1602-1661), cardeal italiano (embora não fosse padre) e primeiro-ministro de Luís XIII e do começo do reinado de Luís XIV.

CARTA 112

Rhedi a Usbek

Em Paris

Durante a estada na Europa li os historiadores antigos e modernos; comparo todos os tempos; tenho prazer em vê-los passar, por assim dizer, diante de mim; detenho sobretudo meu espírito nessas grandes mudanças que tornaram as épocas tão diferentes das outras e a terra tão pouco semelhante a si mesma.

Talvez não prestaste atenção a uma coisa que todos os dias me causa surpresa. Como o mundo é tão povoado em comparação com aquele de outrora? Como a natureza pôde perder essa prodigiosa fecundidade dos primeiros tempos? Será que já está em sua velhice? Será que vai cair em langor?

Fiquei mais de um ano na Itália, onde só vi as ruínas dessa antiga Itália, tão famosa outrora. Embora todos habitem nas cidades, elas estão inteiramente desertas e despovoadas; parece que só subsistem ainda para indicar o local onde estavam essas cidades poderosas das quais a história tanto falou.

Há quem diga que a única cidade de Roma continha outrora mais gente que um grande reino da Europa contém hoje. Houve um cidadão romana que tinha dez e mesmo vinte mil escravos, sem contar aqueles que trabalhavam nas casas de campo; e como não houvesse nela senão quatro ou cinco mil cidadãos, não se pode calcular o número de seus habitantes sem que a imaginação se revolte.

Havia outrora, na Sicília, poderosos reinos e povos numerosos que depois desapareceram; essa ilha nada mais tem de considerável a não ser seus vulcões.

A Grécia está tão deserta que não contém a centésima parte de seus antigos habitantes.

A Espanha, outrora tão povoada, só mostra hoje áreas desabitadas e a França não é nada em comparação com essa antiga Gália de que fala César.

Os países do norte são muito desguarnecidos e é muito natural que neles os povos sejam obrigados como outrora a se separarem e a enviar para fora, como enxames, colônias e nações inteiras para procurar novas moradas.

A Polônia e a Turquia na Europa não têm quase mais gente.

Não se poderia encontrar na América a quinquagésima parte dos homens que nela formavam impérios tão grandes.

A Ásia não está em melhor estado. Essa Ásia Menor, que continha poderosas monarquias e um número tão prodigioso de grandes cidades, não tem mais que duas ou três. Quanto à grande Ásia, aquela que é dominada pelos turcos, não é mais povoada; quanto àquela que está sob a dominação de nossos reis, se for comparada ao estado florescente em que se encontrava outrora, ver-se-á que não tem mais que uma pequena parte dos habitantes que eram inumeráveis na época de Xerxes e de Dario.

Quanto aos pequenos Estados que estão nas proximidades desses grandes impérios, estão realmente desertos: tais são os reinos de Irimet, da Circássia e de Guriel. Esses príncipes, com vastos territórios, contam apenas cinquenta mil súditos.

O Egito não é diferente hoje dos outros países.

Finalmente, percorro a terra e só encontro ruínas; parece que a vejo saindo das devastações da peste e da fome.

A África sempre foi tão desconhecida, que não se pode falar dela com tanta precisão como das outras partes do mundo; mas, prestando atenção somente nas costas do Mediterrâneo, conhecidas desde sempre, vemos que decaiu totalmente em comparação do que era sob os cartagineses e sob os romanos. Hoje seus príncipes são tão fracos que são vistos como as menores potências do mundo.

Depois de um cálculo tão exato quanto possível nesses tipos de coisas, acredito que haja na terra apenas a décima parte dos homens que nela habitavam nos tempos antigos. O que há de surpreendente é que se despovoa todos os dias e, se continuar assim, em dez séculos não passará de um deserto.

Aí está, meu caro Usbek, a mais terrível catástrofe que jamais aconteceu no mundo. Mal percebemos isso porque ocorreu de modo imperceptível e no decurso de um grande número de séculos, o que denota um vício interior, um veneno secreto e oculto, uma doença de languidez que aflige a natureza humana.

De Veneza, 10 da lua de Regueb, 1718.

CARTA 113

Usbek a Rhedi

Em Veneza

O mundo, meu caro Rhedi, não é incorruptível; os próprios céus não o são; os astrônomos são testemunhas oculares de suas mudanças que são efeitos muito naturais do movimento universal da matéria.

A terra está sujeita, como os demais planetas, às leis do movimento, sofre dentro dela um combate perpétuo de seus princípios: o mar e o continente parecem estar numa guerra eterna; cada instante cria novas combinações.

Os homens, numa morada tão sujeita a mudanças, estão igualmente numa situação incerta; cem mil causas podem agir, capazes de destruí-los e, com maior razão, de aumentar ou diminuir seu número.

Não te falarei dessas catástrofes particulares, tão comuns nos historiadores, que destruíram cidades e reinos inteiros; há catástrofes gerais que muitas vezes colocaram o gênero humano a dois palmos de sua perda.

A história está repleta dessas pestes universais que, cada uma por sua vez, desolaram o mundo. A história fala de uma, entre outras, que foi tão violenta que queimou até a raiz das plantas [(77)] e se fez sentir em todo o mundo conhecido até o império de Katay[(78)]; um grau a mais dessa epidemia teria talvez destruído, num só dia, toda a natureza humana.

Não faz ainda dois séculos que a mais vergonhosa de todas as doenças[(79)] se fez sentir na Europa, na Ásia e na África; em pouco tempo teve avanços descomunais; teria sido o fim dos homens se tivesse continuado seu progresso com a mesma fúria. Acabrunhados de males desde o nascimento, incapazes de arcar com o peso dos cargos da sociedade, teriam perecido de modo miserável. Que teria sido, se o veneno tivesse sido um pouco mais forte? E ter-se-ia tornado, sem dúvida, se não tivéssemos tido a sorte de encontrar um remédio tão poderoso

(77) Provável alusão à peste negra que eclodiu em 1348 e que vitimou um terço da população de toda a Europa.

(78) Nome antigo da China.

(79) Referência à sífilis que, segundo se acreditava então, teria suas origens entre os índios das Américas.

como aquele foi descoberto [80]. Talvez essa doença, ao atacar os órgãos genitais, teria atacado a própria geração.

Mas por que falar da destruição que poderia ter ocorrido ao gênero humano? Não aconteceu de fato? E o dilúvio não o reduziu a uma única família?

Há filósofos que distinguem duas criações; aquela das coisas e aquela do homem; não querem admitir que a matéria e as coisas criadas tenham somente seis mil anos; que Deus tenha adiado, durante toda a eternidade, suas obras e só tenha usado ontem seu poder criador. Seria porque não teria podido? Ou porque não tivesse querido? Mas se não pôde num tempo, não teria podido em outro. É, portanto, porque não quis. Mas como não há sucessão em Deus, se for admitido que quis uma coisa uma vez, a quis sempre e desde o começo.

Entretanto, todos os historiadores falam de um primeiro pai: mostram-nos a natureza humana nascente. Não é natural pensar que Adão foi salvo de uma desgraça comum, como Noé o foi do dilúvio, e que esses grandes acontecimentos foram frequentes na terra, desde a criação do mundo?

Todas as destruições, porém, não são violentas. Vemos várias partes da terra cansar-se de fornecer subsistência ao homem. Que sabemos nós, se a terra inteira não possui causas gerais, lentas e imperceptíveis de cansaço?

Fiquei realmente feliz em te dar essas ideias gerais, antes de responder com mais particulares à tua carta sobre a diminuição dos povos, que vem ocorrendo há dezessete ou dezoito séculos. Numa carta seguinte te mostrarei que, independentemente de causas físicas, há causas morais que produziram esse efeito.

De Paris, 8 da lua de Shahban, 1718.

(80) O mercúrio.

CARTA 114

Usbek ao Mesmo

Procuras a razão pela qual a terra é menos povoada do que já foi outrora e, se prestares bem atenção, verás que a grande diferença reside com o que ocorreu nos costumes.

Desde que a religião cristão e a maometana dividiram entre si o mundo romano, as coisas mudaram muito; é bem plausível que essas duas religiões sejam favoráveis à propagação da espécie, bem mais que aquela desses senhores do universo.

Nesta última, a poligamia era proibida e nisso levava grande vantagem sobre a religião muçulmana; o divórcio era permitido, o que lhe conferia outra vantagem, não menos considerável, sobre a religião cristã.

Na vejo nada de tão contraditório como essa pluralidade de mulheres permitida pelo santo Alcorão e a ordem de satisfazê-las, dada no mesmo livro. De fato, o profeta diz: "Vede vossas mulheres, porque lhes sois necessários como suas vestes e elas vos são necessárias como vosso vestuário." [81](1) Aí está um preceito que torna a vida de um verdadeiro muçulmano bem penosa. Aquele que tem as quatro mulheres estabelecidas pela lei e somente outras tantas concubinas ou escravas, não deve ficar sobrecarregado com tanto vestuário?

E o profeta diz ainda: "Vossas mulheres são vossas trabalhadoras; aproximai-vos, portanto, de vossas trabalhadoras; fazei o bem para vossas almas e o encontrareis um dia."[82] (2)

Considero um bom muçulmano como um atleta, destinado a lutar sem descanso, mas que, logo estando fraco e oprimido por suas primeiras fadigas, definha no próprio campo da vitória; e se acha, por assim dizer, sepultado sob seus próprios triunfos.

A natureza age sempre com lentidão e, por assim dizer, com economia; suas operações nunca são violentas; até em suas produções quer temperança; sempre e somente caminha com regra e medida; se a precipitarmos, cai logo na languidez; emprega toda a força que lhe resta para se conservar, perdendo inteiramente sua virtude produtora e seu poder gerador.

(81) Alcorão, surata II, 183.

(82) Alcorão, surata II, 223.

É nesse estado de desfalecimento que sempre nos deixa esse grande número de mulheres, mais apropriado a nos esgotar do que a nos satisfazer. É muito comum, entre nós, ver um homem num serralho prodigioso com um número muito reduzido de filhos; até esses filhos são, na maioria das vezes, fracos e doentios e se ressentem da languidez de seu pai.

Isso não é tudo. Essas mulheres, obrigadas a uma continência forçada, têm necessidade de ter pessoas para vigiá-las, que só podem ser eunucos; a religião, o ciúme e a própria razão não permitem deixar que outras pessoas se aproximem delas; esses guardas devem ser contratados em grande número, a fim de manter a tranquilidade interna entre as guerras que essas mulheres se movem incessantemente, mas também para impedir tentativas vindas de fora. Desse modo, um homem que tem dez mulheres ou concubinas não tem muitas vezes outros tantos eunucos para vigiá-las. Mas que perda para a sociedade esse grande número de homens mortos desde seu nascimento! Quanta despovoação não deve se seguir disso!

As jovens escravas, que vivem no serralho para servir com os eunucos esse grande número de mulheres, envelhecem quase sempre numa aflitiva virgindade; não podem casar-se enquanto ali ficarem e suas patroas, uma vez acostumadas a elas, não se desfazem delas quase nunca.

Aí está como um só homem ocupa para seus prazeres tanta gente de um e de outro sexo, os faz morrer pelo Estado e os torna inúteis para a propagação da espécie.

Constantinopla e Isfahan são as capitais dos dois maiores impérios do mundo[83] (3); para lá tudo deve convergir e os povos, atraídos de mil maneiras, a elas se dirigem vindos de todas as partes. Entretanto, elas perecem por si mesmas e logo estariam totalmente destruídas, se os soberanos não fizessem vir, quase a cada século, nações inteiras para repovoá-las. Continuarei este assunto numa próxima carta.

De Paris, 13 da lua de Shahban, 1718.

(83) Constantinopla (hoje Istambul) era a capital do império otomano e Isfahan era a do império persa.

CARTA 115

Usbek ao Mesmo

Os romanos não tinham menos escravos que nós; tinham até mais, mas faziam deles melhor uso.

Longe de impedir, por vias forçadas, a multiplicação desses escravos, eles a favoreciam, pelo contrário, com todo o seu poder; eles os uniam, quanto podiam, com diferentes espécies de casamento; por esse meio enchiam suas casas de domésticos de ambos os sexos, de todas as idades e o Estado de um povo inumerável.

Essas crianças que faziam, a longo prazo, a riqueza de um patrão, nasciam de modo inumerável em torno dele; ele sozinho se encarregava de sua alimentação e de sua educação; os pais, livres desse fardo, seguiam unicamente a inclinação da natureza e multiplicavam sem temer uma família demasiado numerosa.

Já te disse que entre nós todos os escravos se ocupam em vigiar as mulheres e nada mais; que estão, com relação ao Estado, numa perpétua letargia, de modo que é preciso restringir a alguns homens livres, a alguns chefes de família, o cultivo das artes e das terras, e até mesmo esses se dedicam a ele o menos possível.

Não ocorria o mesmo entre os romanos. A república se servia, com uma vantagem infinita, dessa multidão de escravos. Cada um deles tinha seu pecúlio que possuía nas condições impostas por seu patrão; com esse pecúlio trabalhava e se dedicava ao trabalho que mais convinha à sua arte. Este tinha uma banca de comércio; aquele se dedicava aos trabalhos do mar; um vendia mercadorias a varejo; outro se aplicava a alguma arte mecânica ou arrendava e tornava terras produtivas; mas não havia nenhum que não se empenhasse, com todas as suas forças, para fazer esse pecúlio render, o que lhe proporcionava ao mesmo tempo o bem-estar na servidão presente e a esperança de uma liberdade futura; isso tornava um povo laborioso, animava as artes e a indústria.

Esses escravos, tornando-se ricos por seus cuidados e seu trabalho, compravam sua alforria e se tornavam cidadãos. A república se modificava sem cessar, recebendo em seu seio novas famílias, à medida que as antigas se destruíam.

Terei talvez, em minhas cartas seguintes, a oportunidade de te provar que, quanto mais homens houver num Estado, mais o comércio floresce; provarei também facilmente que, quanto mais o comércio floresce, mais o número de homens aumenta; essas duas coisas se ajudam mutuamente e se favorecem necessariamente.

Assim sendo, quanto esse número prodigioso de escravos, sempre laboriosos, deveria crescer e aumentar? A indústria e a abundância os fazia nascer e eles, por seu lado, faziam nascer a abundância e a indústria.

De Paris, 16 da lua de Shahban, 1718.

CARTA 116

Usbek ao Mesmo

Até aqui falamos dos países maometanos e procuramos a razão pela qual são menos povoados que aqueles que estavam sob a dominação dos romanos. Examinemos agora o que esse efeito produziu entre os cristãos.

O divórcio era permitido no paganismo e foi proibido aos cristãos. Essa mudança, que de início pareceu de tão diminuta consequência, teve imperceptivelmente sequelas terríveis e tamanhas que mal se pode acreditar.

Foi eliminada não somente toda a doçura do casamento, mas também se atentou contra sua finalidade; ao querer fortalecer seus laços, foram amenizados e, em lugar de unir os corações, como se pretendia, foram separados para sempre.

Num ato tão livre, no qual o coração deve ter tamanha participação, foram introduzidos o constrangimento, a necessidade e a fatalidade do próprio destino. Os desgostos, os caprichos e a insociabilidade dos temperamentos não foram levados em consideração; o que se quis foi fixar o coração, ou seja, fixar o que há de mais variável e inconstante na natureza; foram ligadas, sem retorno e sem esperança, pessoas oprimidas uma pela outra e quase sempre mal harmonizadas e se agiu como esses tiranos que mandavam amarrar homens vivos a cadáveres.

Nada contribuía mais para o apego mútuo que a faculdade do divórcio; um marido e uma mulher eram levados a suportar pacientemente as dificuldades domésticas, sabendo que eram senhores de fazê-las terminar e, muitas vezes, guardavam esse poder nas mãos durante toda a vida, sem fazer uso dele, pela única consideração de que eram livres de fazê-lo ou não.

Não ocorre o mesmo com os cristãos, uma vez que suas dificuldades presentes trazem desespero para o futuro. Não veem na desagregação do casamento senão sua duração e, por assim dizer, sua eternidade; disso decorrem os desgostos, as discórdias, o menosprezo e isso é pura perda para a posteridade. O casamento mal dura três anos e já se negligencia o essencial; os dois passam juntos mais trinta anos de frieza; formam-se separações íntimas tão fortes e talvez mais perniciosas que se fossem públicas; cada um vive e permanece de seu lado e tudo isso em detrimento das gerações futuras. Um homem, desgostoso com sua mulher eterna, logo se entregará às meretrizes, comércio vergonhoso e tão contrário à sociedade, o qual, sem preencher a finalidade do casamento, dele representa tão somente os prazeres.

Se de duas pessoas assim ligadas, há uma que não é adequada para o desígnio da natureza e para a propagação da espécie, seja por seu temperamento, seja por sua idade, sepulta a outra com ela e a torna tão inútil quanto ela própria.

Não há porque ficar surpreso ao ver, entre os cristãos, tantos casamentos dar um número tão pequeno de cidadãos. O divórcio foi abolido; os casamentos sem harmonia não se acertam mais; as mulheres não passam mais, como entre os romanos, sucessivamente nas mãos de vários maridos que disso tiravam, no decorrer dos anos, o melhor partido possível.

Ouso dizer: se numa república como a Lacedemônia, onde os cidadãos eram incessantemente mortificados por leis singulares e sutis e na qual havia apenas uma única família, que era a república, havia sido estabelecido que os maridos trocassem de mulher todos os anos, dessa situação teria surgido um povo inumerável.

É bastante difícil dar a entender com precisão o motivo que levou os cristãos a abolir o divórcio. O casamento, em todas as nações do mundo, é um contrato suscetível de todas as convenções e foram abolidas somente aqueles que poderia ter enfraquecido sua finalidade. Mas os cristãos não o consideram desse ponto de vista; por isso têm dificuldade em dizer precisamente o que é. Não o fazem consistir no prazer dos sentidos; pelo contrário, como já te disse, parece que querem banir o prazer tanto quanto possível; ao que parece é uma imagem, uma figura e algo de misterioso que não chego a compreender.

De Paris, 19 da lua de Shahban, 1718.

CARTA 117

Usbek ao Mesmo

A proibição do divórcio não é a única causa do despovoamento dos países cristãos; o grande número de eunucos que existem entre eles não é uma causa menos considerável.

Falo dos padres e dos dervixes, de ambos os sexos, que se votam a uma continência eterna; entre os cristãos é a virtude por excelência. Não entendo porquê, sabendo como sei que é simplesmente uma virtude da qual não resulta nada.

Acho que seus doutores se contradizem de modo manifesto quando dizem que o casamento é santo e que o celibato, que é o oposto, o é ainda mais; sem falar que, em questão de preceitos e de dogmas fundamentais, o bem é sempre o melhor.

O número dessas pessoas que fazem voto de celibato é prodigioso. Outrora os pais condenavam a esse estado seus filhos desde o berço; hoje, eles próprios se votam a ele desde a idade de catorze anos, o que é aproximadamente a mesma coisa.

Essa profissão de continência aniquilou mais homens que as pestes e as guerras mais sangrentas de que se tem notícia. Pode-se ver, em cada casa religiosa, uma família eterna, onde não nasce ninguém e que vive à custa de todas as outras. Essas casas estão sempre abertas, como outros tantos sorvedouros onde são enterradas as gerações futuras.

Essa política é bem diferente daquela dos romanos que estabeleciam leis penais contra aqueles que se furtavam às leis do casamento e queriam usufruir de uma liberdade tão contrária à utilidade pública.

Falo aqui somente dos países católicos. Na religião protestante, todo mundo goza do direito de fazer filhos; ela não tolera padres nem dervixes; se, no estabelecimento dessa religião, que reconduzia tudo aos primeiros tempos, os fundadores não tivessem sido acusados sem cessar de intemperança, não seria de duvidar que, após terem tornado a prática do casamento universal, não tivessem também amenizado o jugo e acabado por eliminar toda barreira que separa, nesse ponto, o Nazareno e Maomé.

Mas, seja como for, é certo que a religião confere aos protestantes uma vantagem infinita sobre os católicos.

Ouso dizer que, na situação presente em que se encontra a Europa, não é possível que a religião católica nela subsista quinhentos anos.

Antes da queda do poderio da Espanha, os católicos eram muito mais fortes que os protestantes. Estes últimos chegaram aos poucos a um equilíbrio. Os protestantes se tornarão mais ricos e mais poderosos e os católicos, mais fracos.

Os países protestantes devem ser, e são realmente, mais povoados que os católicos; disso se segue, em primeiro lugar, que os tributos são mais consideráveis, porque aumentam na proporção do número daqueles que os pagam; em segundo lugar, que as terras neles são mais bem cultivadas; finalmente, que o comércio floresce mais neles, porque há mais gente que procura fazer fortuna e que, com mais necessidades, neles têm mais recursos para alcançar seu objetivo. Quando só existe gente suficiente para cultivar as terras, é óbvio que o comércio perece e, quando só há o que é necessário para movimentar o comércio, é óbvio que o cultivo das terras é falho; ou seja, é preciso que os dois caiam ao mesmo tempo, porquanto nunca se privilegia um só que não seja em detrimento do outro.

Quanto aos países católicos, não somente o cultivo das terras está abandonado, mas até mesmo a indústria é quase inútil; ela não consiste senão em aprender cinco ou seis palavras de uma língua morta. Desde que um homem tem essa provisão diante dele, não sente mais necessidade de se preocupar com sua fortuna; encontra no claustro uma vida tranquila que, no mundo, lhe teria custado suores e dificuldades.

Isso não é tudo. Os dervixes têm em suas mãos quase todas as riquezas do Estado; é uma sociedade de pessoas avarentas, que tomam sempre e não devolvem nunca; acumulam rendimentos sem cessar para adquirir capitais. Tantas riquezas caem, por assim dizer, em paralisia; quanto mais circulação, mais comércio, mais artes, mais indústria.

Não há príncipe protestante que não recolha em suas nações muito mais impostos que o papa recolhe de seus súditos. Entretanto, estes últimos são pobres, enquanto que os primeiros vivem na opulência. O comércio reanima tudo nos primeiros e o monaquismo leva a morte em toda a parte entre os segundos.

De Paris, 26 da lua de Shahban, 1718.

CARTA 118

Usbek ao Mesmo

Nada mais temos a dizer da Ásia e da Europa. Passemos à África. Não podemos falar senão quase somente de suas costas, porque não conhecemos seu interior.

Aquelas da Barbária, onde a religião maometana está estabelecida, não são mais tão povoadas como o eram na época dos romanos, pelas razões que já te disse. Quanto às costas da Guiné, devem estar furiosamente desguarnecidas desde que há duzentos anos os régulos ou chefes dos vilarejos vendem seus súditos aos príncipes da Europa que os levam para suas colônias na América.

O que há de singular é que essa América, que recebe todos os anos tantos novos habitantes, está deserta e não tira proveito das perdas contínuas da África. Esses escravos, que são transferidos para outro clima, morrem aos milhares; os trabalhos das minas a que são destinados tanto os nativos como os estrangeiros, as exalações maléficas que delas efluem, o mercúrio que deve ser usado continuamente, os destroem sem retorno.

Não há nada de tão extravagante como fazer perecer um número incontável de homens para tirar do fundo da terra ouro e prata; esses metais, em si mesmos totalmente inúteis, e que só são riquezas porque foram escolhidos para serem símbolos.

De Paris, último dia da lua de Shahban, 1718.

CARTA 119

Usbek ao Mesmo

A fecundidade de um povo depende às vezes das mais insignificantes circunstâncias do mundo, de maneira que não é preciso com frequência mais que imaginar uma nova perspectiva para torná-lo muito mais povoado do que era.

Os judeus, sempre exterminados e sempre ressurgindo, compensaram suas perdas e sua destruição contínua por essa esperança única que têm todas as suas famílias de ver nascer um rei poderoso que será o senhor da terra.

Os antigos reis da Pérsia não tinham tantos milhares de súditos senão por causa desse dogma da religião dos magos que afirmava que os atos mais agradáveis a Deus, feitos pelos homens, eram de ter um filho, trabalhar um campo e plantar uma árvore.

Se a China tem em seu seio um povo tão numeroso, isso não provém senão de uma certa maneira de pensar, pois, como os filhos consideram seus pais como deuses, respeitando-os como tais nesta vida; como os honram depois de sua morte com sacrifícios, pelos quais acreditam que suas almas, aniquiladas no Tyen[84], retomam uma nova vida, todos são levados a aumentar uma família tão submissa nesta vida e tão necessária na outra.

Por outro lado, os países dos maometanos se tornam a cada dia mais desertos por causa de uma opinião que, por mais santa que seja, não deixa de ter efeitos perniciosos quando estiver enraizada na mente. Nós nos consideramos como viajantes que só devem pensar em outra pátria: os trabalhos úteis e duradouros, os cuidados para assegurar a fortuna de nossos filhos, os projetos que tendem para além de uma vida curta e passageira, nos parecem algo de extravagante. Tranquilos no presente, sem inquietações com relação ao futuro, não nos damos ao trabalho de restaurar nossos edifícios públicos nem de desbastar as terras incultas, nem de cultivar aquelas que estão em condições de receber nossos cuidados; vivemos numa insensibilidade geral e deixamos à providência fazer tudo.

Foi um espírito de vaidade que estabeleceu entre os europeus o injusto direito do primogênito, tão desfavorável à propagação porquanto concentra a atenção de um pai sobre um só de seus filhos e desvia seus olhos de todos os outros, porquanto o obriga, para tornar sólida a fortuna

(84) Palavra chinesa que significa céu, paraíso.

de um só, a se opor ao estabelecimento de vários; finalmente, porque destrói a igualdade dos cidadãos, que fundamenta toda a opulência deles.

De Paris, 4 da lua de Ramazan, 1718.

CARTA 120

Usbek ao Mesmo

Os países habitados pelos selvagens são geralmente pouco povoados, pela pouca propensão que têm quase todos eles pelo trabalho e pelo cultivo da terra. Essa infeliz aversão é tão forte que, quando proferem alguma imprecação contra qualquer um de seus inimigos, esperam qualquer outra coisa que não seja a de trabalhar os campos, pois acreditam que somente a caça e a pesca são um exercício nobre e digno deles.

Mas como há muitas vezes anos em que a caça e a pesca rendem muito pouco, são assolados por fomes frequentes, sem contar que não há país tão abundante em animais de caça e em peixes que possa prover à subsistência de um povo numeroso, porquanto os animais sempre fogem dos locais densamente povoados.

Por outro lado, os vilarejos dos selvagens, contando de duzentos a trezentos habitantes, distantes uns dos outros e com interesses tão diferentes como aqueles de dois impérios, não podem se sustentar, porque não possuem os recursos dos grandes Estados, onde todas as partes se comunicam e se auxiliam reciprocamente.

Há nos selvagens outro costume que não é menos pernicioso que o primeiro; é o cruel hábito das mulheres de abortar, a fim de que sua gravidez não as torne desagradáveis a seus maridos[85].

Aqui há leis terríveis contra essa desordem; chegam até o extremo. Toda a jovem que não declarou sua gravidez ao magistrado é punida de morte, se seu fruto perecer; o pudor e a vergonha, os próprios acidentes, não a escusam.

De Paris, 9 da lua de Ramazan, 1718.

(85) Informação extraída da obra Histoire de la grande isle de Madagascar de Etienne de Falcourt (1607-1660).

CARTA 121

Usbek ao Mesmo

O efeito comum das colônias é de enfraquecer os países de onde são tirados os migrantes, sem povoar aqueles para os quais são enviados.

É preciso que os homens permaneçam onde estão; há doenças que surgem pelo fato de se trocar um bom ar por um mau; outras surgem precisamente pelo fato de trocar de ares.

O ar está carregado, como as plantas, das partículas da terra de cada país. Age de tal forma sobre nós que nossa condição física é fixada por ele. Quando somos transportados para outro país, ficamos doentes. Os líquidos, estando acostumados a certa consistência, os sólidos a certa disposição, ambos a certo grau de movimento, não podem mais tolerar outros e resistem a novo ambiente.

Quando um país é deserto, representa um precedente de algum vício particular da natureza do terreno ou do clima; assim, quando os homens são tirados de um céu sereno para serem enviados para semelhante país, é feito exatamente o contrário do que se poderia propor.

Os romanos sabiam disso por experiência; relegavam todos os criminosos na Sardenha e para lá enviaram também judeus. Era preciso se consolar de sua perda, coisa que o desprezo que tinham por esses miseráveis tornava fácil.

O grande xá Abas, querendo tirar dos turcos o meio de manter grandes exércitos nas fronteiras, transferiu quase todos os armênios para fora de seu país e enviou mais de vinte mil famílias deles para a província de Guilan, as quais pereceram quase todas em muito pouco tempo.

Todas as transferências de povos feitas para Constantinopla nunca tiveram sucesso.

Esse número prodigioso de negros, dos quais falamos, não conseguiu povoar a América.

Desde a destruição dos judeus sob Adriano, a Palestina está sem habitantes.

Deve-se admitir, portanto, que as grandes destruições são quase irreparáveis, porque um povo que vier a falta em certo ponto permanece na mesma condição; e se, por acaso, consegue se restabelecer, são necessários séculos para isso.

Se num estado de fraqueza, a menor das circunstâncias de que falei chega a concorrer, não somente não se recupera, mas vai definhando todos os dias, tendendo a seu aniquilamento.

A expulsão dos mouros da Espanha ainda se faz sentir como no primeiro dia; longe de que esse vazio seja preenchido, torna-se a cada dia maior.

Desde a devastação da América, os espanhóis, que tomaram o lugar de seus antigos habitantes, não conseguiram repovoá-la; pelo contrário, por uma fatalidade que preferiria designá-la de justiça divina, os destruidores se destroem a si próprios e decrescem a cada dia.

Os príncipes não devem, portanto, pensar em povoar grandes países por meio de colônias. Não digo que não tenham sucesso às vezes; há climas tão bons que a espécie neles se multiplica sempre; testemunham isso essas ilhas que foram povoadas por doentes que alguns navios abandonavam nelas e que logo recobraram a saúde[86].

Se essas colônias, porém, tiverem sucesso, em lugar de aumentar o poder, não fariam senão dividi-lo, a menos que tivessem pouca extensão, como aquelas que são enviadas para ocupar algum entreposto de comércio.

Os cartagineses tinham, como os espanhóis, descoberto a América ou pelo menos as grandes ilhas nas quais desenvolveram um comércio prodigioso; mas quando viram o número de seus habitantes diminuir, essa sábia república proibiu a seus súditos esse comércio e essa navegação.

Ouso dizer que, em vez de mandar os espanhóis para as Índias, seria necessário introduzir os índios e os mestiços na Espanha; seria necessário devolver a essa monarquia todos os seus habitantes dispersos e, se somente a metade dessas grandes colônias fossem conservadas, a Espanha se tornaria a potência mais temível da Europa.

Os impérios podem ser comparados a uma árvore, cujos ramos muito extensos tiram toda a seiva do tronco e só servem para produzir sombra.

Nada é mais apropriado para corrigir os príncipes do furor pelas conquistas distantes que o exemplo dos portugueses e dos espanhóis.

Essas duas nações, ao conquistarem com uma rapidez inconcebível

(86) Parece que o autor fala da ilha de Bourbon (Nota do autor). Hoje, ilha da Reunião. Montesquieu tinha lido na obra de Flacourt (ver Carta 120, nota 1) o relato de doze franceses deixados nessa ilha e que nela viveram muitos anos sem qualquer doença; aqueles que haviam desembarcado doentes recobraram a saúde (NT).

reinos imensos, mais surpresas com suas vitórias que os povos vencidos com suas derrotas, pensaram nos meios de conservá-las; e cada uma tomou, para tanto, uma via diferente.

Os espanhóis, sem esperança de reter as nações vencidas na fidelidade, optaram por exterminá-las e enviar da Espanha para lá habitantes fiéis; jamais plano mais horrível foi tão prontamente executado. Viu-se um povo, tão numeroso quanto todos os povos da Europa juntos, desaparecer da terra com a chegada desses bárbaros que pareceram, ao descobrir as Índias, não ter pensado senão em descobrir aos homens qual era o cúmulo da crueldade.

Por meio dessa barbárie conservaram esse país sob seu domínio. Julga com isso como as conquistas são funestas, porquanto esses são seus efeitos. De fato, esse remédio medonho era único. Como poderiam manter tantos milhões de homens na obediência? Como enfrentar uma guerra civil de tão longe? Que se teriam tornado, se tivessem dado tempo a esses povos de se recomporem da admiração em que estavam com a chegada desses novos deuses e do temor de seus raios?

Os portugueses tomaram uma via totalmente oposta; não usaram de crueldades; por isso foram logo expulsos de todos os países que haviam descoberto. Os holandeses fomentaram a rebelião desses povos e tiraram proveito dela.

Que príncipe invejaria a sorte desses conquistadores? Quem haveria de querer conquistas nessas condições? Uns foram logo expulsos, ao passo que os outros transformaram esses países em desertos e tornaram seu próprio país um deserto também.

É o destino dos heróis arruinar-se ao conquistar países que de repente perdem ou ao submeter nações que eles próprios são obrigados a destruir; como aquele insensato que se empenhava com ânsia em comprar estátuas para jogá-las no mar e vidros para quebrá-los logo em seguida.

De Paris, 18 da lua de Ramazan, 1718.

CARTA 122

Usbek ao Mesmo

A tranquilidade do governo contribui maravilhosamente para a propagação da espécie. Todas as repúblicas são uma prova constante disso e, mais que todas, a Suíça e a Holanda, os dois piores países da Europa, se for considerada a natureza do terreno, e que, no entanto, são os mais povoados.

Nada atrai mais os estrangeiros que a liberdade e a opulência que dela sempre decorre; uma é buscada em si e somos conduzidos por nossas necessidades ao país onde se encontra a outra.

A espécie se multiplica num país onde a abundância provê para os filhos, sem diminuir em nada a subsistência dos pais.

A própria igualdade dos cidadãos, que produz geralmente a igualdade nas fortunas, traz a abundância e a vida em todos os segmentos do organismo político e as difundem em toda parte.

O mesmo não ocorre nos países submetidos ao poder arbitrário; o príncipe, os cortesãos e alguns cidadãos privados possuem todas as riquezas, enquanto que todos os outros gemem numa pobreza extrema.

Se um homem estiver em condições ruins e pressentir que terá filhos mais pobres que ele, não se casará ou, se se casar, ficará receoso de ter um número muito grande de filhos que poderiam terminar por arruinar sua pequena fortuna e acabariam por ficar numa situação pior que a de seu pai.

Admito que o camponês, uma vez casado, terá filhos de qualquer maneira, seja ele rico, seja pobre; essa consideração não lhe diz respeito; sempre tem uma herança segura para deixar a seus filhos, que é sua enxada; e nada o impede de seguir cegamente o instinto da natureza.

Mas para que serve, num Estado, esse número de filhos que definham na miséria? Morrem quase todos à medida que nascem; nunca prosperam; fracos e debilitados, morrem um por um de mil maneiras, enquanto são levados em massa pelas frequentes doenças populares que a miséria e a má alimentação sempre produzem; aqueles que escapam atingem adulta sem ter forças e vão definhando pelo resto da vida.

Os homens são como as plantas que nunca crescem com vigor, se não forem bem cultivadas; nos povos miseráveis a espécie perde e algumas vezes até mesmo degenera.

A França pode fornecer um grande exemplo de tudo isso. Nas guerras passadas, o temor em que se encontravam todos os filhos da famílias de serem alistados no exército os obrigava a casar [(87)] e isso numa idade muito jovem e no meio da pobreza. De tantos casamentos nasciam muitos filhos que são procurados ainda na França, mas que a miséria, a fome e as doenças fizeram desaparecer.

Se num céu tão feliz, num reino tão civilizado como a França são feitos semelhantes reparos, o que não deveria ser feito nos outros Estados?

De Paris, 23 da lua de Ramazan, 1718.

CARTA 123

Usbek ao Mulá Mehmet-Ali, Guarda dos Três Túmulos em Qom

De que nos servem os jejuns dos imãs e os cilícios dos mulás? A mão de Deus baixou com todo o seu peso duas vezes sobre os filhos da lei: o sol escureceu e parece que não ilumina mais senão suas derrotas; seus exércitos se reúnem e são dissipados como a poeira.

O império dos osmanlis foi abalado pelas duas maiores derrotas que jamais conheceu[(88)]; um mufti cristão[(89)] não o apoia senão com dificuldade; o grão vizir da Alemanha[(90)] é o flagelo de Deus, enviado para castigar os seguidores de Omar: leva em toda parte a ira do céu, irritado com sua rebelião e sua perfídia.

Espírito sagrado dos imãs, choras dia e noite pelos filhos do profeta que o detestável Omar[(91)] desencaminhou; tuas entranhas se comovem à vista de suas desgraças; desejas sua conversão e não sua perda; gostarias de vê-los reunidos sob o estandarte de Ali, pelas lágrimas dos santos, e não dispersos nas montanhas e nos desertos, por causa do terror dos infiéis.

De Paris, 1.º da lua de Chalval, 1718.

(87) Uma determinação de 1688 e outra de 1701 prescreviam de só alistar soldados entre os solteiros.

(88) Os turcos haviam perdido Timishoara (cidade da Romênia) e Belgrado em 1717.

(89) Provável alusão ao cardeal Giulio Alberoni (1664-1752), ministro do rei da Espanha Filipe V, que encorajou o sultão contra o imperador do império austro-húngaro.

(90) O príncipe Eugênio (1663-1736), generalíssimo austríaco, de marcante presença nas guerras sustentadas pelo império austro-húngaro.

(91) Omar I, segundo sucessor de Maomé. O autor salienta a hostilidade dos persas (xiitas, seguindo a tradição de Ali) contra os turcos, sunitas e seguidores da tradição de Abu Bekr.

CARTA 124

Usbek a Rhedi

Em Veneza

Qual pode ser o motivo dessas imensas liberalidades que os príncipes distribuem a seus cortesãos? Querem atraí-los para seu lado? Já os têm, tanto quanto podem ser. Além disso, se conquistam alguns de seus súditos comprando-os, será necessário, pela mesma razão, que percam uma infinidade deles ao empobrecê-los.

Quando penso na situação dos príncipes, sempre cercados de homens ávidos e insaciáveis, não posso deixar de lamentá-los; e os lamento ainda mais quando não têm a força de resistir a pedidos sempre onerosos para aqueles que nada pedem.

Nunca ouço falar de suas liberalidades, dos favores e das pensões que concedem, que eu não me entregue a mil reflexões; um multidão de ideias se apresenta à minha mente; parece-me que vejo publicar essa disposição:

"A coragem infatigável de alguns de nossos súditos em nos pedir pensões, tendo exercido sem descanso nossa magnificência real, finalmente cedemos à multidão dos requerimentos que nos apresentaram, os quais até exigiram até agora a maior solicitude do trono. Afirmaram-nos que não faltaram, desde nossa entronização na coroa, de estar presentes a nosso levantar; que sempre os vimos em nossa passagem imóveis como marcos e que se elevaram na ponta dos pés para olhar, por sobre os ombros dos outros, nossa serenidade. Recebemos até mesmo diversos requerimentos de algumas pessoas do belo sexo que nos suplicaram a prestar atenção ao fato notório de que elas são de comunicação muito difícil; algumas, mesmo em avançada idade, nos rogaram, balançando a cabeça, de prestar atenção que foram o ornamento da corte dos reis, nossos predecessores; e que, se os generais de seus exércitos tornaram o Estado temido por seus feitos militares, elas não tornaram a corte menos célebre por suas intrigas. Assim, desejando tratar os requerentes com bondade e lhes conceder todos os seus pedidos, ordenamos o que se segue:

"Que todo camponês que tenha cinco filhos corte diariamente a quinta parte do pão que lhes dá. Ordenamos aos pais de família de fazer a diminuição para cada um deles tão justa como possa ser feita.

"Proibimos expressamente a todos aqueles que se dedicam ao cultivo de suas terras ou que as arrendaram a outros de fazer qualquer reparação nelas, de qualquer espécie que seja.

"Ordenamos que todas as pessoas que exercem trabalhos vis e mecânicos, pessoas que nunca estiveram presentes ao levantar de nossa majestade, não comprem doravante roupas para eles, para suas mulheres e para seus filhos a não ser de quatro em quatro anos; interdizemo-lhes, além disso, de forma rigorosa, essas pequenas comemorações que costumavam celebrar em suas famílias nas principais festas do ano.

"E visto que ficamos cientes de que a maioria dos burgueses de nossas boas cidades estão inteiramente ocupados em prover ao estabelecimento de suas filhas, as quais não se tornaram recomendáveis em nosso Estado senão por uma triste e aborrecida modéstia, ordenamos que esperam a casá-las até que, atingindo a idade limitada por nossas ordenações, possam constrangê-las a isso. Proibimos a nossos magistrados de prover à educação de seus filhos."

De Paris, 1.º dia da lua de Chalval, 1718.

CARTA 125

Rica a ***

Ficamos realmente embaraçados em todas as religiões quando se tratar de dar uma ideia dos prazeres que são destinados para aqueles que viveram bem. Espantamos facilmente os maus por uma longa sequela de penas, com as quais os ameaçamos, mas para as pessoas virtuosas não sabemos o que lhes prometer. Parece que a natureza dos prazeres deva ser de curta duração; a imaginação tem dificuldade em representar outros.

Vi descrições do paraíso capazes de levar todas as pessoas de bom senso a renunciar a ele; alguns fazem essas sombras felizes tocar flauta sem cessar; outros as condenam ao suplício de passear eternamente; outros, finalmente, que as fazem sonhar lá em cima com as amantes da terra, não acreditaram que cem milhões de anos fossem um limite bastante longo para lhes tirar o gosto dessas inquietações amorosas.

Lembro-me a propósito de uma história que ouvi contar por um homem que havia estado no país do Grão-Mogol. Ela mostra que os sacerdotes indianos não são menos estéreis que os outros nas ideias que se fazem dos prazeres do paraíso.

Uma mulher, que acabava de perder seu marido, dirigiu-se formalmente à casa do governador da cidade pedir-lhe permissão para se imolar na fogueira, mas como nos países sujeitos aos maometanos foi abolido, dentro do possível, esse cruel costume, ele recusou categoricamente a permissão.

Ao ver que suas súplicas eram impotentes, ficou furiosamente alterada e dizia: "Vejam só como nos oprimem! Não se permite sequer que uma pobre mulher se imole na fogueira quando tem vontade! Já se viu alguma vez coisa semelhante? Minha mãe, minha tia, minhas irmãs se imolaram. E quando vou pedir permissão a esse maldito governador, ele se zanga e se põe a gritar como um enraivecido."

Lá se encontrava por acaso um jovem bonzo. "Homem infiel, lhe disse o governador, foste tu que colocaste esse furor no espírito dessa mulher? – Não, respondeu, nunca lhe falei, mas se ela acreditar em mim, consumará seu sacrifício; fará uma ação agradável ao deus Brama e será muito bem recompensada por isso, pois reencontrará no outro mundo seu marido e recomeçará com ele um segundo casamento. – Que dizes? Interveio a mulher surpresa. Vou reencontrar meu marido? Ah! não quero mais saber de fogueira. Ele era ciumento, desgostoso e, além disso, tão velho que, se o deus Brama não tiver feito alguma reforma nele, certamente não tem necessidade de mim. Imolar-me por causa dele!... Nem sequer a ponta do dedo para retirá-lo do fundo dos infernos. Dois velhos bonzos que me seduziam e que sabiam de que maneira eu vivia com ele evitaram de me dizer tudo; mas, se o deus Brama só tem esse presente para me dar, renuncio a essa beatitude. Senhor governador, vou me tornar muçulmana. E tu, disse olhando o bonzo, tu podes, se quiseres, ir dizer a meu marido que me sinto muito bem."

De Paris, 2 da lua de Chalval, 1718.

CARTA 126

Rica a Usbek

Em ***

Eu te espero aqui amanhã. Entretanto, envio-te tuas cartas de Isfahan. As minhas contam que o embaixador do Grão-Mogol recebeu a ordem de sair do reino. Conta-se que mandaram prender o príncipe, tio do rei, encarregado de sua educação; que mandaram levá-lo a um castelo, onde é rigorosamente vigiado e que foi privado de todas as suas honras. Estou preocupado com a sorte do príncipe e o lamento.

Confesso, Usbek, nunca vi correr as lágrimas de ninguém sem ficar comovido; sinto pena dos infelizes, como se somente eles fossem homens, e até mesmo dos grandes, pelos quais sinto a dureza de meu coração quando são elevados a seus cargos, mas que os amor logo que caem em desgraça.

De fato, que têm eles a ver na prosperidade de uma inútil ternura? Ela se aproxima muito da igualdade. Preferem muito mais respeito, que não requer retorno. Mas, tão logo caíram de sua grandeza, não há senão nossos lamentos que possam reavivar-lhes o pensamento dela.

Acho algo de muito singelo, e mesmo de realmente grande, nas palavras de um príncipe que, prestes a cair nas mãos de seus inimigos, vendo seus cortesãos em torno dele que choravam, disse: "Sinto por vossas lágrimas que ainda sou rei."(92)

De Paris, 3 da lua de Chalval, 1718.

(92) Palavras atribuídas a Dario III, rei da Pérsia, após sua derrota em Arbela (331 a.C.), decretada por Alexandre.

CARTA 127

Rica a Ibben

Em Esmirna

Ouviste falar mil vezes do famoso rei da Suécia que sitiava uma praça num reino chamado Noruega; enquanto visitava a trincheira, sozinho com um engenheiro, levou um golpe na cabeça e morreu. Imediatamente prenderam seu primeiro-ministro; os organismos do Estado se reuniram e o condenaram à morte[93].

Era acusado de um grande crime: o de ter caluniado a nação e de lhe ter feito perder a confiança em seu rei; crime que, a meu ver, merece mil mortes.

De fato, se é uma má ação difamar no espírito do príncipe o último de seus súditos, que será quando se difama a nação inteira e que se tira dela a benevolência daquele que a providência estabeleceu para promover sua felicidade?

Gostaria que os homens falassem aos reis como os anjos falam a nossa santo profeta.

Sabes que, nos banquetes sagrados, quando o senhor dos senhores desce do mais sublime trono do mundo para se comunicar com seus escravos, eu me impus como lei severa prender minha língua indócil; nunca me viram deixar escapar uma única palavra que pudesse ser amarga ao último de seus súditos. Quando fui obrigado a deixar de ser sóbrio, nunca deixei de ser honesto e, nessa prova de nossa fidelidade, arrisquei minha vida, mas jamais minha virtude.

Não sei como possa acontecer que quase nunca há um príncipe tão mau que seu ministro não o seja ainda mais; se comete alguma ação má, quase sempre lhe foi sugerida, de maneira que a ambição dos príncipes nunca é tão perigosa como a baixeza de alma de seus conselheiros. Podes entender como um homem, que não é ministro senão desde ontem e que pode não sê-lo mais amanhã, possa tornar-se num momento o inimigo de si próprio, de sua família, de sua pátria e da gente que sempre há de nascer, daquele que ele vai mandar oprimir?

(93) O rei em questão é Carlos XII (1682-1718) que foi morto no cerco de Fredrikshald a 30 de novembro de 1718. O condenado foi o barão Henrique de Goertz, executado em 1719.

Um príncipe tem paixões; o ministro as remove; é por esse caminho que dirige seu ministério; não tem outro objetivo, nem quer saber de outro. Os cortesãos seduzem o príncipe por seus elogios; e o ministro o envolve mais perigosamente por seus conselhos, pelos planos que lhe inspira e pelas máximas que lhe propõe.

De Paris, 25 da lua de Safar, 1719.

CARTA 128

Rica a Usbek

*Em ****

Passei outro dia pela Ponte Nova com um de meus amigos; encontrou um conhecido que, segundo me disse, era um geômetra; não tinha nada que não o fizesse parecer, pois estava num devaneio profundo; foi preciso que meu amigo o puxasse repetidas vezes pela manga e o sacudisse para fazê-lo descer até ele, de tal modo estava ocupado com uma curva geométrica que o atormentava talvez havia mais de oito dias. Os dois trocaram muitas gentilezas e revelaram um ao outro algumas notícias literárias. Essa conversa os levou até a porta de um café, no qual entrei junto com eles.

Observei que nosso geômetra foi recebido por todos com solicitude e que os garçons do café faziam muito mais caso dele que de dois mosqueteiros sentados num canto. Para ele, parecia-lhe estar num local agradável, pois desenrugou um pouco seu rosto e se pôs a rir, como se não tivesse a menor familiaridade com geometria.

Entretanto, seu espírito regular tosava tudo o que se dizia na conversa. Parecia aquele que, num jardim, cortava com sua espada a ponta das flores que se sobressaíssem acima das outras. Mártir de sua exatidão, ficava ofendido por uma tirada, como uma vista delicada é ofendida por uma luz muito intensa. Nada lhe era indiferente, contanto que fosse verdade. Por isso a conversa era singular. Ele havia chegado nesse mesmo dia do campo com um homem que havia visto um castelo soberbo e jardins magníficos. Ele, no entanto, só havia visto um edifício de sessenta pés de comprimento por trinta e cinco de largura e um pequeno bosque sem proporções definidas de dez jeiras; teria gostado muito que as regras da perspectiva tivessem sido de tal forma observadas que as alamedas fossem em todo o âmbito da mesma largura; teria dado para isso um método infalível. Pareceu muito contente com um relógio de sol que havia divisado, de uma estrutura muito singular; mas ficou enraivecido com um sábio, que estava perto dele, que infelizmente lhe perguntou se esse relógio de sol marcava as horas babilônicas. Um contador de histórias falou do bombardeio do castelo de Fontarábia[94]; ele imediatamente nos deu as propriedades da linha

(94) Situado em Guipuzcoa, no golfo da Gasconha, tomado em 1719 pelo marechal Berwick.

que as bombas haviam descrito no ar e, encantado por saber isso, quis ignorar inteiramente o sucesso delas. Um homem se queixava por ter sido arruinado no inverno anterior por uma inundação; o geômetra então disse: "O que dizes me agrada muito, pois vejo que não me enganei na observação que fiz, ou seja, que caíram na terra pelo menos duas polegadas de água a mais que no ano passado."

Logo a seguir ele saiu e nós o seguimos. Como andasse muito depressa e não cuidasse de olhar na frente dele, deu um encontrão em cheio em outro homem; eles se chocaram com força e, com isso, cada um espirrou para um lado, em razão recíproca de sua velocidade e de suas massas. Logo que se recuperaram um pouco de seu atordoamento, esse homem, levando a mão à testa, disse ao geômetra: "Fico muito feliz pelo encontrão, pois tenho uma grande novidade para te contar: acabo de dar ao público meu Horácio[95].

– Como! – diz o geômetra. Há dois mil anos que sua obra é conhecida.

– Não me entendes – retrucou o outro. É uma tradução desse antigo autor, que acabo de publicar. Há vinte anos que me ocupo com traduções.

– Como, senhor! – diz o geômetra – há vinte anos que não pensas? Falas pelos outros e eles pensam por ti?

– Senhor – diz o sábio – acreditas que não prestei um grande serviço ao público ao lhe tornar a leitura dos bons autores familiar?

– Não digo isso de modo algum. Estimo como qualquer outro os sublimes gênios que traduzes, mas tu não te assemelhas a eles, pois se continuares traduzindo sempre, ninguém vai te traduzir.

– As traduções são como essas moedas de cobre que têm na realidade o mesmo valor que uma moeda de ouro e que têm até mesmo um uso bem maior entre o povo, mas são sempre fracas e de má qualidade.

– Queres, segundo dizes, fazer renascer entre nós esses ilustres mortos e acredito que lhes darás até um corpo, mas não lhes devolverás a vida; sempre vai faltar um espírito para reanimá-los. Por que não te aplicas antes à pesquisa de tantas belas verdades que um cálculo fácil nos leva a descobrir todos os dias?"

Depois desse pequeno conselho, eles se separaram, e acredito, muito descontentes um com relação ao outro.

De Paris, último dia da lua de Rebiab 2, 1719.

(95) Quintus Horatius Flaccus (65-8 a.C.), poeta latino; principais obras: Odes, Sátiras.

CARTA 129

Usbek a Rhedi

Em Veneza

A maioria dos legisladores foram homens limitados que o acaso colocou no comando dos outros e que quase consultaram somente suas presunções e suas fantasias.

Parece que desconheceram a grandeza e até mesmo a dignidade de sua obra; divertiram-se em fundar instituições pueris, com as quais, na verdade, se conformaram às mentes pequenas, mas foram desacreditados pelas pessoas de bom senso.

Dedicaram-se a minúcias inúteis, cederam em casos particulares e isso denota um gênio estreito que só vê as coisas por partes e que é incapaz de ter uma visão geral mais abrangente.

Alguns chegaram até a se servir de outra língua que não a popular; coisa absurda para um homem que elabora leis. Como se poderia observá-las, se não são conhecidas?

Com frequência aboliram sem necessidade aquelas que encontraram já estabelecidas, ou seja, lançaram os povos em desordens inseparáveis das mudanças.

É verdade que, por uma esquisitice que provém antes da natureza do que do espírito dos homens, às vezes é necessário mudar certas leis. Mas o caso é raro e, quando ocorrer, não se deve tocar nelas senão com mão trêmula; são observadas tantas solenidades e tomadas tantas precauções, que o povo conclui naturalmente que as leis são realmente santas, porquanto não necessárias tantas formalidades para ab-rogá-las.

Muitas vezes as fizeram muito sutis e seguiram ideias lógicas antes que a equidade natural. Logo a seguir são vistas como demasiado duras e, por um espírito de equidade, acharam por bem eliminá-las, mas esse remédio era um novo mal. Quaisquer que sejam as leis, é necessário segui-las sempre e considerá-las como a consciência pública, à qual aquela dos cidadãos privados deve sempre se conformar.

É preciso, no entanto, admitir que alguns deles tiveram uma atenção que reflete muita sabedoria; a de dar aos pais uma grande autoridade sobre os filhos. Nada alivia mais os magistrados; nada deixa mais sem ação os tribunais; nada, enfim, difunde mais tranquilidade num Estado, onde os costumes fazem sempre melhores cidadãos que as leis.

De todos esses poderes, é aquele de que menos se abusa; é a mais sagrada de todas as magistraturas; é a única que não depende de convenções e que até mesmo as precedeu.

Observa-se que, nos países onde se coloca nas mãos paternas mais recompensas e punições, as famílias são mais harmoniosas; os pais são a imagem do criador do universo que, embora possa conduzir os homens por seu amor, não deixa de ligá-los a ele ainda pelos motivos da esperança e do temor.

Não vou terminar esta carta sem te fazer observar a esquisitice do espírito dos franceses. Dizem que extraíram das leis romanas um número infinito de coisas inúteis e mesmo piores, mas não tomaram delas o poder paterno que elas haviam estabelecido como a primeira autoridade legítima.

De Paris, 4 da lua de Gemmadi 2, 1719.

CARTA 130

Rica a ***

Vou te falar nesta carta de um certo grupo que é chamado de os novidadeiros; eles se reúnem num jardim magnífico, onde sua ociosidade está sempre ocupada. São totalmente inúteis ao Estado e seus discursos de cinquenta anos não têm um efeito diferente daquele que tivesse podido produzir um silêncio tão longo; entretanto, eles se julgam mais que importantes porque discutem sobre projetos magníficos e tratam de grandes interesses.

A base de suas conversas é uma curiosidade frívola e ridícula; não há gabinete tão secreto que não pensem em entrar; não poderiam conformar-se em ignorar alguma coisa; sabem quantas mulheres tem nosso sultão, quantos filhos tem por ano e, embora não se metam a espionar, são informados das medidas que toma para humilhar o imperador dos turcos e o Grão-Mogol.

Ma esgotaram o presente, se precipitam no futuro e, caminhando na frente da providência, a previnem de todas as atitudes dos homens. Conduzem um general pela mão e, depois de tê-lo elogiado de mil tolices que não fez, lhe preparam mil outras que não fará.

Fazem os exércitos voar como as grous e cair as muralhas como se fossem de papel; têm pontes sobre todos os rios, caminhos secretos em todas as montanhas, lojas imensas nas areias escaldantes; só lhes falta o bom senso.

Há um homem, com quem moro, que recebeu esta carta de um novidadeiro; como me pareceu singular, eu a guardei; aqui está ela.

Senhor

Engano-me raramente em minhas previsões sobre o tempo. No dia 1.º de janeiro de 1711 predisse que o imperador José morreria no decurso do ano; é verdade que, como estava gozando de boa saúde, achei que levaria os outros a rir de mim se me explicasse de uma maneira bem clara; por esse motivo me servi de termos um pouco enigmáticos, mas as pessoas que sabem raciocinar me entenderam muito bem. No dia 17 de abril do mesmo ano, ele morreu de sífilis branda.

Desde que a guerra entre o imperador e os turcos foi declarada, fui procurar nossos amigos em todos os cantos das Tulherias e os reuni perto da fonte e lhes predisse o cerco de Belgrado e que a cidade seria tomada. Fiquei muito contente ao ver que minha predição se cumpriu. É verdade que, na metade do cerco, eu apostava cem moedas que a cidade seria tomada no dia 18 de agosto[96]*, mas só foi tomada no dia seguinte; pode-se perder uma aposta dessas?*

Quando vi que a frota da Espanha desembarcava na Sardenha, julguei que a conquistaria; eu o disse e se revelou ser verdade. Orgulhoso por esse sucesso, acrescentei que essa frota vitoriosa iria desembarcar em Finale para conquistar o ducado de Milão. Como encontrei resistência para convencer os outros disso, quis defendê-la com toda glória: apostei cinquenta moedas e as perdi todas, pois esse diabo de Alberoni, apesar da fé dos tratados, enviou sua frota para a Sicília e enganou de uma só vez dois grandes políticos, o duque de Savoia e eu.

Tudo isso, senhor, me desnorteia tanto que resolvi predizer sempre e não apostar nunca. Outrora não tínhamos nas Tulherias o costume das apostas e o falecido senhor conde L. não as suportava; mas depois que um grupo de jovens se misturou conosco, não sabemos mais onde estamos. Mal abrimos a boca para contar uma novidade, um desses jovens propõe apostar contra.

Outro dia, quando abria meu manuscrito e ajeitava meus óculos no nariz, um desses fanfarrões, captando justamente o intervalo da primeira palavra para segunda, me disse: "Aposto cem moedas que não." Fiz menção de não ter prestado atenção a essa extravagância e, retomando a palavra com voz mais alta, disse: "O senhor marechal ***, ao saber..." – "Isso é falso, me disse ele; tu tens sempre novidades extravagantes; tudo isso não faz sentido algum." Peço-te, senhor, de me fazer o favor de me emprestar trinta moedas, pois confesso que essas apostas me desestabilizaram realmente. Vou te enviar a cópia de duas cartas que escrevi ao ministro. Sou teu, etc.

Cartas de um novidadeiro ao ministro.

Ilustríssimo senhor

Sou o súdito mais zeloso que o rei jamais teve. Sou eu que obriguei a um de meus amigos a executar o projeto que eu tinha de um livro

(96) Ano de 1717 (Nota do autor).

para demonstrar que Luís, o Grande, era o maior de todos os príncipes que mereceram o título de Grande. Trabalho há muito tempo em outra obra que será ainda mais honrosa para nossa nação, se Vossa Grandeza quiser me conceder um privilégio: minha intenção é provar que, desde o início da monarquia, os franceses nunca foram derrotados e que aquilo que os historiadores disseram até hoje de nossas desvantagens são verdadeiras imposturas. Sou obrigado a corrigi-los em muitas ocasiões e ouso me orgulhar que sou brilhante sobretudo na crítica. Sou, etc.

Ilustríssimo senhor

Em vista da perda que sofremos do senhor conde L., suplicamos de bondosamente nos permitir eleger um presidente. A desordem se instalou em nossas conferências e os negócios do Estado não são mais tratados nelas com a mesma discussão do passado; nossos jovens vivem inteiramente sem respeito para com os antigos e, entre eles, sem disciplina; é o verdadeiro conselho de Roboão(97) que os jovens impõe aos anciãos. É em vão que reclamamos que éramos pacíficos detentores das Tulherias vinte anos antes que eles tivessem vindo ao mundo; creio que no fim nos expulsarão e, obrigados a abandonar esses lugares, onde tantas vezes evocamos as sombras de nossos heróis franceses, será preciso que vamos apresentar nossas conferências no jardim do rei ou em qualquer local mais afastado. Sou...

De Paris, 7 da lua de Gemmadi 2, 1719.

(97) Alusão ao conselho dos jovens ao novo rei de Israel, Roboão, filho de Salomão, fato narrado na Bíblia (1.º Livro dos Reis, XII, 8).

CARTA 131

Rhedi a Rica

Em Paris

Uma das coisas que mais despertou minha curiosidade ao chegar à Europa foi a história e a origem das repúblicas. Sabes que a maioria dos asiáticos não tem a mínima ideia dessa espécie de governo e não imagina que possa haver na terra outro governo que o despótico.

Os primeiros governos que conhecemos eram monárquicos; foi somente por acaso e no decorrer dos séculos que se formaram as repúblicas.

A Grécia, depois de ter sido submerso por um dilúvio, novos habitantes vieram povoá-la, quase todos de suas colônias do Egito e das regiões mais próximas da Ásia; como essas regiões eram governadas por reis, os povos que delas saíram foram governados da mesma forma. Mas a tirania desses príncipes, tornando-se muito pesada, sacudiram o jugo e, sobre as ruínas de tantos reinos, se ergueram essas repúblicas que fizeram florescer tanto a Grécia, que se tornou a única civilizada no meio dos bárbaros.

O amor pela liberdade, o ódio contra os reis conservaram por muito tempo a Grécia na independência e difundiu para longe o governo republicano. As cidades gregas encontraram aliados na Ásia Menor; nela fundaram colônias tão livres como elas, que lhes serviram de proteção contra as ambições dos reis da Pérsia. Isso não é tudo. A Grécia povoou a Itália; a Itália povoou a Espanha e talvez a Gália. Sabe-se que esse grande ocidente, tão famoso para os antigos, era no começo a Grécia que seus vizinhos consideravam como uma morada de felicidade. Os gregos que não se sentiam felizes em seu território foram procurar a Itália; aqueles da Itália, a Espanha; aqueles da Espanha, a Bética ou Portugal, de modo que todas essas regiões já tinham esse nome entre os antigos. Essas colônias gregas cresceram num espírito de liberdade, herança do país de origem. Desse modo, não se encontram, nesses tempos remotos, monarquias na Itália, na Espanha e na Gália. Logo verás que os povos do norte e da Alemanha não eram menos livres e, se forem encontrados vestígios de algum reino entre eles, é que transformaram em reis os comandantes dos exércitos ou das repúblicas.

Tudo isso se passava na Europa, pois, a Ásia e a África sempre foram oprimidas pelo despotismo, se forem excetuadas algumas cidades da Ásia Menor de que falamos e a república de Cartago na África.

O mundo foi dividido entre duas poderosas repúblicas, a de Roma e a de Cartago. Nada há tão conhecido como o início da república romana e nada tão desconhecido como a origem de Cartago. Ignora-se totalmente a sequência dos príncipes africanos depois de Dido e como perderam seu poder. Teria sido uma grande felicidade para o mundo que a expansão prodigiosa da república romana, se não tivesse existido essa diferença injusta entre os cidadãos romanos e os povos vencidos; se tivesse sido concedida aos governadores das províncias uma autoridade menor; se as leis tão santas para impedir sua tirania tivessem sido observadas; e se não tivessem se servido, para fazê-las calar, dos mesmos tesouros que sua injustiça havia acumulado.

César oprimiu a república romana e a submeteu a um poder arbitrário.

A Europa gemeu por muito tempo sob um governo militar e violento e a suavidade romana foi transformada numa cruel opressão.

Entretanto, uma infinidade de nações desconhecidas saiu do norte, se espalhou como torrentes nas províncias romanas e, ao encontrar tantas facilidades para realizar conquistas como para praticar suas piratarias, essas nações desmembraram o império e fundaram reinos. Esses povos eram livres e limitavam tanto a autoridade de seus reis que estes não passavam de chefes ou generais. Dessa forma, esses reinos, embora fundados pela força, não sentiram o jugo do vencedor. Quando os povos da Ásia, como os turcos e os tártaros, fizeram conquistas, submetidos à vontade de um só, não pensaram senão em lhe dar novos súditos e estabelecer pelas armas sua autoridade violenta. Os povos do norte, porém, livres em sua região, ao se apoderarem das províncias romanas, não concederam a seu chefe uma grande autoridade. Alguns desses povos, como os vândalos na África, os godos na Espanha, depunham seus reis quando não estavam satisfeitos com eles; e, entre os outros, a autoridade do príncipe era limitada de mil maneiras diferentes: um grande número de senhores a dividia com ele; as guerras só eram feitas com o consentimento deles; os despojos eram divididos entre o chefe e os soldados; nenhum imposto existia em favor do príncipe; as leis eram definidas nas assembleias da nação. Esse era o princípio fundamental de todos esses Estados que se formaram sobre as ruínas do império romano.

De Veneza, 20 da lua de Regueb, 1719.

CARTA 132

RICA A ***

Há cinco ou seis meses estava num café. Nele observei um homem bastante bem vestido que todos escutavam. Falava do prazer em viver em Paris. Deplorava sua situação, por estar obrigado a ir definhar no interior e dizia: "Tenho quinze mil libras, que é o valor de minhas terras, e me julgaria mais feliz se tivesse um quarto disso em dinheiro e em objetos pessoais para levar em toda parte. É inútil pressionar meus agregados e oprimi-los com multas; só os torno mais insolventes; nunca pude ver cem moedas de uma vez. Se devesse dez mil francos, seguramente tomariam todas as minhas terras e eu acabaria num asilo."

Saí sem dar muita atenção a todo esse discurso, mas, ao me encontrar ontem nesse mesmo bairro, entrei no mesmo café e vi um homem sério, de rosto pálido e alongado, que, no meio de cinco ou seis que falavam, parecia indiferente e pensativo até que, tomando bruscamente a palavra, disse elevando a voz: "Sim, senhores, estou arruinado. Não tenho mais do que viver, pois atualmente tenho em minha casa duzentas mil libras em cédulas e cem mil escudos de prata; encontro-me numa situação terrível; julgava estar rico e aqui estou num asilo. Se tivesse pelo menos tão somente um terreno diminuto para onde pudesse me retirar, estaria certo que teria do que viver, mas não tenho em terras nem o equivalente ao tamanho deste chapéu."

Voltei por acaso a cabeça para outro lado e vi outro homem que fazia caretas de possesso e exclamava: "Em quem confiar doravante? Há um traidor, que o julgava de tal forma que era um de meus amigos, que lhe emprestei meu dinheiro e ele o devolveu! Que perfídia horrível! É inútil, em minha mente, ele será sempre desonrado."

Bem perto dali estava um homem muito mal vestido que, erguendo os olhos aos céus, dizia: "Que Deus abençoe os projetos de nossos ministros! Que eu possa ver as ações de milhares e todos os lacaios de Paris mais ricos que seus senhores!" Tive a curiosidade de perguntar quem era e me disseram: "É um homem extremamente pobre; por isso tem uma pobre profissão: é genealogista e espera que sua haverá de render, se as fortunas continuarem, pois todos esses novos ricos terão necessidade dele para reformar seus nomes, civilizar seus ancestrais e ornar suas carruagens. Imaginar que poderá transformar tantas pessoas em gente de qualidade quantas quiser e vibra de alegria ao pressentir que poderá multiplicar suas pesquisas."

Finalmente vi entrar um ancião pálido e seco que o reconheci como novidadeiro antes que se sentasse. Não era um daqueles que possuem uma segurança vitoriosa contra todos os reveses e que predizem sempre as vitórias e os troféus; pelo contrário, era um desses medrosos que só têm notícias tristes. "Os negócios vão muito mal perto da Espanha – disse; não temos cavalaria na fronteira; é de se temer que o príncipe Pio[98], que possui um grande destacamento dela, não tome conta de todo o Languedoc."

Na minha frente estava um filósofo que demonstrava compaixão pelo novidadeiro e dava de ombros cada vez que ele levantava a voz. Aproximei-me dele que me disse ao ouvido: "Há uma hora que esse tonto está nos falando sobre seus temores com relação ao Languedoc e eu percebi ontem à tarde uma mancha no sol que, se aumentar, levará toda a natureza a cair num entorpecimento, mas eu não disse uma palavra sequer."

De Paris, 17 da lua de Ramazan, 1719.

(98) O príncipe Pio de Savoia comandava as tropas espanholas na Catalunha e ameaçava invadir a região francesa de Languedoc.

CARTA 133

Rica a ***

Outro dia fui ver uma grande biblioteca num convento de dervixes que são como que os depositários dela, mas que são obrigados a deixar entrar nela qualquer pessoa em determinadas horas.

Ao entrar, vi um homem sério que caminhava no meio de um número incontável de volumes que o cercavam. Cheguei até ele e lhe pedi que me dissesse que livros eram aqueles que eu via mais bem encadernados que os outros. “Senhor, me disse, moro aqui numa terra estrangeira, não conheço ninguém. Muitas pessoas me fazem perguntas similares, mas certamente que não iria ler todos esses livros para satisfazê-las. Tenho meu bibliotecário que vai te responder, pois se dedica dia e noite para decifrar tudo o que estás vendo; é um homem que não vale nada e que nos é um peso, porque não trabalha para o convento. Acabo de ouvir a hora da refeição que toca. Aqueles que, como eu, estão na direção de uma comunidade devem ser os primeiros a chegar em todos os exercícios.” Dizendo isso, o monge me conduziu para fora e fechou a porta; como se tivesse voado, desapareceu da minha frente.

De Paris, 21 da lua de Ramazan, 1719.

CARTA 134

Rica ao Mesmo

No dia seguinte voltei a essa biblioteca, onde encontrei um homem totalmente diferente daquele que havia visto na primeira vez. Tinha aparência simples, de uma fisionomia espiritual e de uma abordagem muito afáveis. Logo que o deixei a par de minha curiosidade, empenhou-se em satisfazê-la e até mesmo, embora fosse estrangeiro, em me instruir.

"Padre, lhe perguntei, que são estes grossos volumes que ocupam todo este lado da biblioteca? – São os intérpretes da Escritura. – Há um grande número deles, continuei; a Escritura devia ser bem obscura outrora e bem clara hoje. Permanecem ainda algumas dúvidas? Pode haver ainda pontos contestados? – Se os há, bom Deus! Se os há! Há tantos quantas são as linhas, respondeu. – Sim? – retorqui. E que fizeram todos esses autores? – Esses autores, continuou ele, não procuraram na Escritura o que se deve crer, mas aquilo que eles próprios acreditam; não a consideraram como um livro no qual estavam contidos os dogmas que deviam acatar, mas como uma obra que poderia conferir autoridade a suas próprias ideias; é por isso que corromperam todo o sentido dela e deram outra leitura a todas as suas passagens. É um país onde os homens de todas as seitas fazem incursões e vão à pilhagem; é um campo de batalha onde as nações inimigas que se encontram se entregam decididamente a combates, nos quais se atacam, fazem escaramuças de todas as maneiras."

"Bem perto deles, vês os livros ascéticos ou de devoção; a seguir, os livros de moral, muito mais úteis; aqueles de teologia, duplamente ininteligíveis, tanto pela matéria que neles é tratada como pela maneira de tratá-la; as obras dos místicos, isto é, dos devotos que têm o coração sensível. – Ah, padre! Um momento, interrompi; não vás tão depressa; fala-me desses místicos. – Senhor, me disse, a devoção inflama um coração disposto à ternura e envia espíritos ao cérebro que o inflamam da mesma forma, nascendo disso os êxtases e os arrebatamentos. Esse estado é o delírio da devoção; com frequência se aperfeiçoa ou logo degenera em quietismo[99]. Sabes que um quietista não é outra coisa senão um homem louco, devoto e libertino."

"Aqui estão os casuístas que põem à luz do dia os segredos da noite; que formam, em sua imaginação, todos os monstros que o demônio do amor pode produzir, os reúnem, os comparam e fazem deles o objeto eterno de seus pensamentos; felizes se seu coração não se põe à parte e não se torna ele próprio cúmplice de tantos desvios tão singelamente descritos e tão nuamente pintados!"

"Vês, senhor, que penso livremente e digo tudo o que penso. Sou naturalmente singelo e mais ainda contigo que és estrangeiro, que queres saber das coisas e sabê-las tais como são. Se quisesse, não te falaria de tudo isso senão com admiração; eu te diria sem cessar: 'Isso é divino, aquilo é respeitável, tem algo de maravilhoso.' Disse decorreria, de duas coisas uma, ou te enganaria ou me desonraria em teu espírito."

Ficamos nisso. Um compromisso, para o qual o dervixe foi chamado, interrompeu nossa conversa até o dia seguinte.

De Paris, 23 da lua de Ramazan, 1719.

(99) O quietismo é uma doutrina católica que vingou no século XVII, promovida pela senhora Guyon com o apoio do bispo Fénelon (1651-1715), e que fazia repousar a perfeição cristã máxima na extinção da próprio vontade e no abandono total à presença divina na alma. A doutrina foi condenada pelo Vaticano; Fénelon se retratou em 1699, mas a senhora Guyon foi presa e exilada.

CARTA 135

Rica ao Mesmo

Retornei na hora marcada. O homem me levou precisamente ao local onde havíamos parado e me disse: "Aqui estão os gramáticos, os glosadores e os comentadores. – Padre, lhe disse, todos esses não podem se dispensar de ter bom senso? – Sim, podem, respondeu, e mesmo não transparece; suas obras não ficam piores, o que é muito cômodo para eles. – Isso é verdade, lhe disse, e conheço muitos filósofos que fariam muito bem dedicar-se a essa espécie de ciências."

Ele prosseguiu: "Aqui estão os oradores, que têm o talento de persuadir independente das razões, e os geômetras, que obrigam um homem, apesar de tudo, a ficar persuadido e o convencem com tirania."

"Aí estão os livros de metafísica, que tratam de tão grandes interesses e nos quais o infinito se encontra em toda parte; os livros de física, que demonstram tanto as maravilhas na economia do vasto universo como na máquina mais simples de nossos artesãos."

"Os livros de medicina, esses monumentos da fragilidade da natureza e do poder da arte, que fazem tremer quando tratam das doenças, mesmo das mais leves, pois nos tornam presente a morte, mas que nos colocam em total segurança quando falam do efeito dos remédios, como se nos tivéssemos tornado imortais."

"Bem perto deles estão os livros de anatomia que contêm bem menos a descrição das partes do corpo humano do que os nomes bárbaros que lhes conferiram, coisa que não cura nem o doente de seu mal nem o médico de sua ignorância."

"Aí está a química que reside ora no hospital, ora nos hospícios, como moradas que lhe são igualdade apropriadas."

"Aqui estão os livros de ciência, ou melhor, de ignorância oculta. São aqueles que contêm alguma espécie de diabrura; execráveis, segundo a maioria das pessoas, lamentáveis a meu ver. Tais são também os livros de astrologia judiciária(100). – Que dizes, padre? Os livros de astrologia judiciária?, perguntei com entusiasmo. São aqueles a que damos mais importância na Pérsia; regulam todas as ações de nossa

(100) Designação do estudo dos astros com o objetivo de predizer o futuro.

vida e influenciam em nossos empreendimentos; os astrólogos são propriamente nossos diretores; fazem mais, penetram no governo do Estado. – Se assim for, me disse ele, viveis sob um jugo bem mais duro do que aquele da razão; esse é o mais estranho de todos os domínios; lamento realmente uma família, e muito mais uma nação, que se deixa dominar tanto pelos planetas. – Nós nos servimos da astrologia, retruquei, como vós vos servis da álgebra. Cada nação tem sua ciência, segundo a qual regula sua política. Todos os astrólogos juntos nunca cometeram tantas tolices em nossa Pérsia como um só de vossos algebristas cometeram aqui. Julgas que o concurso fortuito dos astros não seja uma regra tão segura como os belos raciocínios de vosso fazedor de sistemas? Se fossem contados os palpites a respeito, na França e na Pérsia, seria um belo tema de triunfo para a astrologia; verias os calculadores totalmente humilhados; que corolário acabrunhador não se poderia deduzir contra eles?"

Nossa discussão foi interrompida e tivemos de nos deixar.

De Paris, 26 da lua de Ramazan, 1719.

CARTA 136

Rica ao Mesmo

Na entrevista seguinte, meu sábio me levou num gabinete particular e me disse: "Aqui estão meus livros de história moderna. Primeiramente, os historiadores da Igreja e dos papas, livros que leio para me edificar e que, muitas vezes, criam em mim um efeito totalmente contrário."

"Lá estão aqueles que escreveram sobre a decadência do formidável império romano que se havia formado sobre as ruínas de muitas monarquias e sobre cuja queda se formaram tantas outras novas. Um número infinito de povos bárbaros, tão desconhecidos como as regiões que habitavam, apareceu de repente e esses bárbaros o inundaram, o devastaram, o despedaçaram e fundaram todos os reinos que agora vês na Europa. Esses povos não eram propriamente bárbaros, pois eram livres, mas se tornaram a partir do momento em que, submetidos em sua grande maioria a uma potência absoluta, perderam essa doce liberdade, tão conforme à razão, à humanidade e à natureza.

"Aqui vês os historiadores do império da Alemanha que não passa de uma sombra do primeiro império, mas que é, acredito, a única potência existente na terra que a divisão não enfraqueceu; a única, creio ainda, que se fortifica na medida de suas perdas e que, lenta em aproveitar dos sucessos, se torna indomável em suas derrotas.

"Aqui estão os historiadores da França, nos quais se vê em primeiro lugar o poder dos reis se formar, morrer duas vezes, renascer, definhar em seguida durante vários séculos, mas, retomando imperceptivelmente forças, vindas de todas as partes, chegar a seu último período: semelhante a esses rios que, em seu curso, perdem suas águas ou se escondem sob o chão; depois, reaparecendo, engrossados pelos rios que neles desembocam, arrastam com rapidez tudo o que se opõe à sua passagem.

"Ali, vês a nação espanhola surgir atrás de algumas montanhas; os príncipes maometanos subjugados tão imperceptivelmente como a tinham rapidamente conquistado; tantos reinos reunidos numa ampla monarquia que se tornou quase a única até que, oprimida por sua própria grandeza e por sua falsa opulência, perdeu sua força e sua própria reputação e conservou praticamente só o orgulho de seu primeiro poder.

"Aqui estão os historiadores da Inglaterra, país em que se vê a liberdade surgir incessantemente dos fogos da discórdia e da sedição; o príncipe sempre vacilante num trono inabalável; uma nação impaciente, sábia em seu próprio furor e que, senhora do mar (coisa inaudita até então), mistura o comércio com o império.

"Bem perto dali estão os historiadores dessa outra rainha do mar, a república da Holanda, tão respeitada na Europa e tão formidável na Ásia, onde seus comerciantes veem muitos reis prostrados diante deles.

"Os historiadores da Itália te apresentam uma nação outrora senhora do mundo, hoje escrava de todas as outras; seus príncipes divididos e fracos e sem outro atributo de soberania que uma política inútil.

"Aí estão os historiadores das repúblicas; da Suíça, que é a imagem da liberdade; de Veneza, que só tem recursos em sua economia; e de Gênova, que só soberba por seus navios.

"Aqui estão aqueles do norte e, entre outros, a Polônia que usa tão mal de sua liberdade e do direito que tem de eleger seus reis que parece que queira consolar com isso os povos vizinhos que perderam um e outro."

Com isso nos separamos até o dia seguinte.

De Paris, 2 da lua de Chalval, 1719.

CARTA 137

Rica ao Mesmo

No dia seguinte, ele me levou para outro gabinete e me disse: "Neste local estão os poetas', ou seja, esses autores cuja profissão é pôr entraves ao bom senso e oprimir a razão sob os encantos, como eram sepultadas outrora as mulheres sob o peso de seus ornamentos e sob sua arte de produzir-se. Tu os conheces; não são raros entre os orientais, onde o sol mais ardente parece aquecer a própria imaginação."

"Aí estão os poemas épicos. – Oh! Que são poemas épicos? – Na verdade, me disse, não sei nada disso; os conhecedores dizem que só foram feitos dois e que os outros que assim são classificados não o são; é por isso que não sei. Dizem, além disso, que é impossível fazer outros novos e isso é ainda mais surpreendente.

"Aqui estão os poetas dramáticos que, a meu ver, são os poetas por excelência e os mestres das paixões. Há duas espécies deles: os cômicos, que nos comovem tão suavemente, e os trágicos, que nos perturbam e nos agitam com grande violência.

"Aqui estão os líricos, que desprezo tanto quanto estimo os outros e que fazem de sua arte uma harmoniosa extravagância.

"Em seguida, pode-se ver os autores dos idílios e das églogas que agradam, até mesmo às pessoas da corte, pela ideia que lhes transmitem de certa tranquilidade que não possuem e porque os descrevem na condição de pastores.

"De todos os autores que vimos, aqui estão os mais perigosos: são aqueles que aguçam os epigramas, que são pequenas flechas soltas que provocam uma chaga profunda e inacessível aos remédios.

"Aqui podes ver os romances, cujos autores são uma espécie de poetas que exageram a linguagem do espírito e do coração; passam a vida investigando a natureza e nunca conseguem; seus heróis são tão estranhos como os dragões alados e os hipocentauros."

Então lhe disse: "Vi alguns de vossos romances; se pudesses ver os nossos, ficarias ainda mais chocado. São tão pouco naturais e, além disso, extremamente turbados por nossos costumes; são necessários dez anos de paixão, antes que um amante tenha podido ver somente o rosto de sua amada. Entretanto, os autores forçados a fazer passar os leitores por esses aborrecidos preliminares. Ora, é impossível que os incidentes sejam variados; recorre-se a um artifício pior que o próprio mal que se pretende curar: os prodígios. Estou certo de que não acharias plausível que uma maga faça sair um exército de debaixo da terra; que um herói, sozinho, destrua outro de cem mil homens. Entretanto, esses são nossos romances; essas aventuras frias e muitas vezes repetidas nos aborrecem; mais, esses prodígios extravagantes nos revoltam."

De Paris, 6 da lua de Chalval, 1719.

CARTA 138

Rica a Ibben

Em Esmirna

Os ministros se sucedem e se destroem aqui, como as estações: nos últimos três anos, vi mudar quatro vezes o sistema das finanças. Hoje os tributos são aumentados na Turquia e na Pérsia, como os aumentavam os fundadores desses impérios; só falta que ocorra o mesmo aqui. É verdade que nós não nos importamos tanto como os ocidentais. Julgamos que não há mais diferença entre a administração dos rendimentos do príncipe e aquela dos bens de um cidadão privado, que não há diferença entre contar cem mil moedas de ouro e contar cem delas; mas aqui há muito mais fineza e mistério. É necessário que grandes gênios trabalhem dia e noite; que deem à luz sem cessar, e com dores, novos projetos; que escutem as opiniões de uma infinidade de pessoas que trabalha para eles sem ser convocada; que se retirem e vivam nos fundos de um gabinete impenetrável para os grande e sagrado para os pequenos; que tenham sempre a cabeça repleta de segredos importantes, de planos miraculosos, de sistemas novos; e que, absorvidos nas meditações, sejam privados do uso da palavra e, às vezes, até mesmo daquele da cortesia.

Desde o momento em que o falecido rei acabou de fechar os olhos, já se pensa em estabelecer uma nova administração. Sentiram que tudo estava mal, mas não sabiam como fazer para melhorar. Não viram com bons olhos a autoridade sem limites dos ministros precedentes; quiseram dividi-la. Criaram, para esse efeito, seis ou sete conselhos e esse ministério é talvez aquele com mais senso de todos os que governaram a França; a duração foi curta, tanto quanto aquela do bem que produziu.

A Franca, à morte do rei, era um corpo oprimido por mil males. N*** tomou da espada, cortou as carnes inúteis e aplicou alguns remédios tópicos. Mas sempre havia um vício interior para eliminar. Um estrangeiro veio e chamou a si essa cura; após uma série de remédios violentos, julgou tê-la deixado com bela aparência, mas só fez deixá-la inchada.

Todos aqueles que eram ricos havia seis meses hoje estão na pobreza e aqueles que não tinham pão regurgitam riquezas. Jamais esses dois extremos se haviam tocado tão de perto. O estrangeiro remendou o Estado como um vendedor de roupas feitas remenda um traje; deixa aparecer por cima o que estava por baixo e o que estava por baixo ao avesso. Quantas fortunas inesperadas, incríveis mesmo para aqueles que as conseguiram! Deus não tira tão rapidamente os homens do nada! Quantos criados servidos por seus companheiros e talvez amanhã por seus patrões!

Tudo isso produz muitas vezes coisas esquisitas. Os lacaios que haviam feito fortuna sob o reinado passado, hoje se vangloriam de seu nascimento; prestam àqueles que acabaram de deixar suas librés numa certa rua todo o desprezo que os outros lhes demonstravam há seis meses; gritam a plenos pulmões: "A nobreza está arruinada; que desordem no Estado! Que confusão nas classes sociais! Só são vistos desconhecidos fazendo fortuna!" Estou certo de que estes terão sua revanche sobre aqueles que virão depois deles e que, em trinta anos, essa gente de qualidade haverá de fazer muito barulho.

De Paris, 1.º dia da lua de Zilcadé, 1720.

CARTA 139

RICA AO MESMO

Aqui está um grande exemplo da ternura conjugal, não somente numa mulher, mas numa rainha. A rainha da Suécia querendo de todos os modos associar o príncipe, seu esposo, à coroa, para aplanar todas as dificuldades, enviou aos Estados uma declaração pela qual ela desistia da regência, caso ele fosse eleito(101).

Há sessenta e poucos anos, outra rainha, chamada Cristina, abdicou da coroa para se entregar inteiramente à filosofia(102). Não sei qual desses dois exemplos devemos admirar mais.

Embora eu aprove que cada um se mantenha firme no posto em que a natureza o colocou e que não possa elogiar a fraqueza daqueles que, não estando em condições de exercê-lo, o abandonam como numa espécie de deserção, fico no entanto impressionado com a grandeza de alma dessas princesas e constatar o espírito de uma e o coração de outra, superiores à sua própria sorte. Cristina pensou em aprofundar-se nos conhecimentos, quando outras só pensam em gozar da vida; e a outra não quer gozar do cargo senão para transferir toda a sua felicidade nas mãos de seu augusto esposo.

De Paris, 27 da lua de Maharram, 1720.

(101) Trata-se de Ulrica Eleonora (1688-1741), irmã de Carlos XII, cujo esposo, Frederico Hesse-Kassel assumiu o reino.

(102) Cristina, rainha da Suécia, abdicou em 1654 em favor de seu primo Carlos X.

CARTA 140

Rica a Usbek

*Em ****

O parlamento de Paris acaba de ser relegado numa pequena cidade chamada Pontoise(103). O conselho mandou-o registrar ou aprovar uma declaração que o desonra e a registrou de uma maneira que desonra o conselho.

Com semelhante tratamento são ameaçados alguns parlamentos do reino.

Esses grupos são sempre odiosos; só se aproximam dos reis para lhes contar tristes verdades; enquanto uma multidão de cortesãos lhes representam sem cessar um povo feliz sob seu governo, esses grupos vêm desmentir o entusiasmo e trazer aos pés do trono os gemidos e as lágrimas de que são depositários.

É um pesado fardo, meu caro Usbek, o da verdade quando é preciso levá-la até os príncipes! Devem pensar bem como aqueles que se determinam a isso são forçados a tanto; não se decidiriam jamais a tomar atitudes tão tristes e tão aflitivas, se não fosse obrigados por seu dever, seu respeito e até mesmo seu amor.

De Paris, 21 da lua de Gemmadi 1, 1720.

(103) O confinamento do parlamento em Pontoise ocorreu em 1720 e durou de julho a dezembro desse ano.

CARTA 141

Rica ao Mesmo

Vou te ver no fim de semana. Que os dias corram agradavelmente para ti!

Fui apresentado, há alguns dias, a uma senhora da corte que tinha alguma vontade de ver meu porte de estrangeiro. Achei-a bonita, digna do respeito de nosso monarca e de uma classe superior no local sagrado em que seu coração repousa.

Ela me fez mil perguntas sobre os costumes dos persas e sobre o modo de vida dos mesmos. Pareceu-me que a vida do serralho não era de seu gosto e sentia certa repugnância ao ver um homem dividido entre dez ou doze mulheres. Não conseguiu ver, sem inveja, a felicidade de um e, sem piedade, a condição das outras. Como gosta da leitura, sobretudo de poetas e de romancistas, quis que lhe falasse dos nossos. O que lhe disse a respeito redobrou sua curiosidade; pediu-me que lhe traduzisse um fragmento de alguns daqueles que lhe levei. Eu o fiz e lhe enviei, alguns dias depois, um conto persa. Talvez gostarias também de vê-lo adaptado.

Na época de Xeik-Ali-Kan havia na Pérsia uma mulher chamada Zulema que sabia de cor todo o santo Alcorão; não havia dervixe que entendesse melhor que ela as tradições dos santos profetas; os doutores árabes não haviam dito nada de tão misterioso que ela não captasse todos os seus sentidos; além disso, juntava a tantos conhecimentos um caráter de espírito jovial que mal deixava adivinhar se ela queria divertir aqueles a quem falava ou instruí-los.

Um dia estava com suas companheiras numa das salas do serralho e uma delas lhe perguntou o que pensava da outra vida e se acreditava nessa antiga tradição de nossos doutores de que o paraíso é feito somente para os homens.

É a opinião comum, respondeu; não há nada que não se faça para degradar nosso sexo. Há até mesmo uma nação inserida em toda a nossa Pérsia, chamada nação judaica, que sustenta, baseada na autoridade de seus livros sagrados, que nós não temos alma.

Essas opiniões tão injuriosas não têm outra origem senão o orgulho dos homens, que querem levar sua superioridade até mesmo para além de sua vida e não pensam que, no grande dia, todas as criaturas aparecerão diante de Deus como o nada, sem que haja entre elas prerrogativas a não ser aquelas que a virtude tiver fundamentado.

Deus não se limitará em suas recompensas. Como os homens que tiverem vivido bem e usado bem o domínio que possuem sobre nós na terra, estarão num paraíso cheio de belezas celestes e encantadoras e tais que, se um mortal as tivesse visto, preferiria logo a morta na impaciência de usufruí-las, assim também as mulheres virtuosas irão para um lugar de delícias, onde ficarão inebriadas numa torrente de voluptuosidades com homens divinos que lhes serão submissos; cada uma delas terá um serralho, no qual eles serão encerrados, e eunucos mais fiéis ainda que os nossos para vigiá-los.

Li, acrescentou ela, num livro árabe, que um homem, chamado Ibrahim, era insuportavelmente ciumento. Tinha doze mulheres extremamente belas que tratava de uma maneira muito dura; não confiava mais em seus eunucos nem nos muros de seu serralho; mantinha-as quase sempre sob chave, trancadas em seus quartos, sem que pudessem se ver nem se falar, pois sentia ciúmes até mesmo de uma amizade inocente; todas as suas ações tomavam a feição de sua brutalidade natural; jamais uma doce palavra saiu de sua boca e jamais fez o menor sinal que não acrescentasse algo ao rigor de sua escravidão.

Um dia, ao reuni-las todas numa sala de seu serralho, uma delas, mais ousada que as outras, recriminou-lhe seu mau caráter e lhe disse: "Quando procuramos meios tão duros para nos fazermos temidos, encontramos sempre antes aqueles para nos tornarmos odiados. Somos tão infelizes que não podemos evitar de desejar uma mudança; outras, em meu lugar, desejariam tua morte; eu só desejo a minha e, não podendo esperar de poder me separar de ti senão por ela, apesar disso me sentiria muito bem separada de ti." Esse discurso, que deveria tê-lo tocado, o encolerizou ao extremo; sacou de seu punhal e o enterrou no peito dela que, com voz moribunda, disse: "Minhas caras companheiras, se o céu tiver piedade de minha virtude, sereis vingadas." Ao dizer essas palavras, ela deixou essa vida infeliz para ir à morada das delícias, onde as mulheres que viveram bem gozam de uma felicidade que se renova sempre.

Em primeiro lugar viu uma pradaria ridente cujo verde era realçado pelas formas mais vivas das flores; um riacho, cujas águas eram mais puras que o cristal, a atravessava com um número infinito de voltas. Entrou em seguida em pequenos bosques encantadores, onde o silêncio era só interrompido pelo doce canto dos pássaros. Magníficos jardins se apresentaram a seguir; a natureza os havia ornado com sua simplicidade e com toda a sua magnificência. Encontrou, enfim, um palácio soberbo preparado para ela e repleto de homens celestiais, destinados a seus prazeres.

Dois deles logo se apresentaram para despi-la; outros a colocaram no banho e a perfumaram com as mais deliciosas essências; em seguida deram-lhe vestidos infinitamente mais ricos que os seus e depois a levaram numa grande sala, onde encontrou um fogo alimentado com lenha odorífera e uma mesa coberta com os manjares mais esquisitos. Tudo parecia concorrer ao arrebatamento de seus sentidos; de um lado ouvia uma música tão divina como enternecedora; de outro, só via danças desses homens divinos, unicamente preocupados em agradá-la. Tantos prazeres, contudo, deviam apenas conduzi-la imperceptivelmente a prazeres maiores. Levaram-na a seguir para seu quatro e, depois de tê-la despido novamente, deitaram-na numa cama soberba, onde dois homens de uma beleza encantadora a receberam em seus braços. Foi então que ficou inebriada e que seus arrebatamentos ultrapassaram até mesmo seus desejos; ela dizia: "Estou totalmente fora de mim; acreditaria morrer se não estivesse certa de minha imortalidade. É demais, deixem-me, estou sucumbindo à violência dos prazeres. Sim, devolvam um pouco a calma a meus sentidos; começo a respirar a voltar a mim. Como foi que retiraram os archotes? Por que não posso agora vislumbrar sua beleza divina? Por que não posso ver... Mas para que ver? Levam-me de novo a meus primeiros arrebatamentos. Ó deuses! Como essas trevas são amáveis! Como! Serei imortal e imortal como vocês! Serei... Não, peço um favor, pois vejo muito bem que são pessoas a nunca pedir favores."

Depois de vários pedidos insistentes, foi obedecida, mas só o foi depois que ela quis sê-lo seriamente. Repousou languidamente e adormeceu em seus braços. Dois momentos de sono repararam seu cansaço; recebeu dois beijos que a inflamaram instantaneamente e fizeram com que abrisse os olhos. "Estou inquieta – disse – receio que não me amam mais." Era uma dúvida na qual não queria permanecer muito tempo; por isso conseguiu deles todos os esclarecimentos que poderia desejar e exclamou: "Sou abusada, perdão, perdão; entendo vocês. Não me dizem nada, mas provam melhor que tudo o que poderiam me dizer. Sim, sim, confesso que nunca amamos tanto. Mas o que acontece? Vocês dois disputam a honra de me persuadir! Ah! se disputarem, se somarem a ambição ao prazer de minha derrota, estou perdida; serão ambos vencedores e serei a única vencida, mas eu lhes venderia muito cara a vitória."

Tudo isso só foi interrompido pelo dia. Seus fiéis e amáveis criados entraram em seu quarto e mandaram esses dois jovens levantar; foram levados por dois anciãos para o local onde eram guardados para seus prazeres. Ela se levantou em seguida e apareceu primeiramente diante dessa corte idólatra nos encantos de um vestido simples, mas logo revestida dos mais suntuosos ornamentos. Essa noite a havia tornado mais bela; tinha dado vida a suas feições e expressão a suas graças. O dia inteiro foi passado em danças, concertos, festins, jogos, passeios. Notava-se que Anaís, de tempos em tempos, se furtava e voava para seus dois jovens heróis; após alguns preciosos instantes de conversa, voltava para o grupo que havia deixado, sempre com um rosto mais sereno. Finalmente, à noite, desaparecia por completo; ela passava para seu serralho onde queria, assim dizia, travar conhecimento com esses cativos imortais que deviam viver com ela para sempre. Visitou, portanto, os apartamentos desses lugares mais afastados e mais encantadores, onde contou cinquenta escravos de uma beleza miraculosa; vagou a noite inteira de quarto em quarto, recebendo em todos eles homenagens sempre diferentes e sempre as mesmas.

Aí está como a imortal Anaís passava sua vida, ora em prazeres arrebatadores, ora em prazeres solitários; admirada por um grupo brilhante ou bem-amada por um amante desvairado; com frequência deixava um palácio encantado para isolar-se numa gruta campestre; as flores pareciam surgir sob seus passos e os jogos se apresentavam em multidões diante dela.

Fazia mais de oito dias que estava nessa morada feliz e, sempre fora de si, não tinha feito ainda qualquer reflexão; tinha vivido sua felicidade sem conhecê-la e sem ter tido um só desses momentos tranquilos, nos quais a alma, por assim dizer, se dá conta de si própria e se escuta no silêncio das paixões.

Os bem-aventurados têm prazeres tão vivos que raramente podem gozar dessa liberdade de espírito; é por isso que, ligados invencivelmente aos objetos presentes, perdem inteiramente a memória das coisas passadas e não têm mais nenhuma preocupação com aquilo que conheceram ou amaram na outra vida.

Mas Anaís, cujo espírito era verdadeiramente filosófico, tinha passado quase toda a vida meditando; tinha feito reflexões muito mais profundas que se pudesse esperar de uma mulher abandonada a si própria. O retiro austero que seu marido a havia obrigado a guardar só lhe tinha deixado essa vantagem.

Foi essa força de espírito que a havia levado a desprezar o temor que tomava conta de suas companheiras e a morte que devia ser o fim de suas penas e o começo de sua felicidade.

Desse modo, saiu aos poucos da embriaguez dos prazeres e se fechou sozinha num apartamento de seu palácio. Abandonou-se a reflexões bem amenas sobre sua condição de outrora e sobre sua felicidade atual. Não pôde deixar de se enternecer com a desgraça de suas companheiras; somos sensíveis a tormentos que codividimos. Anaís não ficou nos simples limites da compaixão; mais terna para com essas desafortunadas, sentiu-se levada a ajudá-las.

Deu ordem a um desses jovens que estavam com ela de tomar as feições de seu marido, de entrar em seu serralho, de tornar-se senhor, de expulsar o outro e ficar em seu lugar até que ela o chamasse de volta.

A execução foi imediata. Ele fendeu os ares, chegou à porta do serralho de Ibrahim, que não estava. Bate. Tudo se abre para ele, os eunucos se prostram a seus pés. Voa para os apartamentos onde estavam encerradas as mulheres de Ibrahim. Ao passar, tinha tomado as chaves do bolso desse ciumento, para o qual se havia tornado invisível. Entra e as surpreende primeiramente com seu ar doce e afável; logo depois as surpreende ainda mais por sua gentileza e pela rapidez de suas atitudes. Todas ficaram tomadas de espanto e teriam pensado que fosse um sonho se o jovem parecesse menos real.

Enquanto essas novas cenas acontecem no serralho, Ibrahim bate, se identifica, grita e troveja. Depois de passar por momentos bem difíceis, consegue entrar e deixa os eunucos numa desordem extrema. Caminha a passos largos, mas recua e cai como que das nuvens ao ver o falso Ibrahim, sua verdadeira imagem, de posse de todas as liberdades de um senhor. Grita por socorro, quer que os eunucos o ajudem a matar esse impostor, mas não é obedecido. Só lhe resta um recurso bem fraco: requerer o julgamento de suas mulheres. Numa hora, o falso Ibrahim tinha seduzido todos os seus juízes. O outro é expulso e arrastado de modo indigno para fora do serralho; teria sido morto mil vezes, se seu rival não tivesse ordenado que lhe poupassem a vida. Finalmente, o novo Ibrahim, tornando-se senhor do campo de batalho, mostrou-se cada vez mais digno de semelhante escolha e se distinguiu por milagres até então jamais vistos.

– Tu não te assemelhas a Ibrahim – diziam as mulheres.

– Dizei, dizei antes que esse impostor não se parece comigo – dizia o triunfante Ibrahim. Como se deve fazer para ser vosso esposo, se o que faço não é suficiente?

– Ah! Não temos do que duvidar – disseram as mulheres. Se não és Ibrahim, para nós é suficiente que bem mereceste em sê-lo, pois és mais Ibrahim num só dia do que ele o foi durante dez anos.

– Vós me prometeis, portanto – redarguiu ele – que havereis de depor em meu favor contra esse impostor.

– Não duvides – responderam elas a uma só voz. Nós te juramos fidelidade eterna, pois já fomos por muito tempo violentadas; o traidor não suspeitava de nossa virtude, só suspeitava de sua fraqueza. Vemos com clareza que os homens não são feitos como ele; é a ti, sem dúvida, que se assemelham. Se soubesses como nos levas a odiá-los!

– Ah! Eu vos darei muitas vezes novos motivos de ódio – disse o falso Ibrahim. Não sabeis ainda todo o mal que ele vos fez.

– Julgamos sua injustiça pela grandeza de tua vingança – retrucaram as mulheres.

– Sim, tendes razão – disse o homem divino. Medi a expiação de acordo com o crime; fico feliz ao vos ver contentes com minha maneira de punir.

– Mas – disseram as mulheres – se esse impostor retornar, que faremos?

– Seria, acredito, difícil de enganar-vos – respondeu. O lugar que ocupo junto de vós, ninguém o conserva pela astúcia; por outro lado, eu o mandarei tão longe que não ouvireis mais falar dele. Por enquanto, tomo a meu encargo o cuidado de vossa felicidade. Não serei ciumento; saberei der-vos de meu lado, sem vos mortificar; estou bastante convicto de meu mérito para acreditar que me sereis fiéis. Se não fôsseis virtuosas para comigo, com quem o seríeis?

Essa conversa durou muito tempo entre ele e essas mulheres que, mais surpresas com a diferença dos dois Ibrahims que de sua semelhança, nem pensavam em buscar esclarecimentos para tantas maravilhas. Finalmente, o marido desesperado voltou uma vez mais para perturbá-las. Encontrou toda a sua casa imersa na alegria e suas mulheres mais incrédulas que nunca. O lugar não era mais adequado para um ciumento; saiu furioso. Um instante depois, o falso Ibrahim o seguiu, tomou-o, transportou-o pelos ares e o deixou a duas mil milhas dali.

Ó deuses! Em que desolação mergulharam essas mulheres na ausência de seu caro Ibrahim! Seus eunucos já haviam retomado sua severidade natural; toda a casa estava em lágrimas; elas imaginavam às vezes que tudo o que lhes havia acontecido não passava de um sonho;

todas se entreolhavam e relembravam as menores circunstâncias dessas estranhas aventuras. Finalmente, o celestial Ibrahim retornou, sempre mais amável; pareceu-lhes que sua viagem não havia sido penosa. O novo senhor assumiu uma conduta tão oposta àquela do outro que surpreendeu a todos os vizinhos. Despediu todos os eunucos e tornou sua casa acessível a todos; não queria até mesmo que suas mulheres usassem o véu. Era uma coisa singular vê-las nos festins, entre os homens, tão livres como eles. Ibrahim acreditou, com razão, que os costumes do país não eram feitos para cidadãos como ele. Entretanto, não recusava nenhuma despesa; dissipou com imensa profusão os bens do ciumento que, de volta três anos depois dos distantes países para onde havia sido transportado, nada mais encontrou senão as mulheres e trinta e seis crianças.

De Paris, 26 da lua de Gemmadi, 1720.

CARTA 142

RICA A USBEK

*Em ****

Aqui está uma carta que recebi ontem de um sábio; ela te parecerá singular.

Senhor

Há seis meses fui contemplado com a herança de um tio muito rico que me deixou quinhentas ou seiscentas mil libras e uma casa soberbamente mobiliada. É prazeroso ter bens quando se sabe fazer bom uso deles. Não tenho ambição nem gosto pelos prazeres; fico quase sempre fechado num escritório, onde levo uma vida de sábio. É nesse local que se encontra um curioso amante da venerável antiguidade.

Quando meu tio fechou os olhos, teria realmente desejado enterrá-lo com as cerimônias observadas pelos antigos gregos e romanos, mas na época eu não tinha lacrimatórios nem urnas nem lamparinas antigas.

Mas depois fiz uma bela provisão dessas preciosas raridades. Há alguns dias vendi minha baixela de prata para comprar uma lamparina de terracota que tinha servido a um filósofo estoico. Eu me desfiz de todos os copos, com os quais meu tio havia coberto quase todas as paredes de seus cômodos, para obter um pequeno espelho, um pouco rachado, que foi outrora usado por Virgílio; fico encantado ao ver meu rosto refletido nele, em vez do rosto do cisne de Mântua. Isso não é tudo. Por cem luíses de ouro comprei cinco ou seis unidades de uma moeda de cobre que estava em curso há dois mil anos. Não sei se tenho no momento em minha casa um só móvel que não tenha sido feito antes da queda do império.

Tenho uma pequena coleção de manuscritos muito preciosos e caros; embora acabe com minha vista para os ler, prefiro muito mais me servir deles do que de exemplares impressos que não são corretos e que todos têm em mãos. Embora eu não saia quase nunca, não deixo de ter uma paixão desmesurada em conhecer todas as antigas estradas que remontam à época dos romanos. Há uma que passa perto de minha casa, feita sob as ordens de um procônsul da Gália há aproximadamente mil e duzentos anos; quando vou para minha casa de campo, nunca deixo de passar por ela, embora seja muito incômoda e prolongue a distância em mais de uma légua. Mas o que me deixa enfurecido é que colocaram postes de madeira de distância em distância para marcar a quilometragem até as cidades próximas. Fico desesperado ao ver esses sinais em lugar das colunas miliárias de outrora; não duvido que mande recolocá-las por meus herdeiros e que os comprometa a esse trabalho por meio de meu testamento.

Se tiver, senhor, algum manuscrito persa, sentir-me-ia honrado se pudesse fornecer-me algum; pagarei quanto quiser e darei ainda, além do preço estipulado, algumas obras de minha lavra, pelas quais verá que não sou um membro inútil da república das letras. Poderá observar, entre outras, uma dissertação na qual provo que a coroa, de que se serviam outrora nos triunfos, era de carvalho e não de louro; poderá admirar outra em que provo, por meio de doutas conjeturas extraídas dos mais sérios autores gregos, que Cambises foi ferido na perna esquerda e não na direita; outra ainda em que demonstro que uma testa pequena era uma beleza muito admirada entre os romanos. Enviarei ainda um volume in-quarto, sob forma de explicação de um verso do sexto livro da Eneida *de Virgílio. Receberá tudo isso em poucos dias e, por ora, contento-me em lhe enviar este fragmento de um antigo mitologista grego, texto inédito até hoje e que encontrei no meio da poeira de uma biblioteca. Termino por causa de uma tarefa importante que me ocupa; trata-se de restaurar uma bela passagem de Plínio, o naturalista, que os copistas do século V desfiguraram de modo estranho. Sou, etc.*

FRAGMENTO DE UM ANTIGO MITÓLOGO

Numa ilha próxima da Órcadas nasceu um menino que tinha por pai Éolo, deus dos ventos, e por mãe uma ninfa da Caledônia[104]*. Dizem que aprendeu sozinho a contar com seus dedos e, desde a idade de quatro anos, distinguia tão perfeitamente os metais que sua mãe, ao lhe dar um anel de latão em vez de um de ouro, viu que estava sendo enganado e o jogou fora.*

(104) As ilhas Órcadas é um arquipélago situado ao norte da Escócia e Caledônia é o antigo nome da própria Escócia.

Ao ficar maior, seu pai lhe ensinou o segredo de encerrar os ventos em odres que logo passou a vender a todos os viajantes; mas, como a mercadoria não era muito apreciada em seu país, deixou-o e começou a percorrer o mundo em companhia do cego deus do acaso.

Em suas viagens ficou sabendo que na Bética o ouro reluzia em toda parte, o que o levou a apertar seus passos para lá. Foi mal recebido por Saturno que reinava na época, mas depois que esse deus deixou a terra, ele decidiu ir em todas as encruzilhadas onde gritava sem cessar com voz rouca: "Povos da Bética, acreditais ser ricos porque tendes ouro e prata. Vosso erro me deixa com pena. Acreditai em mim: deixai o país desses vis metais; vinde para o império da imaginação e vos prometo riquezas que vos deixarão estupefatos." Logo abriu uma grande parte dos odres que havia trazido e distribuiu sua mercadoria a quem quisesse.

No dia seguinte voltou para as mesmas encruzilhadas e gritava: "Povos da Bética, quereis ficar ricos? Imaginai que eu sou muito rico e que vós o sois muito também; mentalizai todas as manhãs que vossa fortuna dobrou durante a noite; levantai-vos em seguida e, se tiverdes credores, ide pagá-los com aquilo que imaginastes e dizei-lhes que também imaginem por sua vez."

Reapareceu alguns dias depois e falou desse modo: "Povos da Bética, constato que vossa imaginação não é mais tão viva como nos primeiros dias; deixai-vos levar pela minha; colocarei todas as manhãs diante de vós um quadro que deverá ser a fonte de vossas riquezas; nele não vereis senão quatro palavras, mas serão bem significativas, pois regulamentarão o dote de vossas mulheres, a legítima de vossos filhos, o número de vossos criados. E quanto a vós – disse àqueles do grupo que estavam mais perto dele – quanto a vós, meus queridos filhos (posso chamar-vos assim, pois de mim recebestes um segundo nascimento), meu quadro vai definir a magnificência de vossas carruagens, a suntuosidade de vossos festins, o número e a pensão de vossas amantes."

Alguns dias mais tarde, apareceu na encruzilhada inteiramente sem fôlego e, extremamente irritado, exclamou: "Povos da Bética, eu vos havia aconselhado a imaginar e vejo que não o fazeis. Pois bem, agora eu vo-lo ordeno." Dito isso, deixou-os bruscamente, mas a reflexão fê-lo voltar atrás. "Fiquei sabendo que alguns de vós são bastante detestáveis para conservar o ouro e a prata que possuem.

Tratando-se da prata, ainda passa, mas do ouro... do ouro... Ah! isso me deixa indignado... Juro por meus odres sagrados que, se vierem entregá-lo a mim, os punirei severamente." Depois, com ar absolutamente persuasivo, acrescentou: "Julgais que é para guardar esses miseráveis metais que os peço? Um sinal de minha candura é que, quando os trouxestes há alguns dias, vos devolvi de imediato a metade."

No dia seguinte, perceberam-no de longe e o viram insinuar-se com uma voz suave e afável: "Povos da Bética, soube que tendes uma parte de vossos tesouros em países estrangeiros. Eu vos rogo, trazei-os de volta para mim; faríeis um grande favor e vos serei reconhecido eternamente."

O filho de Éolo falava a homens que não tinham grande vontade de rir, mas não conseguiram deixar de fazê-lo, o que o deixou totalmente confuso. Retomando coragem, porém, arriscou ainda uma pequena súplica. "Sei que tendes pedras preciosas. Em nome de Júpiter, desfazei-vos delas; nada vos empobrece tanto como essa espécie de coisas; desfazei-vos delas, repito. Se não puderdes por vós mesmos, vos indicarei excelentes homens de negócios. Quantas riquezas jorrarão em vossas casas, se fizerdes o que vos aconselho! Sim, prometo tudo o que há de mais puro em meus odres."

Finalmente, subiu num cavalete e, assumindo uma voz mais segura, disse: "Povos da Bética, comparei a feliz condição em que vos encontrais com aquela em que vos encontrei quando cheguei aqui; eu vos vejo como o povo mais rico da terra. Mas, para completar vossa fortuna, tolerai que vos tire a metade de vossos bens." A essas palavras, com asas leves, o filho de Éolo desapareceu e deixou seus ouvintes numa consternação inexprimível, o que o fez voltar no dia seguinte e falasse dessa forma: "Percebi ontem que minhas palavras vos desagradaram inteiramente. Pois bem, pensai como se nada vos tivesse dito. É verdade que a metade é muito. Devo definir-me por outros expedientes para chegar ao objetivo que me propus. Reunamos nossas riquezas num mesmo local; isso é fácil, pois não formam um grande volume." Logo fez desaparecer três quartos delas.

De Paris, 9 da lua de Shahban, 1720.

CARTA 143

Rica a Natanael Levi, Médico Judeu em Livorno

Perguntas-me o que penso da força dos amuletos e do poder dos talismãs. Por que te diriges a mim? Tu és judeu e eu sou maometano, ou seja, somos ambos bem crédulos.

Trago sempre comigo mais de duas mil passagens do santo Alcorão; amarro em meus braços um pacotinho contendo os nomes escritos de mais de duzentos dervixes; aqueles de Ali, de Fátima e de todos os puros estão escondidos em mais de vinte locais de meus trajes.

Entretanto, não desaprovo aqueles que rejeitam essa força atribuída a certas palavras. É bem mais difícil para nós responder a seus raciocínios do que para eles responder a nossas experiências.

Trago todas essas coisas sagradas por um longo hábito, a fim de me conformar com uma prática universal; acredito que, se não têm mais força que os anéis e outros ornamentos que usamos, não têm menos. Mas tu pões toda a tua confiança em algumas letras misteriosas e, sem essa salvaguarda, estarias num terror contínuo.

Os homens são bem infelizes. Flutuam sem cessar entre falsas esperanças e temores ridículos; e, em lugar de se apoiar na razão, criam monstros que os intimidam ou fantasmas que os seduzem.

Que efeito queres que produza o arranjo de certas letras? Que efeito queres que sua desordem possa causar? Que relação têm elas com os ventos, para amainar as tempestades; com a pólvora, para superar o esforço; com o que os médicos chamam humor pecador e causa mórbida das doenças, para curá-las?

O extraordinário é que aqueles que cansam sua razão para fazer com que relacione certos acontecimentos com forças ocultas não fazem o mínimo esforço para evitar de verificar a verdadeira causa.

Tu me dirás que certos sortilégios levaram a ganhar uma batalha e eu te direi que deves estar cego para não constatar na condição do terreno, no número ou na coragem dos soldados, na experiência dos comandantes, causas suficientes para produzir esse efeito, cuja causa queres ignorar.

Eu te concedo, por um momento, que há sortilégios, mas concede-me, por minha vez e por um momento, que não há, pois isso é impossível. O que me concedes não impede que dois exércitos possam se enfrentar; queres que, nesse caso, nenhum dos dois exércitos possa cantar vitória?

Acreditas que sua sorte permanecerá incerta até que um poder invisível venha defini-la? Que todos os ataques serão perdidos, toda a prudência será inútil e que toda a coragem é em vão?

Pensas que a morte, nessas ocasiões, tornada presente de mil maneiras, não possa produzir nos espíritos esses terrores de pânico que tanta dificuldade sentes em explicar? Queres que, num exército de cem mil homens, não possa haver um único homem tímido? Crês que o desencorajamento deste não possa produzir o abatimento de outro? Que o segundo, que abandona um terceiro, não leve logo a abandonar um quarto? Nada mais falta para que o desespero de vencer tome conta de repente de todo um exército e tome conta tanto mais facilmente quanto for mais numeroso.

Todos sabem e todos sentem que os homens, como todas as criaturas que tendem a conservar seu ser, amam apaixonadamente a vida; sabe-se isso em geral e se procura por que, em certa circunstância peculiar, temem perdê-la?

Embora os livros sagrados de todas as nações estejam repletos desses terrores de pânico ou sobrenaturais, não consigo imaginar nada de tão frívolo, porque, para se assegurar que um efeito, que pode ser produzido por cem mil causas naturais, é sobrenatural, é preciso ter antes examinado se alguma dessas causas agiu; o que é impossível.

Nada mais te direi, Natanael; parece que o assunto não merece ser tratado tão seriamente.

De Paris, 20 da lua de Shahban, 1720.

P.S. – Quando estava terminando, ouvi gritar na rua a respeito do texto de uma carta de um médico de província a um médico de Paris (pois aqui todas as bagatelas são impressas, são publicadas e são compradas). Julguei que faria bem em enviá-la para ti, porque se relaciona com nosso assunto.

CARTA DE UM MÉDICO DE PROVÍNCIA A UM MÉDICO DE PARIS

Havia em nossa cidade um doente que fazia trinta e cinco dias que não dormia. Seu médico lhe receitou o ópio, mas não conseguia decidir-se em tomá-lo; quando estava com a taça na mão, ficava mais confuso que nunca. Finalmente, disse a seu médico: "Senhor, peço-te prazo somente até amanhã; conheço um homem que não exerce a medicina, mas que na casa dele tem um número incontável de remédios contra a insônia; deixa que eu mande chamá-lo e, se não dormir esta noite, prometo que voltarei a te procurar." Quando o médico saiu, o doente mandou fechar as cortinas e disse a um jovem criado: "Vem cá, vai até a casa do senhor Anis e dize-lhe que quero falar com ele." O senhor Anis chega. "Meu caro senhor Anis, estou morrendo; não consigo mais dormir. Não tens em tua loja a C. do G.[105] *ou qualquer outro livro de devoção compilado por um reverendo padre jesuíta que não conseguiste vender? De fato, muitas vezes os remédios guardados por mais tempo são os melhores." O livreiro respondeu: "Senhor, tenho em minha livraria a* Corte Santa *do padre Caussin*[106]*, em seis volumes, a teu serviço; vou enviá-los para ti; espero que te faça bem. se quiseres as obras do reverendo padre Rodrigues*[107]*, jesuíta espanhol, não te faças de rogado. Mas, acredita em mim, vamos ficar com o padre Caussin; espero, com a ajuda de Deus, que umas frases do padre Caussin farão tanto efeito como uma folha inteira do livro C. do G." Dito isso, o senhor Anis saiu e correu para procurar o remédio em sua livraria. O livro* Corte Santa *chega; tiram a poeira dele; o filho do doente, jovem aluno, começa a ler; foi o primeiro que sentiu o efeito; na segunda página já pronunciava com uma voz mal articulada e logo todo o grupo se sentiu amolecido; um instante depois, todos roncavam, exceto o doente que, após ter longamente tentado, finalmente adormeceu.*

*O médico chega na primeira hora da manhã. "Pois bem, tomou meu ópio?" Ninguém responde; a mulher, a filha, o rapaz, todos transbordantes de alegria, lhe mostram o padre Caussin! Ele pergunta o que é. Dizem: "Viva o padre Caussin! É preciso mandar encaderná-lo. Quem teria dito? Quem teria acreditado? É um milagre! Olha, senhor, vê, é o padre Caussin! Foi este volume que fez meu pai dormir." Dito isso, lhe explicaram o fato, precisamente como havia acontecido.**

---

(105) Obra não identificada, apesar de pesquisas efetuadas por estudiosos de Montesquieu.

(106) Nicolas Caussin (1583-1651), autor de vários livros religiosos, entre os quais Cour Sainte ou Institution Chrétienne des Grands.

(107) Alonso Rodríguez (1526-1616), autor de livros de piedade e de devocionários.

** O médico era um homem sutil, repleto de mistérios da cabala e do poder das palavras e dos espíritos; isso o tocou e, após muitas reflexões, decidiu mudar totalmente sua prática. Aí está um fato bem singular, dizia. Estou fazendo uma experiência; devo levá-la adiante. Oh! por que um espírito não poderia transmitir à sua obra as mesmas qualidades que ele próprio tem? Não o vemos todos os dias? Pelo menos, vale realmente a pena experimentar. Estou cansado com os boticários; seus xaropes, seus julepos e todas as drogas galênicas arruínam os doentes e sua saúde. Vamos mudar de método; vamos experimentar a força dos espíritos. Com essa ideia, organizou uma nova farmácia, como se poderá ver pela descrição que faço dos principais remédios que pôs em prática.*

TISANA PURGATIVA

Apanha duas folhas da lógica de Aristóteles em grego, duas folhas de um tratado de teologia escolástica mais contundente, como, por exemplo, do sutil Scott, quatro de Paracelso, uma de Avicena, seis de Averróis, três de Porfírio, outras tantas de Plotino e também de Jâmblico. Faz uma infusão de tudo isso durante vinte e quatro horas e toma quatro doses por dia.

PURGATIVO MAIS VIOLENTO

*Apanha dez A** do C*** relativo a B** e a C** das I**[108], faz destilar em banho-maria; coloque uma gota do sumo azedo e picante que sair num copo de água natural e engole tudo com confiança.*

VOMITIVO

Seleciona seis discursos, uma dúzia de orações fúnebres, quaisquer que sejam, contanto que não sejam daquelas de M. de N.[109], uma coletânea de óperas novas, cinquenta romances, trinta memórias novas. Coloca tudo num matraz e deixa-o em fermentação durante dois dias; depois deixa destilar em fogo lento. E se tudo isso não for suficiente,

OUTRO MAIS PODEROSO

Toma uma folha de papel marmóreo, que tenha servido para

(108) Assim mesmo no texto original; segundo alguns, seria referência às sentenças (Arrêts, em francês) do Conselho relacionadas com o Banco e a Companhia das Índias.

(109) "Monsieur de Nîmes", isto é, Fléchier (1632-1710), orador sacro.

cobrir uma coleção das peças dos J.F.[110]*; deixa-a em infusão durante três minutos, aquece uma colherada dessa infusão e engole.*

REMÉDIO MUITO SIMPLES PARA CURAR A ASMA

Lê todas as obras do reverendo padre Maimbourg[111]*, ex-jesuíta, tomando cuidado de não parar senão no fim de cada período, e sentirás a faculdade de respirar voltar aos poucos, sem que haja necessidade de repetir o remédio.*

PARA PREVENIR A SARNA, A COCEIRA, A TINHA, O FARCINO DOS CAVALOS

Toma três categorias de Aristóteles, dois graus metafísicos, uma distinção, seis versos de Chapelain, uma frase tirada das cartas do padre Saint-Cyran; escreve tudo num pedaço de papel que deve ser dobrado, amarrado a uma fita e pendurado no pescoço.

MIRACULUM CHYMICUM, DE VIOLENTA FERMENTATIONE, CUM FUMO, IGNE ET FLAMMA

Misce Quesnellianam infusionem, cum infusione Lallemaniana[112]*; fiat fermentatio cum magrna vi, impetu, et tonitru, acidis pugnantibus, et invicem penetrantibus alcalinos sales; fiet evaporatio ardentium spirituum. Pone liquorem fermentatum in alambico: nihil inde extrahes et nihil invenies, nisi caput mortuum.*

LENITIVUM

Recipe Molinae[113] anodini chartas duas: Escobaris relaxativi paginas Sex; Vasquii emollientis folium unum; infunde in aquae communis lib. iiij. Ad consumptionem dimidiae partis colentur et exprimantur; et, in expressione, dissolve Bauni detersivi et Tamburini abluentis folia iij.

Fiat clister.

In chlorosim, quam vulgus pallidos colores, aut febrim amatoriam, appellat

(110) "Jeux Floraux".

(111) Louis Maimbourg (1610-1686), historiador.

(112) Aqui se trata do padre Quesnel e do padre Lallemant, o primeiro jansenista e o segundo, jesuíta, portanto, inimigos mortais nas ideias e na prática religiosa.

(113) Molina, Escobar, Vasquez, Bauny e Tamburini, todos citados neste breve trecho, são teólogos laxistas, isto é, da corrente do laxismo que se difundiu no século XVII e que tinha como características principais ser tolerante e amenizadora do rigor da moral cristã.

Recipe Aretini[114] *figuras iiij; R. Thomae Sanchii*[115] *De matrimonio folia ij. Infundantur in aquae communis libras quinque.*

Fiat ptisana aperiens.

Essas são as drogas que nosso médico passou a receitar, com um sucesso imaginável. Não queria, dizia, para não arruinar seus doentes, empregar remédios raros e difíceis de encontrar, como, por exemplo, uma carta dedicatória que não levasse ninguém a bocejar, um prefácio demasiado curto, uma ordem baixada por um bispo e a obra de um jansenista desprezado por um jansenista ou admirado por um jesuíta. Dizia que essas espécies de remédios são apropriadas somente para espalhar a charlatanice, contra a qual nutria uma antipatia insuperável.

(114) Os desenhos de Aretino (1492-1556) eram considerados como o cúmulo da pornografia

(115) Tomás Sánchez, teólogo, publicou sua principal obra, De Matrimonio, em 1637.

CARTA 144

Usbek a Rica

Há alguns dias encontrei numa casa de campo para onde tinha ido dois sábios que são muito célebres aqui. Seu caráter me pareceu admirável. A fala do primeiro, muito apreciada, se resumia nisso: "O que disse é verdade porque fui eu que o disse." A conversa do segundo se referia a outra coisa: "O que eu não disse não é verdade porque eu não o disse."

Gostava muito do primeiro, pois, se um homem é obstinado, isso não me afeta em nada, mas se é impertinente, isso me afeta muito. O primeiro defende suas opiniões; é seu bem. O segundo ataca as opiniões dos outros; é o bem de todo mundo.

Oh, meu caro Usbek! Como a vaidade cai mal naqueles que têm uma dose mais forte que aquela que é necessária para a conservação da natureza! Esses homens querem ser admirados à força de desagradar. Procuram ser superiores e não chegam a ser nem iguais.

Homens modestos, vinde, que vos abraço. Sois a doçura e o encanto da vida. Julgais que não tendes nada e eu vos digo que tendes tudo. Pensais que não humilhais ninguém e humilhais a todos. Quando vos comparo, em meu pensamento, com esses homens absolutos, que vejo em toda parte, eu os derrubo de seu tribunal e os coloco a vossos pés.

De Paris, 22 da lua de Shahban, 1720.

CARTA 145

USBEK A***

Um homem inteligente ou intelectual é geralmente de difícil companhia. Convive pouco com as pessoas e se aborrece com todo esse grande número de pessoas que gosta de chamar de má companhia; é impossível que deixe transparecer seu desagrado: serão tantos outros inimigos.

Certo de saber agradar quando quiser, deixa muitas vezes de fazê-lo.

É levado à crítica porque enxerga mais coisas que outro e as sente melhor.

Arruína quase sempre sua fortuna porque seu espírito lhe fornece para isso um número maior de meios.

Não tem sucesso em seus empreendimentos porque arrisca muito. Sua visão, que é sempre muito ampla, o leva a ver objetos que estão a distâncias muito grandes. Sem contar que, ao dar andamento a um projeto, está menos preocupado com as dificuldades que derivam da coisa do que com os remédios que já possui e que os tira de seus próprios fundos.

Negligencia os menores detalhes, dos quais, no entanto, depende o sucesso de quase todos os grandes negócios.

O homem medíocre, pelo contrário, procura levar vantagem de tudo; sabe que não tem nada a perder em negligências.

A aprovação universal pende, mais geralmente, para o homem medíocre. Todos se predispõem de bom grado a dar a este e se apressam em tirar daquele. Enquanto a inveja recai sobre um, e nada lhe é perdoado, os favores fluem totalmente para o outro; a vaidade se instala nele.

Mas, se um homem de espírito tem tantas desvantagens, que poderíamos dizer da dura condição dos sábios?

Sempre que penso neles me lembro de uma carta de um deles a um de meus amigos. É a seguinte:

Senhor

Sou um homem que me ocupo todas as noites a observar com binóculos de trinta pés esses grandes corpos que giram sobre nossas cabeças e, quando quero relaxar, tomo meus pequenos microscópios e observo um verme ou uma traça.

Não sou rico e só tenho um pequeno quarto; nem mesmo ouso acender nele o fogo, porque nele conservo meu termômetro e o calor estranho o faria elevar sua gradação. No inverno passado pensava em morrer de frio e, embora meu termômetro, que indicava o grau mais baixo, me advertisse que minhas mãos iriam congelar, não me incomodava. Tenho o consolo de ter estudado exatamente as mudanças mais imperceptíveis de temperatura de todo o ano passado.

Eu me comunico muito pouco e, de todos os homens que vejo, não conheço nenhum. Mas há um homem em Estocolmo, outro em Leipzig, outro em Londres, que nunca os vi e que sem dúvida não os verei nunca, com os quais mantenho uma correspondência tão exata que não deixo passar um agente do correio sem lhes escrever.

Entretanto, embora não conheça ninguém em meu quarteirão, tenho nele tão má reputação que serei, por fim, obrigado a deixá-lo. Há cinco anos fui rudemente insultado por uma de minhas vizinhas por ter feito a dissecção de um cão que ela acreditava ser seu. A mulher de um açougueiro, que estava lá, tomou as dores da outra. E enquanto a primeira me enchia de injúrias, esta me atacava a pedradas, não só a mim mas também ao doutor que estava comigo, o qual foi atingido por uma pedrada terrível no osso frontal e occipital, causando sérios danos à sede de sua razão.

Desde essa época, sempre que um cachorro desaparece no fim da rua, logo dizem que passou por minhas mãos. Uma boa burguesa, que tinha perdido um cachorrinho, que amava, dizia, mais que seus filhos, veio outro dia desmaiar em meu quarto; não sendo encontrado o animalzinho, ela me citou perante o magistrado. Acredito que nunca ficarei livre da malícia importuna dessas mulheres que, com suas vozes esganiçadas, me atordoam incessantemente com a oração fúnebre de todos os autômatos que morreram de dez anos para cá.

Sou, etc.

Todos os sábios eram outrora acusados de magia. Não fico surpreso com isso. Cada um dizia para si mesmo: "Levei meus talentos naturais tão longe quanto podiam chegar; entretanto, certo sábio levou vantagem sobre mim; necessariamente deve haver ali alguma diabrura."

Hoje, que essa espécie de acusação caiu em descrédito, foi encontrada outra saída e um sábio não poderia praticamente evitar a recriminação de irreligião ou de heresia. É inútil ser absolvido pelo povo; a ferida foi aberta e nunca terminará bem. É sempre, para ele, um local doentio. Um adversário vai chegar, trinta anos depois, para lhe dizer modestamente: "Deus não queira que eu diga que aquilo de que és acusado seja verdadeiro, mas foste obrigado a te defender." É assim que se costuma voltar contra ele a própria justificativa.

Se escreve uma história e se tiver nobreza de espírito e retidão de coração, contra ele são suscitadas mil perseguições. Contra ele chegam a incitar o magistrado com relação a um fato que se passou há mil anos. Não há dúvida que sua caneta será cativa, se não for venal.

São mais felizes, no entanto, que esses homens covardes que abandonam sua fé por uma pensão medíocre; que, tomando todas as suas imposturas em pormenores, não as vendem sequer por um óbolo; que derrubam a constituição do império, diminuem os direitos de uma potência, aumentam aqueles de outra, dão aos príncipes, tiram do povo, fazem reviver direitos ultrapassados, apoiam as paixões que gozam de crédito em seu tempo e os vícios que estão no trono, impondo à posteridade, tanto mais indignamente quanto menos meios tem de destruir seu testemunho.

Mas não é bastante para um autor ter suportado todos esses insultos; não é bastante para ele ter ficado numa inquietação contínua pelo sucesso de sua obra. Chega a lume, finalmente, essa obra que tanto lhe custou. Atrai críticas de todos os lados. Como evitá-las? Tinha uma opinião; ele a sustentou em seus escritos; não sabia que um homem, a duzentas milhas de distância, havia dito precisamente o contrário. Aí está, no entanto, a guerra que se declara.

Se pudesse ainda esperar obter alguma consideração! Não. Quando muito, é estimado somente por aqueles que se dedicaram ao mesmo gênero de ciência que ele. Um filósofo tem um desprezo soberano por um homem que tem a cabeça repleta de fatos e o filósofo é, por sua vez, considerado um visionário por aquele que tem boa memória.

Quanto àqueles que fazem profissão de uma orgulhosa ignorância, gostariam que todo o gênero humano fosse sepultado no esquecimento como o serão eles próprios.

Um homem a quem falta um talento procura compensação desprezando-o; tira esse obstáculo que encontrava entre o mérito e ele e, com isso, se acha no mesmo nível daquele de quem teme os trabalhos.

Finalmente, é preciso acrescentar a uma reputação equívoca a privação dos prazeres e a perda da saúde.

De Paris, 26 da lua de Shahban, 1720.

CARTA 146

Usbek a Rhedi

Em Veneza

Faz muito tempo que foi dito que a boa-fé era a alma de um grande ministério.

Um cidadão privado pode usufruir da obscuridade onde se encontra; fica desacreditado somente perante alguns e se mantém ao abrigo diante dos outros, mas um ministro que não tem probidade tem tantas testemunhas, tantos juízes quantas são as pessoas que governa.

Ousarei dizê-lo? O maior mal que um ministro sem probidade causa não é desservir seu príncipe e arruinar seu povo, mas há outro, a meu ver, mil vezes mais perigoso: é o mau exemplo que dá.

Sabes que viajei muito tempo pelas Índias. Vi uma nação, naturalmente generosa, pervertida num instante, desde o último dos súditos até os mais proeminentes, pelo mau exemplo de um ministro. Vi todo um povo, em quem a generosidade, a probidade, a candura e a boa-fé eram desde sempre qualidades naturais, tornar-se de repente o último dos povos; o mal se difundindo e não poupando nem mesmo os membros mais sadios; os homens mais virtuosos praticar coisas indignas e violar os primeiros princípios da justiça, com esse vão pretexto de que haviam violado a deles.

Recorriam a leis odiosas para garantir as ações mais covardes e designavam necessidade a injustiça e a perfídia.

Vi a fé dos contratos banida, as mais santas convenções aniquiladas, todas as leis das famílias eliminadas. Vi devedores avarentos, orgulhosos de uma insolente pobreza, instrumentos indignos do furor das leis e do rigor dos tempos, recusar um pagamento em vez de saldá-lo e apontar a faca no peito de seus benfeitores.

Vi outros, mais indignos ainda, comprar por quase nada, ou melhor, apoderar-se dos bens imóveis pertencentes às viúvas e aos órfãos.

Vi aparecer de repente, em todos os corações, uma sede insaciável das riquezas. Vi formar-se, de repente, uma detestável conjuração para enriquecer, não por meio de um trabalho honesto e de uma generosa atividade, mas por meio da ruína do príncipe, do Estado e dos concidadãos.

Vi um cidadão honesto, em seus tempos infelizes, não se deitar sem dizer: "Hoje arruinei uma família; amanhã vou arruinar outra."

Outro dizia: "Vou, com um negro que leva uma ardósia nas mãos e um ferro pontudo na orelha, assassinar todos aqueles a quem devo obrigação."

Outro ainda dizia: "Vejo que consigo arrumar meus negócios; é verdade que há três dias, quando fui fazer um certo pagamento, deixei toda uma família em lágrimas, dissipei o dote de duas jovens honestas, tirei a educação de um menino; o pai vai morrer de dor, a mãe está definhando de tristeza, mas só fiz o que é permitido pela lei."

Qual crime maior que aquele que comete um ministro quando corrompe os costumes de toda uma nação, degrada as almas mais generosas, ofusca o brilho das autoridades, obscurece a própria virtude e confunde o mais digno nascimento no desprezo universal?

Que vai dizer a posteridade quando se vir na obrigação de corar diante da vergonha de seus pais? Que vai dizer o povo das novas gerações, quando comparar o ferro de seus antepassados com o ouro daqueles a quem deve imediatamente seu nascimento? Não duvido que os nobres deixem de expulsar de seus quarteirões um grau indigno de nobreza que os desonra e deixem a geração presente no medonho nada em que está.

De Paris, 11 da lua de Ramazan, 1720.

CARTA 147

O Grande Eunuco a Usbek

Em Paris

As coisas chegaram a tal ponto que não se pode mais suportar; tuas mulheres imaginaram que tua partida as deixava numa impunidade total; acontecem coisas horríveis aqui; eu mesmo tremo diante do cruel relato que vou te fazer.

Zélis foi há alguns dias à mesquita, deixou cair o véu e apareceu quase com o rosto descoberto diante de todo o povo.

Encontrei Zaki deitada com uma de suas escravas, coisa terminantemente proibida pelas leis do serralho.

O maior acaso do mundo fez com que chegasse a minhas mãos uma carta que te envio; não consegui descobrir para quem era endereçada.

Ontem à noite, um jovem foi surpreendido no jardim do serralho e se salvou pulando as muralhas.

Acrescente-se a isso o que não chegou a meu conhecimento, pois, com certeza estás sendo traído. Espero tuas ordens e, até o feliz momento em que as receber, vou ficar numa situação mortal. Mas se não colocares todas essas mulheres sob minhas ordens, não posso responder por nenhuma delas e vou ter todos os dias notícias sempre tristes a te dar.

Do serralho de Isfahan, 1.º da lua de Regueb, 1717.

CARTA 148

Usbek ao Primeiro Eunuco

No serralho de Isfahan

Recebe, por esta carta, um poder sem limites sobre todo o serralho; manda com tanta autoridade como se fosse eu mesmo; que o temor e o terror caminhem contigo; corre de apartamento em apartamento para impor as punições e os castigos; que tudo viva na consternação; que tudo se derreta em lágrimas diante de ti; interroga todo o serralho; começa pelas escravas; não poupes meu amor; que tudo compareça diante de teu tribunal temível; põe às claras os segredos mais ocultos; purifica esse lugar infame e faz entrar nele a virtude banida. De fato, a partir deste momento, ponho sobre tua cabeça as menores faltas que vão ser cometidas. Suspeito que Zélis deva ser aquela a quem a carta que interceptaste se endereçava; examina isso com olhos de lince.

*De ***, 11 da lua de Zilkagé, 1718.*

CARTA 149

Narsit a Usbek

Em Paris

O grande eunuco acaba de morrer, magnífico senhor. Como sou o mais velho de teus escravos, tomei o lugar dele até que tenhas dado a conhecer sobre quem queres lançar teus olhos.

Dois dias após sua morte, foi-me entregue uma de tuas cartas que lhe enviaste; por nada quis abri-la; embrulhei-a com respeito e a guardei até que me faças conhecer tuas sagradas vontades.

Ontem um escravo veio até mim, no meio da noite, para me dizer que havia encontrado um jovem no serralho; levantei, examinei tudo e achei que era uma visão.

Beijo teus pés, sublime senhor, e te suplico que contes com meu zelo, minha experiência e minha velhice.

Do serralho de Isfahan, 5 da lua de Gemmadi 1, 1718.

CARTA 150

Usbek a Narsit

No serralho de Isfahan

Infeliz de ti! Tens entre as mãos cartas que contêm ordens urgentes e violentas; o menor atraso pode levar-me ao desespero e tu ficas tranquilo, sob um vão pretexto!

Coisas horríveis estão acontecendo; talvez tenha a metade de meus escravos que merece a morte. Envio-te a carta que o primeiro eunuco me escreveu a respeito, antes de morrer. Se tivesses aberto o pacote que lhe foi endereçado, terias lido ordens sangrentas. Lê, portanto, essas ordens e vais perecer, se não as executares.

*De ***, 25 da lua de Chalval, 1718.*

CARTA 151

SOLIM A USBEK

Em Paris

Se eu guardasse silêncio por mais tempo, seria tão culpado como todos esses criminosos que tens no serralho.

Eu era o confidente do grande eunuco, o mais fiel de teus escravos. Quando viu que seu fim estava próximo, mandou me chamar e me disse estas palavras: "Vou morrer, mas o único desgosto que tenho ao deixar esta vida é que minhas últimas observações me convenceram que as mulheres de meu senhor são criminosas. Que o céu possa poupá-lo de todas as desgraças que prevejo! Que, após minha morte, minha sombra ameaçadora possa vir advertir essas pérfidas sobre seu dever e intimidá-las! Aqui estão as chaves desses temíveis lugares; vai levá-las ao mais velho dos negros. Mas se, depois de minha morte, ele faltar com a vigilância, avisa teu senhor a respeito." Ao terminar essas palavras, expirou em meus braços.

Sei que te escreveu, pouco tempo antes de sua morte, sobre a conduta de tuas mulheres. Há no serralho uma carta que teria trazido o terror com ela, se tivesse sido aberta. Aquela que escreveste depois foi interceptada a três léguas daqui. Não sei o que está acontecendo; tudo acaba da pior maneira possível.

Entretanto, tuas mulheres não guardam nenhuma moderação; desde a morte do grande eunuco, parece que tudo lhes é permitido; somente Roxana se conservou no dever e guarda a modéstia. Vemos os costumes se corromper todos os dias. Não vemos mais no rosto de tuas mulheres essa virtude viril e severa que reinava outrora; uma nova alegria, espalhada nesses lugares, é um testemunho infalível, a meu ver, de alguma nova satisfação. Nas menores coisas noto liberdades até então desconhecidas. Reina, mesmo entre tuas escravas, uma certa indolência pelo dever e pela observância das regras, coisa que me deixa surpreso; não têm mais esse zelo ardente por teu serviço, que parecia animar todo o serralho.

Tuas mulheres ficaram oito dias nos campos, numa de tuas casas mais abandonadas. Dizem que o escravo que toma conta dela foi conquistado; e que um dia, antes que elas chegassem, havia mandado expulsar dois homens num esconderijo de pedra que se encontra na muralha do quarto principal, de onde saíam à noite, quando estávamos recolhidos. O velho eunuco, que agora está na chefia de todos, é um imbecil que acredita em tudo o que quisermos.

Sinto-me invadido por uma ira vingadora contra tantas perfídias e, se o céu quiser, para o bem de teu serviço, caso me julgasses capaz de governar, te prometo que, se tuas mulheres não fossem virtuosas, pelo menos seriam fiéis.

Do serralho de Isfahan, 6 da lua de Rebiab 1, 1719.

CARTA 152

Narsit a Usbek

Em Paris

Roxana e Zélis desejaram ir aos campos; não julguei conveniente recusar-lhes esse desejo. Feliz Usbek! Tens mulheres fiéis e escravos vigilantes; exerço meu comando em lugares onde a virtude parece ter escolhido para si um abrigo. Espera que não aconteça nada nesse local que teus olhos não possam tolerar.

Aconteceu uma desgraça que me deixa em grande preocupação. Alguns mercadores armênios, recém-chegados a Isfahan, traziam uma de tuas cartas para mim; mandei um escravo buscá-la; na volta foi roubado e carta foi perdida. Escreve-me, pois, imediatamente, porquanto imagino que, nessa mudança, deves ter coisas de importância a me comunicar.

Do serralho de Fátima, 6 da lua de Rebiab 1, 1719.

CARTA 153

Usbek a Solim

No serralho de Isfahan

Ponho a espada em tuas mãos. Eu te confio o que tenho agora de mais caro no mundo, que é minha vingança. Assume o novo emprego, mas sem coração nem piedade. Escrevi a minhas mulheres para te obedecer cegamente; na confusão de tantos crimes, elas voltarão a si diante de teus olhares. É necessário que te deva minha felicidade e minha tranquilidade. Recompõe meu serralho como o deixei. Mas começa por purificá-lo; extermina os culpados e faz tremer aqueles que pretendiam tornar-se culpados. Que não podes esperar de teu senhor por serviços tão distintos? Não cabe senão a ti colocar-te acima de tua própria condição e de todas as recompensas que jamais chegaste a desejar.

De Paris, 4 da lua de Shahban, 1719.

CARTA 154

Usbek a suas Mulheres

No serralho de Isfahan

Que essa carta possa ser como o raio que cai acompanhado de relâmpagos e de trombetas! Solim é vosso primeiro eunuco, não para vos vigiar, mas para vos punir. Que todo o serralho se humilhe diante dele. Ele deve julgar vossas ações passadas e, para o futuro, vos fará viver sob um jugo tão rigoroso que havereis de lamentar vossa liberdade, se não lamentardes vossa virtude.

De Paris, 4 da lua de Shahban, 1719.

CARTA 155

Usbek a Nessir

Em Isfahan

Feliz daquele que, conhecendo todo o prêmio de uma vida amena e tranquila, repousa seu coração em sua família e não conhece outra terra senão aquela que lhe foi dada um dia!

Vivo num clima bárbaro, presente em tudo o que me importuna, ausente de tudo o que me interessa. Uma tristeza sombria me invade; caio num abatimento medonho; parece-me que me aniquilo e não me encontro a mim mesmo a não ser quando um sombrio ciúme se acende e gera em minha alma o temor, as suspeitas, o ódio e o arrependimento.

Tu me conheces, Nessir; sempre penetraste em meu coração como no teu. Eu te deixaria com pena se visses meu estado deplorável. Às vezes espero seis meses inteiros por notícias do serralho; conto todos os instantes que decorrem; minha impaciência os deixa sempre mais distantes; e quando aquele que foi por tanto tempo esperado está prestes a chegar, uma revolução repentina se instala em meu coração; minhas mãos tremem ao abrir uma carta fatal; essa inquietude que me desesperava acho-a o estado mais feliz em que eu possa estar e receio sair dele por um golpe mais cruel para mim do que para mil mortos.

Mas, qualquer que tenha sido a razão de sair de minha pátria, embora deva minha vida a minha retirada, não posso mais, Nessir, ficar neste terrível exílio. Não morreria da mesma forma, presa de meus desgostos? Pressionei mil vezes Rica para deixar esta terra estrangeira, mas ele se opõe a todas as minhas decisões; prende-me aqui com mil pretextos; parece que esqueceu sua pátria, ou melhor, parece que me tenha esquecido, tanto ele é insensível a meus desprazeres.

Como sou infeliz! Desejo rever minha pátria, talvez para tornar-me mais infeliz ainda! Oh! que vou fazer? Vou entregar minha cabeça a meus inimigos. Isso não é tudo. Vou entrar no serralho para pedir contas do tempo funesto de minha ausência e, se encontrar culpados, que vai ser de mim? E se somente essa ideia já me abate de tão longe, que será quando minha presença a tornar mais viva? Que será se tiver de ver, se tiver de ouvir o que não ouso imaginar sem tremer? Que será, finalmente, se for necessário que castigos, que eu mesmo determinei, se tornem sinais eternos de minha confusão e de meu desespero?

Vou me encerrar dentro dos muros mais terríveis para mim do que o são para as mulheres que dentro deles vivem; vou levar para dentro deles todas as minhas suspeitas; os agrados delas não vão me ocultar nada; em minha cama, nos braços delas, não usufruirei senão de minhas inquietudes; num tempo tão próprio para as reflexões, meus ciúmes vão ter o que fazer. Refugo indigno da natureza humana, escravos vis cujo coração foi fechado para sempre a todos os sentimentos do amor, não haveríeis mais de gemer por causa de vossa condição se conhecêsseis a infelicidade da minha.

De Paris, 4 da lua de Shahban, 1719.

CARTA 156

Roxana a Usbek

Em Paris

O horror, a noite e o medo reinam no serralho; um luto medonho o cerca; um tigre nele exerce a cada instante toda a sua raiva. Submeteu aos suplícios dois eunucos brancos que não se cansavam de protestar inocência. Vendeu uma parte de nossas escravas e nos obrigou a trocar entre nós aquelas que nos restaram. Zaki e Zélis receberam em seus quartos, na escuridão da noite, um tratamento indigno; o sacrilégio não receou em pôr nelas suas vis mãos. Ele nos mantém fechadas, cada uma em seu próprio apartamento e, embora nele estejamos sozinhas, nos obriga assim mesmo a usar o véu. Não temos mais permissão de nos falarmos; seria um crime para nos marcar; nada mais temos de livre senão o choro.

Um grupo de novos eunucos entrou no serralho, onde nos cercam dia e noite; nosso sono é incessantemente interrompido por suas desconfianças fingidas ou verdadeiras. O que me consola é que tudo isso não vai durar muito tempo porque esses sofrimentos vão acabar com minha vida; não será muito longa, cruel Usbek; não te darei o tempo para fazer cessar todos esses ultrajes.

Do serralho de Isfahan, 2 da lua de Maharram, 1720.

CARTA 157

ZAKI A USBEK

Em Paris

Ó céus! Um bárbaro me ultrajou até chegar a me punir! Ele me infligiu esse castigo que começa por alarmar o pudor; esse castigo que leva à humilhação extrema; esse castigo que faz retroagir, por assim dizer, até a infância.

Minha alma, primeiramente aniquilada pela vergonha, retomou o sentimento de si própria e começou a se indignar, ocasião em que meus gritos fizeram ribombar as abóbadas de meus apartamentos. Ouviram-me pedir perdão ao mais vil de todos os humanos e tentar sua piedade à medida que se tornava mais inexorável.

Depois disso, sua alma insolente e servil se elevou acima da minha. Sua presença, seus olhares, suas palavras, todas as desgraças chegam para me abater. Quando estou só, pelo menos tenho o consolo de verter minhas lágrimas, mas quando ele aparece à minha vista, o furor toma conta de mim, mas é impotente e caio no desespero.

O tigre ousa me dizer que tu és o autor de todas essas barbáries. Gostaria de se apoderar de meu amor e profanar até os sentimentos de meu coração. Quando pronuncia o nome daquele que amo, não consigo me queixar; não tenho outra saída senão morrer.

Suportei tua ausência e conservei meu amor pela força de meu amor. As noites, os dias, os momentos, tudo foi dele. Eu me sentia orgulhosa de meu próprio amor e o teu me fazia respeitar tudo aqui. Mas agora... Não, não posso mais suportar a humilhação a que fui reduzida. Se sou inocente, volta para me amar; volta, se sou culpada, para que possa expirar a teus pés.

Do serralho de Isfahan, 2 da lua de Maharram, 1720.

CARTA 158

ZÉLIS A USBEK

Em Paris

A mil léguas de mim, tu me julgas culpada; a mil léguas de mim, me punes. Se um eunuco bárbaro põe suas vis mãos sobre mim, age por ordens tuas; é o tirano que me ultraja e não aquele que exerce a tirania.

Podes, a teu bel-prazer, redobrar teus maus-tratos. Meu coração está tranquilo, desde que não pode mais te amar. Tua alma se degrada e tu te tornas cruel. Tem certeza que não és feliz. Adeus.

Do serralho de Isfahan, 2 da lua de Maharram, 1720.

CARTA 159

Solim a Usbek

Em Paris

Queixo-me, magnífico senhor, e te lamento. Jamais servidor fiel desceu até o terrível desespero em que me encontro. Essas são tuas desgraças e as minhas; só te escrevo tremendo.

Juro por todos os profetas do céu que, desde que me confiaste tuas mulheres, vigiei noite e dia sobre elas; nunca interrompi por um só momento sequer o curso de minhas inquietações. Comecei meu ministério pelos castigos e os suspendi depois, sem sair de minha austeridade natural.

Mas que digo? Para que vangloriar-me diante de ti de uma fidelidade que te foi inútil? Esquece todos os meus serviços passados; olha para mim como um traidor e pune-me por todos os crimes que não consegui impedir.

Roxana, a soberba Roxana, ó céus! Em quem confiar doravante? Tu suspeitavas de Zélis e depositavas confiança absoluta em Roxana, mas sua virtude selvagem era uma cruel impostura; era o véu de sua perfídia. Eu a surpreendi nos braços de um jovem que, logo que se viu descoberto, partiu para cima de mim e me atingiu com duas punhaladas; os eunucos, acorrendo com o barulho, o cercaram; ele se defendeu por muito tempo, chegando a ferir vários; queria a todo custo entrar no quarto para morrer, dizia, aos olhos de Roxana. Finalmente, porém, cedeu ao número e caiu a nossos pés.

Não sei se devo esperar, sublime senhor, tuas ordens severas. Colocaste tua vingança em minhas mãos, não devo deixá-la definhar.

Do serralho de Isfahan, 8 da lua de Rebiab 1, 1720.

CARTA 160

SOLIM A USBEK

Em Paris

Tomei minha decisão. Tuas desgraças vão desaparecer. Vou punir. Já sinto uma alegria secreta; minha alma e a tua vão se apaziguar; vamos exterminar o crime e a inocência vai empalidecer.

Vós, que não pareceis feitas senão para ignorar todos os vossos sentidos e ficar indignadas por vossos próprios desejos; eternas vítimas da vergonha e do pudor, vou fazer de tudo para vos obrigar a entrar em grandes ondas neste serralho infeliz para vos ver atônitas com todo o sangue que nele vou derramar!

Do serralho de Isfahan, 8 da lua de Rebiab 1, 1720.

CARTA 161

Roxana a Usbek

Em Paris

Sim, eu te enganei. Seduzi teus eunucos. Brinquei com teus ciúmes. Eu soube, de teu medonho serralho, fazer um lugar de delícias e de prazeres.

Vou morrer. O veneno vai correr em minhas veias, pois que faria aqui, se o único homem que me conservava a vida não existe mais? Morro, mas minha sombra voa bem acompanhada. Acabo de enviar diante de mim esses guardas sacrílegos que derramaram o mais belo sangue do mundo.

Como chegaste a pensar que eu fosse tão crédula para imaginar que eu só estivesse no mundo para adorar teus caprichos? Que, enquanto tu te permites tudo, tivesses o direito de reprimir todos os meus desejos? Não, pude viver na servidão, mas sempre fui livre; reformulei tuas leis baseando-me sobre aquelas da natureza e meu espírito sempre conseguiu se manter independente.

Deverias me agradecer ainda do sacrifício que fiz por ti, por ter-me rebaixado até te parecer fiel, por ter guardado covardemente em meu coração o que deveria ter deixado aparecer a toda a terra; finalmente, por ter profanado a virtude, suportando que fosse assim designada minha submissão a tuas fantasias.

Ficavas surpreso ao não encontrar em mim os arrebatamentos do amor; se me tivesses conhecido a fundo, terias encontrado em mim toda a violência do ódio.

Mas tiveste durante muito tempo a vantagem de acreditar que um coração como o meu te era totalmente submisso; nós dois éramos felizes: tu me julgavas enganada e eu te enganava.

Essa linguagem, sem dúvida, te parece nova. Seria possível que, após ter te acabrunhado de dores, te forçasse ainda a admirar minha coragem? Mas tudo está feito, o veneno me consome, minhas forças me abandonam, a caneta cai de minhas mãos. Sinto enfraquecer até meu ódio. Estou morrendo.

Do serralho de Isfahan, 8 da lua de Rebiab 1, 1720.

Impressão e Acabamento:
Gráfica Oceano